國際貿易原理與政策

康信鴻　著

三民書局

國家圖書館出版品預行編目資料

國際貿易原理與政策 / 康信鴻著. ——增訂五版一刷. ——臺北市: 三民, 2019
面； 公分

ISBN 978-957-14-4363-8 (平裝)
1. 國際貿易 2. 國際貿易政策

558 102010667

編著者	康信鴻
發行人	劉振強
發行所	三民書局股份有限公司 地址 臺北市復興北路386號 電話 (02)25006600 郵撥帳號 0009998-5
門市部	(復北店) 臺北市復興北路386號 (重南店) 臺北市重慶南路一段61號
出版日期	初版一刷 1992年8月 增訂五版一刷 2019年2月
編號	S 551750

行政院新聞局登記證局版臺業字第〇二〇〇號

ISBN 978-957-14-4363-8 (平裝)

http://www.sanmin.com.tw 三民網路書店

▶▶ 增訂五版序

本書自 1992 年 8 月出版至今已歷經二十多年，在這期間，全球的經濟、貿易局勢產生了相當多的變化，包括北美自由貿易協定 (NAFTA) 之簽訂、生效及實施，馬斯垂克條約之簽訂及歐盟的成立，歐元的流通，臺灣與中國大陸加入 WTO，2003 年 SARS 衝擊，東南亞國家協會 (ASEAN) 及亞洲太平洋經濟合作會議 (APEC) 之擴大，2008 年金融海嘯危機，臺灣與中國大陸簽訂兩岸經濟合作架構協議 (ECFA)，希臘破產對歐盟的後續影響美國的量化寬鬆 (QE) 政策區域全面經濟夥伴協定 (RCEP) 相關談判的啟動、2017 年美國總統川普上任後曾意退出北美自由貿易協定 (NAFTA)，後續發展也造成北美自由貿易區的震盪、同年美國宣布退出跨太平洋戰略經濟夥伴關係協定 (TPP) 及該協定其餘國家改組為跨太平洋夥伴全面進步協定 (CPTPP)⋯⋯，這些變遷皆對全球貿易政策及實務產生眾多之變革。

本書增訂五版之所有圖表，皆因應時代變遷而再次作更新、刪除或修訂，此外全文相關處亦依最新國際經濟局勢再次審訂、校閱及更新，期盼此次修訂能更符讀者之所需。

本版之增訂，作者要對讀者所提出之建議及指正、三民書局之鼓勵與協助表示感謝。最後特別感謝廖婉孜、陳建淑、蘇品芳、李伊嬋、洪振、劉庭彰、王秀嫻、賴季青、許全羽、陳怡君、黃馨儀、楊靜雯、賴怡安、顏宏任、鄭佳瑜、蔡佩珊、陳孟君、黃梓維、劉欣儀、李念庭、陳婕安、莊百賀、張凱琛、劉玥妏、謝文凱、陳紀文、黃木秀等同學協助蒐集、整理資料及校對文稿，以及家人對我修訂此書時所付出之關懷、鼓勵。

康信鴻 謹識

2018 年 12 月

▶▶ 初版序

國際經濟學的範圍可分兩大部分，一為國際貿易理論與政策，一為國際金融。前者主要在探討國際貿易的發生原因，貿易對經濟福利的影響以及不同的對外貿易政策所帶來的經濟效果，其強調國際經濟關係的實質面問題。而國際金融則是從貨幣面，來分析貨幣因素對實質國際經濟活動的影響，其所探討的，主要是國際經濟關係的貨幣面問題。

本書之內容就如封面所印——《國際貿易原理與政策》，主要在探討國際貿易的理論與政策。全書共分十五章，除第一章導論外，第二章至第四章在討論國貿理論之演變由來，及現代的國貿理論；第五章至第六章在討論關稅及非關稅貿易障礙；第七章至第九章在討論GATT與全球貿易自由化，開發中國家之貿易政策及區域經濟整合；第十章在討論國際投資及多國公司及其所產生的經濟效果；第十一章至第十三章在討論與國際貿易關係極為密切的國際收支與外匯市場；第十四章在討論匯率變動對國際貿易的影響；第十五章則在討論國際貿易與國民所得之間的關係。本書之內容敘述，力求明瞭易懂，深入淺出，以利學生閱讀；在資料取材方面，則力求理論與事實兼顧；每章之最後亦附有內容摘要及習題，以利讀者複習及自我測試。

感謝陳正男教授為我聯繫三民書局劉振強董事長安排本書之簽約及出版。本書在撰寫過程中，曾蒙多位成大教授提供寶貴意見及精神鼓勵，謹在此深致謝忱；另外感謝成大企管系眾多同學在修習本人所開之「國際貿易理論」課程時所提出之諸多建議與支持鼓勵，這對本書之內容敘述有極大之貢獻；此外，感謝工管所學生張嘉烈、周健民、陳夢騰及企管系所郭世鼎、蕭碩勳、陳俊誠、杜志民及洪幸吟等同學在資料收集及文稿校對等方面辛勤之協助。最後要感謝我的家人，在我撰寫本書之過程中所付出的關懷、諒解與鼓勵。

筆者學識疏淺，若有遺漏或錯誤之處在所難免，敬請諸位讀者及學界先進不吝指教，則至所企盼。

康信鴻 謹識

1992 年 5 月

國際貿易原理與政策

目次

第 3 章 現代國貿理論：需求、無異曲線與國際貿易條件

第 4 章 黑克斯－歐林定理及其他國貿理論

第 5 章 關稅理論與臺灣的關稅制度

第 6 章　非關稅貿易障礙

第 7 章　貿易自由化、關稅暨貿易總協定與世界貿易組織

第 10 章 國際投資與多國公司

第 11 章 國際貿易與國民所得

第 12 章 生態與環境保護運動對國際貿易的影響

第 13 章 美國的《301 條款》及其對全世界與臺灣之影響

第 14 章 掌理臺灣對外貿易之主要機構與組織

第 15 章 ECFA 及東協對全球及臺灣金融和經濟貿易的影響

第1章

導論

1. 何謂國際貿易？
2. 瞭解國際貿易的重要性。
3. 分析國際貿易的趨勢。
4. 描述臺灣的對外貿易狀況。
5. 認識目前全世界貿易概況。

第一節　國際貿易理論與政策之內容

國際經濟學可分為兩大部分，一為國際貿易，一為國際金融。國際貿易是以商品貿易以及資本、勞動等生產要素在國際間之移動為討論主題，其所探討的，主要是國際經濟關係中的實質面問題；而國際金融則是從貨幣面，來分析貨幣因素對實質國際經濟活動的影響，其所探討的，主要是國際經濟關係中的貨幣面問題。在現代的國際經濟中，以物易物的交易方式已極少見，國與國間的貿易，大都需要以國際間所共同接受的貨幣作為交易媒介。因此，在國際貿易進行中，一方面為商品與服務在國際間的移動，另一方面則有貨幣在國與國之間的流通。當商品與服務流向一國時，貨幣就流向另一國。由於國際貿易的進行帶來貨幣在國際間流通的問題，因此在國際經濟中，國際貿易與國際金融其實是一體兩面之事，彼此間的關係極為密切。

經濟學界在探討國際貿易問題時，又可分為國際貿易理論與國際貿易政策。國際貿易理論主要在探討如下之問題：國際間為什麼會有商品貿易發生？國際貿易能帶給進口國、出口國及全世界什麼好處（即貿易利得）？國際貿易對一國的所得分配與資源派用會有什麼影響？一個國家的對外貿易結構與國際分工形態是如何決定的？國際貿易上的進出口價格與進出口量是如何決定的？國際間為什麼會有投資（或資本）與勞力的移動，其又會對一國的經濟產生什麼影響？而國際貿易政策之探討，則是以國際貿易理論為基礎，來分析如下之問題：不同的貿易政策（如關稅及非關稅貿易障礙的設置、自由貿易區之成立等）之採行動機為何？不同的貿易政策所產生的利弊得失為何？

第二節　國內貿易與國際貿易之比較

國際貿易是商品及服務在不同國家間（或國際間）的移動，而國內貿易則是商品及服務在同一國家內的移動。就交易的原則而言，國際貿易與國內貿易可說是完全一樣。不管是國內貿易或國際貿易，其發生的原因皆是因為兩個地區（國內貿易）或兩個國家（國際貿易）的同一產品在價格上有所差異，只要價格差異大到能夠涵蓋運輸成本及交易成本，便代表商人可透過買低賣高或互通有無來賺取利潤。因此，就交易的原則或發生的原因而言，國際貿易與國內貿易可說是完全一樣。

但是，由於國內貿易是在同一國家內進行，而國際貿易則是在不同國家間進行。因此，國際貿易與國內貿易相較，主要有以下不同之處：

1. 貨幣兌換與匯率變動

由於國內貿易是在同一國家的貨幣制度下進行，既然是使用同一種貨幣，因此不會牽涉到貨幣兌換及匯率變動的問題。而國際貿易是在不同的國家間進行，不同的國家大多使用不同的貨幣，因此國際貿易的進行必然牽涉到貨幣兌換及匯率變動的問題。

2. 關稅與非關稅障礙

國內貿易由於是在同一國家內進行，因此不會牽涉到國界及通關的問題。而國際貿易由於是在不同國家間進行，因此必定會牽涉到國界及進出口通關的問題。尤其在國家自我保護意識盛行的時代，國際貿易必然牽涉到關稅及非關稅貿易障礙的問題。

3. 法律、風俗及語言的差異

國內貿易由於是在同一國家內進行，而同一國家內的法律、風俗及語言等，雖然不一定會完全一樣，但大體上不會差異太大，即使有所差異仍會有共同的基礎，因此國內貿易不會有太大的複雜性。但是國際貿易由於是在不同的國家間進行，而不同的國家大多有不同的法律、風俗及語言，因此國際貿易的進行必然比國內貿易複雜許多。

第三節　國際貿易的重要性

在今日的世界裡，沒有一個國家的經濟是屬於完全自給自足，不與外國從事任何往來的**閉鎖經濟** (closed economy)，每個國家或多或少都與外國有商品的貿易或生產要素的往來。透過國際貿易的進行，每一個國家將朝向於生產及出口其具有比較利益的產品，以交換並進口其不具比較利益的產品。透過國際貿易的進行，國際間的分工將更專業化，每個國家的消費者將可消費更多數量及更多樣化的產品。舉個簡單例子來說，由於臺灣幾乎不生產石油，要是臺灣沒有對外貿易的話，則今天在臺灣有能力購買汽油而以汽車代步的人數將會非常少數。

當然，國際貿易對不同國家的重要性程度並非完全一樣。一般而言，對於一個資源豐富、人口眾多的大國家而言，其對國際貿易的依賴程度將較低，因為即使不進行對外貿易，其國內眾多的人口亦可提供廣大的市場及足夠的有效需求，而國內豐富的資源亦足以供應生產所需的生產要素。但是，對於一個資源缺乏、人口不多的小國家而言，其對國際貿易的依賴程度將較高，因為如果不進行對外貿易，其國內的人口或市場將不足以提供本國生產所需的有效需求，而國內的資源亦不足以供應生產所需的生產要素。

國際貿易對一個國家的重要性，可由該國的進、出口額佔該國國民生產毛額 (GNP) 或國內生產毛額 (GDP) 的比例來衡量。以臺灣為例，在 2017 年，出口額佔 GDP 的比例為 55.4%，進口額佔 GDP 的比例為 45.3%；而美國在 2017 年，其出口額、進口額佔其 GDP 的比例分別僅為 12.1%、15%。由這些數字，當可瞭解對外貿易對臺灣經濟的重要性，而美國對國際貿易的依賴程度就比臺灣小很多。

就理論而言，自由貿易將帶給每一個貿易參與國好處。但是實際上，近百年來，世界各國或多或少都透過關稅、限額、外匯管制、行政及技術法規等等貿易障礙來限制自由貿易的進行。設置貿易障礙的主要目的，通常是基於各國在政治、社會、文化及經濟的考量，但這些貿易障礙卻降低全世界生產資源的配置效率及福利水準。本書將會對這些貿易障礙之所以被設置的原因，及其所帶來的經濟後果作詳細的介紹。

世界各國雖然一方面設有貿易障礙，但另一方面亦瞭解到貿易的重要性及其所可能帶來的好處。因此，國際之間亦相當努力在推動貿易自由化。國際間推動貿易自由化的途徑有兩種：(1)全球性的途徑，即透過世界貿易組織 (WTO) 降低或消除各國的關稅及非關稅貿易障礙；(2)區域性的途徑，尋求區域內國家的貿易自由化，對內廢除或降低關稅及非關稅之貿易障礙以達到自由化的貿易，但對區域外的國家仍維持貿易障礙，例如**歐盟** (EU) 及**北美自由貿易協定** (NAFTA) 的成立和簽署便屬之。

案例討論

近年來，隨著國際貿易的重要性提升，臺灣政府在全球性與區域性的途徑，分別做出哪些努力，使得臺灣的貿易更加自由化，也更和國際接軌？

第四節　高度依賴性與複雜性之國際貿易趨勢

在目前這種國與國之間高度依賴的國際經濟社會下，每一個國家的經濟——包括所得水準、就業率、生活素質、產業、服務部門等，皆與其貿易夥伴國之經濟有密切的關係。而國與國間的經濟之所以會有關聯，則是因為財貨、勞務、資金、企業及技術等在國際間之移動日趨頻繁。因此，任何一個國家在制訂經濟政策時，也勢必先衡量其他國家的經濟政策，以及本國的經濟政策可能對其他國家之經濟所產生的影響。

國與國間經濟的高度依賴，其實是反映出全世界政經秩序之歷史演進。第二次世界大戰結束後，美國成為全世界在政治、經濟上最強大的國家。世人常以「美國一打噴嚏，其他各國即感冒。」一句話來形容美國在國際政經舞臺上所扮演的角色。美國雖然地大物博、資源豐富，其經濟對國際貿易依賴的程度一向不大，但近年來，美國的經濟也愈來愈依賴其他國家。1950 年代**歐洲經濟共同體** (EEC) 的形成、1960 年代多國企業在國際經濟上展現其重要性以及 1970 年代**石油輸出國家組織** (OPEC) 開始控制世界石油的市場與價格。近年隨著開發中國家經濟的崛起，美國對於這些開發中國家的依賴程度也逐漸上升，如美國的蘋果電腦 (Apple) 將其供應鏈設在中國大陸及臺灣，當中國大陸或臺灣的經濟或自然天候有所轉變時，例如發生地震、爆發禽流感等，也會連帶影響著美國經濟。這些歷史的演進皆使得全世界經濟體系更為複雜，亦使得國與國間的經濟依賴日深，不僅是資源缺乏的臺灣經濟甚受國際經濟局勢的影響，對經濟強國——美國亦是如此。

 **案例討論**

請討論(1)若臺灣沒有對外貿易與(2)美國沒有對外貿易，何者對該國經濟及國民福利水準影響較大。

近年來，互相依賴的全球經濟更是日趨複雜化。在過去，國際間若舉辦與經濟有關的會議，大都是在談判一些工業先進國家間的經濟問題，甚少討論到開發中國家的經濟問題。但是，一方面由於工業先進國家對開發中國家所出產的能源及初級性原料之依賴日益加深，另一方面則由於開發中國家對既存的國際經貿秩序不甚滿意，因此近年來，國際間也開始將開發中國家的經濟問題列入重要的會議討論議程。例如中國大陸國務院總理李克強在 2013 年 5 月正式訪問印度、巴基斯坦、瑞士和德國等四國，且分別和四個國家簽訂一系列經濟文化協議，其中最受矚目的是中瑞共同簽署了《關於結束中國一瑞士自由貿易協定談判的諒解備忘錄》，此舉代表全球的經濟互相依賴日趨複雜化。

在過去數十年來，全球的經濟更加的緊密結合。國際貿易的進行使得進出口總值佔各國 GDP 的比例皆大幅增加，國際直接投資與國際間資金的移動更是日趨頻繁。雖然國際間的貿易量日益加大，但其亦興起某些國家保護主義，尤其是當一國國內經濟蕭條及失業率大增的時候，保護主義的心態更是容易顯現出來。另一方面，開發中國家則認為所謂的「貿易自由化」只是帶給工業化國家更大的貿易利得，開發中國家並沒有從貿易自由化中得到好處。

簡言之，世界各國的經濟一方面互相依賴的程度日益加深，另一方面國際間貿易問題也日趨複雜化。

案例討論

以往美國堪稱全球的霸主，但隨著時間的推移，近期不論是中國大陸或是其他開發中國家（如印度、巴西等），在經濟上的表現愈來愈好，讓大家不得不開始注重這些市場。請問這些開發中國家具有哪些發展的立基，以致於其經濟成長幅度大大提升？

第五節　臺灣的對外貿易概況

各位讀者身處臺灣，當然須對臺灣的對外貿易概況做一基本的瞭解，本節將針對臺灣的對外貿易依存度、臺灣的主要貿易國家及臺灣進出口產品之結構做一扼要的介紹。

一、近年來臺灣的對外貿易依存度

所謂**對外貿易依存度**指一國的進出口總額佔該國 GDP 或 GNP 的比重，國家的外貿依存度愈高，代表外貿對該國家愈重要。一般而言，海島型的國家由於其本身所擁有的天然資源較為缺乏，必須透過外貿的進行來增加國家福利，因此其外貿依存度通常皆較高。

由表 1–1 可知，近十年來，臺灣對外貿易依存度皆維持在相當高的水平，代表對外貿易對臺灣而言十分重要。這是因為臺灣是個典型的海島型經濟地區，對外貿易是突破資源有限困境的著力點，也是提高社會福利的重要方式。然而近三年臺灣的貿易依存度有略微下降的趨勢，為此政府正致力於加強和全球及區域的連結並推動全方位的經貿關係，除了強化已開發國家市場，亦將積極拓展新興國家市場，全力推動新南向政策。

表 1–1 臺灣對外貿易依存度

單位：百萬美元；%

年度	貿易額			國民所得		貿易依存度	
	(1) 出口	(2) 進口	(3) = (1) + (2) 進出口總額	(4) GDP	(5) GNP	(6) $=\frac{(3)}{(4)}\times 100\%$	(7) $=\frac{(3)}{(5)}\times 100\%$
2008	255,628.7	240,447.8	496,076.5	416,961	426,937	118.97	116.19
2009	203,674.6	174,370.5	378,045.1	392,065	404,587	96.42	93.44
2010	274,600.5	251,236.4	525,836.9	446,105	459,679	117.87	114.39
2011	308,257.3	281,437.5	589,694.8	485,653	498,832	121.42	118.22
2012	301,180.9	270,472.6	571,653.5	495,845	511,179	115.29	111.83
2013	305,441.2	269,896.8	575,338.0	511,614	525,851	112.46	109.41
2014	313,695.9	274,026.1	587,722.0	530,519	546,013	110.78	107.64
2015	280,387.8	228,620.0	509,007.8	525,562	542,194	96.85	93.88
2016	280,321.4	230,568.1	510,889.5	530,532	546,936	96.30	93.41
2017	317,249.1	259,266.4	576,515.5	572,767	588,434	100.65	97.97

資料來源：中華民國統計資訊網。

二、臺灣對外貿易的主要國家（或地區）

表 1–2 及表 1–3 分別列示了臺灣近年來對主要貿易國的出口及進口概況。由表中可知，美國、中國大陸與臺灣的貿易關係相當密切。在輸出方面，臺灣出口至中國大陸的金額最為可觀；在輸入方面，中國大陸這幾年亦超過日本，成為臺灣的最大進口國。

表 1–2　臺灣對主要貿易國出口概況（輸出金額）

單位：百萬美元

國家＼年度	2008	2009	2010	2011	2012	2013	2014	2015	2016	2017
中國大陸	66,883	54,249	76,935	83,960	80,714	81,788	82,120	71,210	73,879	88,981
日本	17,556	14,502	18,006	18,228	18,989	19,222	19,904	19,275	19,551	20,782
加拿大	1,851	1,458	1,949	2,569	2,505	2,410	2,440	2,347	2,041	2,204
印尼	3,566	3,226	4,510	4,837	5,190	5,149	3,835	3,038	2,747	3,193
沙烏地阿拉伯	992	674	1,002	1,689	1,853	1,816	2,025	1,694	1,225	1,092
法國	1,730	1,369	1,697	1,743	1,560	1,486	1,526	1,366	1,542	1,707
韓國	8,706	7,303	10,682	12,378	11,842	12,077	12,685	12,563	12,788	14,733
美國	30,791	23,553	31,466	36,364	32,976	32,564	34,867	34,249	33,523	36,942
英國	3,630	2,980	3,621	4,620	5,065	4,322	4,197	3,780	3,643	3,786
香港	32,690	29,445	37,807	40,084	37,932	39,433	42,533	38,044	38,398	41,232
泰國	4,906	3,827	5,288	6,140	6,566	6,336	6,094	5,662	5,491	6,382
馬來西亞	5,514	4,060	5,948	6,892	6,557	8,184	8,612	7,134	7,815	10,369
越南	7,947	5,988	7,533	9,026	8,432	8,926	9,980	9,472	9,548	10,503
新加坡	11,676	8,614	12,096	16,880	20,091	19,518	20,536	17,256	16,152	17,625
義大利	2,450	1,787	2,447	2,459	1,833	1,715	1,886	1,695	1,861	2,133
德國	5,730	4,696	6,512	6,869	5,645	5,625	6,142	5,933	5,929	6,453
澳洲	3,487	2,353	3,132	3,653	3,653	3,767	3,558	3,203	3,087	3,102

資料來源：中華民國統計月報。

表 1-3　臺灣對主要貿易國進口概況（輸入金額）

單位：百萬美元

國家＼年度	2008	2009	2010	2011	2012	2013	2014	2015	2016	2017
中國大陸	31,580	24,554	36,255	44,095	41,431	43,345	49,254	45,266	43,991	50,043
日　本	47,088	36,751	52,910	53,149	48,342	43,690	41,984	38,865	40,622	41,943
加拿大	1,792	1,147	1,532	2,034	1,715	1,594	1,607	1,402	1,220	1,633
印　尼	7,313	5,198	6,055	7,453	7,350	7,173	7,402	5,968	4,300	4,899
沙烏地阿拉伯	15,202	8,677	11,863	13,876	14,799	15,636	13,722	7,327	5,796	6,865
法　國	2,442	1,920	2,506	3,060	3,286	2,959	3,095	2,951	3,055	3,993
韓　國	13,190	10,558	16,224	18,186	15,305	16,163	15,289	13,450	14,650	16,894
美　國	27,593	19,201	26,799	27,767	25,701	28,410	30,036	29,196	28,597	30,237
英　國	1,941	1,291	1,808	2,118	2,069	1,923	1,983	1,992	1,844	1,945
香　港	1,353	1,048	1,567	1,586	2,585	1,585	1,735	1,468	1,331	1,512
泰　國	3,262	2,701	3,840	4,405	3,709	3,793	4,410	4,043	3,818	4,359
馬來西亞	6,917	4,701	7,861	8,793	7,981	8,255	8,961	6,733	6,281	7,182
越　南	1,199	915	1,277	1,867	2,303	2,696	2,588	2,545	2,747	3,121
新加坡	4,860	4,814	7,675	8,022	8,172	8,606	8,436	7,171	7,518	8,716
義大利	1,661	1,865	2,007	2,387	2,139	2,229	2,390	2,146	2,205	2,527
德　國	7,738	5,745	8,603	9,884	8,122	8,497	9,634	8,764	8,573	9,200
澳　洲	8,350	6,008	9,036	10,991	9,462	8,106	7,586	6,858	6,089	8,219

資料來源：中華民國統計月報。

三、臺灣進出口商品之主要結構

接下來各位讀者必定很想知道到底臺灣主要是出口那些產品？以及臺灣主要又是進口那些產品？由於每個國家的進出口產品如果要仔細劃分必然是成千上萬，因此，本書在探討此一問題時，只能對臺灣的進出商品作概括性的分類及簡介。

臺灣出口的商品主要分為農產品、農產加工品、重化工業產品及非重化工業產品，其中以「重化工業產品」所佔比例最高；而進口商品方面主要分為資本設備、農工原料及消費品，其中以「農工原料」比例最高。有關進出口產品結構變化的情況如圖 1–1、1–2 所示（平均值列於各品項後方）。

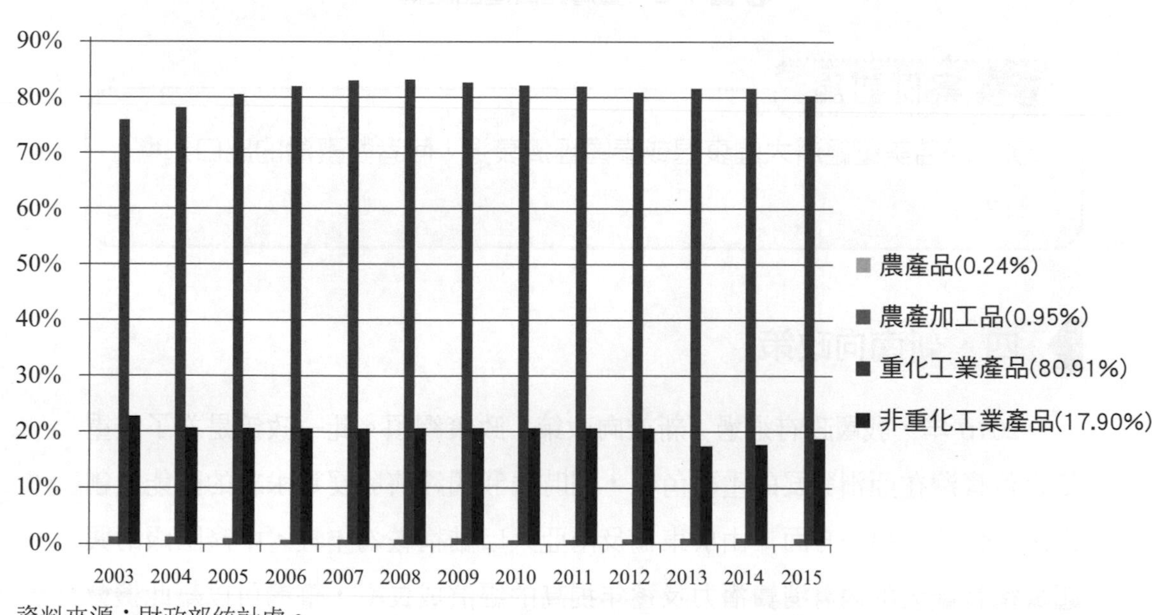

資料來源：財政部統計處。

圖 1–1　臺灣出口產品結構

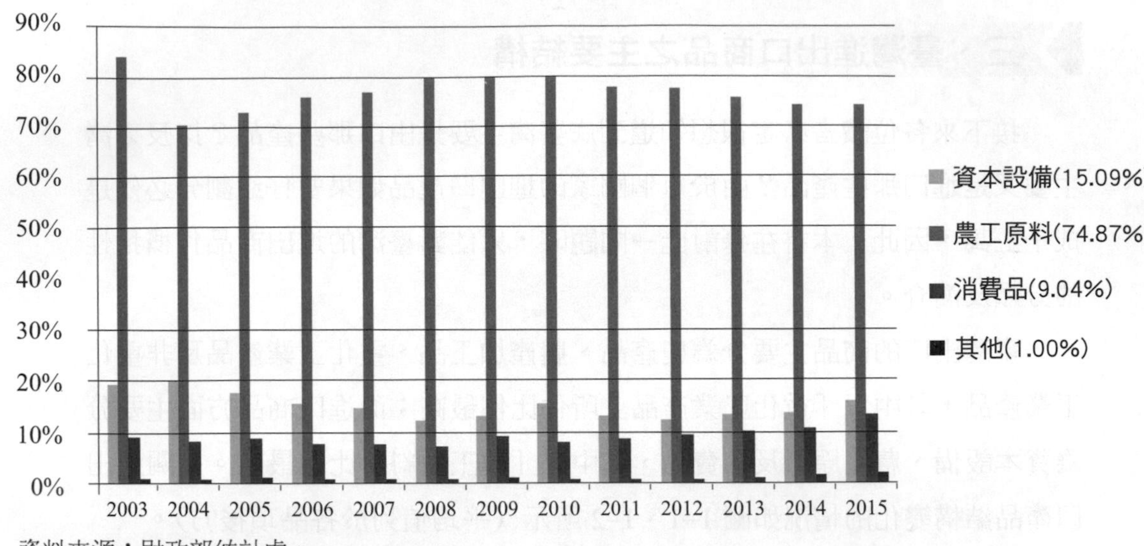

資料來源：財政部統計處。

圖 1-2　臺灣進口產品結構

案例討論

請比較若美國經濟大幅衰退或泰國經濟衰退，何者對臺灣的出口影響較大？

四、新南向政策

2016 年，我國政府通過「新南向政策」政策綱領。此一政策是為了能重新定位臺灣在亞洲發展的重要角色，同時為我國經濟發展尋求新的動能並創造未來價值。另一方面，由於東協及南亞人口結構較為年輕，中產階級的興起象徵著龐大的內需消費潛力及逐年提高的經濟成長率，臺灣可以藉此機會與東協、南亞及紐澳等國家建立廣泛層面交流和協商，希望能與新南向各國建立緊密的合作關係，形成經濟共同體意識，除了共創區域的發展和繁榮，更能達到資源整合及優勢互補之效益。

第六節　臺灣與中國大陸之貿易關係

本節之主要內容在對臺灣與中國大陸的貿易關係作進一步之介紹。

一、我政府對中國大陸的經貿政策

自 1949 年國民政府撤退來臺至今，我國政府對中國大陸的經貿政策大致可分為如下幾個階段：

1. 拒絕往來階段（1949～1978 年）

此期間我政府與中國大陸處於敵對狀態，因此嚴禁與中國大陸有關的任何接觸，兩岸經貿往來自然也不例外，故當時兩岸的經貿往來幾乎完全被禁止。

2. 默許轉口貿易階段（1979～1986 年）

1979 年中國大陸開始實施經濟改革開放政策，大幅放寬對外經貿關係，雖然當時兩岸仍屬敏感局面，但在有利可圖的情況下，臺灣商人利用透過第三地轉運的方式，開啟兩岸間的交易。之後，我政府對中國大陸政策採取三不原則，即不直接貿易、不與中國大陸代表直接接觸及不干涉臺商轉口貿易等。

3. 開放接觸階段（1987～1989 年）

1987 年臺灣解除戒嚴令並陸續開放對中國大陸的探親及觀光。同時由於在此時期新臺幣大幅升值，勞工缺乏，生產成本上升，因此所生產的產品喪失比較利益，而缺乏競爭力，外銷困難。再加上國內治安惡化，環保意識抬頭，使得臺商紛赴中國大陸投資設廠，而兩岸的貿易在此期間亦快速成長。

4. 管理輔導階段（1990～1995 年）

面對臺商紛赴中國大陸投資的局勢下，我政府只好採取不准直接赴中國大陸投資及對間接投資者加以管理輔導的政策。

5. 戒急用忍階段（1996～1999 年）

1996 年 3 月，臺灣首任民選總統李登輝上任，對中國大陸採取嚴格的

「戒急用忍」政策。

6. 積極開放，有效管理階段（2000～2005 年）

2000 年 3 月，臺灣首次政黨輪替，由民進黨執政。2000 年下半年發生全球科技泡沫，臺灣的經濟大受影響，於是開放對中國大陸的經貿關係，改採「積極開放，有效管理」政策，導致臺商對中國大陸投資大幅增加，對中國大陸出口也大幅成長。

7. 積極管理，有效開放階段（2006～2007 年）

經過「積極開放，有效管理」階段後，政府逐漸發現臺灣的經濟過份依賴中國大陸，有些負面效果顯現，如失業率提高、經濟成長率下滑等。遂將政策改為「積極管理，有效開放」。

8. 緊密往來階段（2008～2015 年）

2008 年 3 月，政黨再次輪替，改由馬英九擔任總統一職，馬總統一改過去對中國大陸的貿易政策，大幅開放兩岸間的貿易往來，積極洽簽「兩岸經貿合作架構協議」(ECFA)，開放兩岸直接通航，以及放寬臺商對中國大陸投資金額上限及審查便捷化，鬆綁對中國大陸的貿易政策。

臺海兩岸經貿關係的變化，主要是受兩岸間政治與經濟改變因素，如中國大陸政策的改變、兩岸同時對經濟的高度需求，以及兩岸同文同種及交通成本較低等因素影響。兩岸緊張情勢逐漸緩和，從相互隔絕演變到往來頻繁；於貿易上，從轉口貿易演變到直接貿易，甚至投資。

經濟部依據《臺灣地區與大陸地區人民關係條例》第三十五條第三項訂定《臺灣地區與大陸地區貿易許可辦法》，業於 82 年 4 月 26 日施行。兩地區間之貿易活動規範以該法之規定為依據，原先施行之《對大陸地區間接輸出貨品管理辦法》也於同日廢止。

9. 合作共榮階段（2016 年至今）

適逢全球經濟成長逐漸走緩的趨勢，同時 2016 年政黨輪替，改由蔡英文擔任總統一職，政府方面不僅持續推動兩岸經貿交流與合作，亦積極爭取參與雙邊及多邊經濟合作及自由貿易談判。同時，在這個臺灣經濟發展尋求突破的時刻，蔡英文總統也推動「新南向政策」，以期能與東協、南亞及紐澳等國達到資源整合及優勢互補之效益，形成經濟共同體意識，建立緊密的合作關係，為臺灣尋找新的外部經濟支撐力量。新南向政策與兩岸經貿關係發展相輔相成，希望能就共同參與區域發展的相關議題，交換意見並尋求各種合作與協力的可能性。

二、臺灣與中國大陸間的外貿依存度

在貿易依存度方面，臺灣與中國大陸間的貿易依存度自 2003 年以來至 2014 年呈現穩定增加的趨勢。從表 1–4 可以得知臺灣對中國大陸的出口依存度已經由 2003 年的 16.87% 提升到 2017 年的 22.73%；而臺灣對中國大陸的進口依存度亦由 2003 年的 4.06% 上升到 2017 年的 9%。

表 1–4　臺灣對中國大陸貿易依存度（＝自中國大陸進出口金額／GDP）統計

單位：%

年　度	進口依存度	出口依存度	貿易依存度
2003	4.06	16.87	20.93
2004	5.48	19.87	25.35
2005	5.91	20.67	26.58
2006	6.86	22.95	29.81
2007	7.31	24.59	31.90
2008	7.89	23.88	31.77
2009	6.52	21.35	27.86
2010	8.42	25.72	34.14
2011	9.32	25.54	34.86
2012	8.79	23.93	32.71
2013	8.65	23.69	32.34
2014	9.37	23.50	32.87
2015	8.68	20.79	29.47
2016	8.54	21.16	29.71
2017	9.00	22.73	31.73

註：「出口」指臺灣對中國大陸出口金額；「進口」指臺灣自中國大陸進口金額。
資料來源：兩岸經濟統計月報、中華民國統計資訊網。

三、香港在臺海兩岸間貿易之地位

自政府開放民眾赴中國大陸探親以來，我對香港的經貿關係與對中國大陸的經貿關係同步進展。赴中國大陸投資的臺商亦多數先在香港設立公司以求保障，可知香港所扮演的中介角色地位日益突顯。而兩岸經香港轉口的貿易也隨兩岸往來的增加而呈現逐年增長的趨勢（見表 1–2 及表 1–5）。

由於地緣的因素，在兩岸經貿蓬勃發展下，香港成為最主要的轉運地，2002 年臺灣經香港轉出口至中國大陸的金額已達 103 億美元 （見表 1–5），中國大陸經香港轉出口至臺灣也有 17 億美元，至 2016 年則分別增至 354 億美元及 44 億美元。香港之所以成為兩岸轉口貿易之較佳地區，主要的原因為：⑴香港、中國大陸及臺灣使用相同之語言，使香港具有優越的地緣、人文及語言等自然條件。⑵香港原本就具有優良國際金融、貿易、交通轉運中心的條件。例如高素質的從業人員、健全的金融制度、交通運輸便捷、行政效率佳、資訊豐富、通信發達及轉口貿易經驗豐富等條件。

表 1–5　臺灣與中國大陸經香港轉口貿易金額統計

單位：百萬美元；%

年度	貿易總額		經香港轉口				順（逆）差
			臺灣向中國大陸出口		臺灣從中國大陸進口		
	金額	成長率	金額	成長率	金額	成長率	
1996	11,300.0	–1.4	9,717.6	–1.7	1,582.4	0.5	8,135.2
1997	11,458.9	1.4	9,715.1	0.0	1,743.8	10.2	7,971.3
1998	10,019.0	–12.6	8,364.1	–13.9	1,654.9	–5.1	6,709.2
1999	9,803.0	–2.2	8,174.9	–2.3	1,628.1	–1.6	6,546.8
2000	11,573.6	18.1	9,593.1	17.3	1,980.5	21.6	7,612.6
2001	10,504.8	–9.2	8,811.5	–8.1	1,693.3	–14.5	7,118.2
2002	12,019.9	14.4	10,311.8	17.0	1,708.1	0.9	8,603.7
2003	13,950.4	16.1	11,789.4	14.3	2,161.1	26.5	9,628.3
2004	17,247.3	23.6	14,761.9	25.2	2,485.4	15.0	12,276.4
2005	19,690.4	14.2	17,055.9	15.5	2,634.5	6.0	14,421.4
2006	21,617.0	9.8	18,707.2	9.7	2,909.8	10.5	15,797.3
2007	24,127.6	11.6	21,206.6	13.4	2,921.0	0.4	18,285.5

2008	22,986.5	–4.7	20,035.1	–5.5	2,951.4	1.0	17,083.7
2009	21,008.6	–8.6	18,029.4	–10.0	2,979.2	0.9	15,050.2
2010	27,516.0	31.0	23,013.1	27.6	4,502.9	51.1	18,510.2
2011	30,443.3	10.6	24,128.8	4.8	6,314.4	40.2	17,814.4
2012	30,814.2	1.2	24,747.4	2.6	6,066.8	–4.0	18,680.6
2013	34,420.0	11.7	29,155.2	17.8	5,264.8	–13.1	23,890.4
2014	37,469.3	8.9	32,152.4	10.3	5,316.9	1.0	26,835.5
2015	36,279.2	–3.2	31,556.0	–1.9	4,723.1	–11.2	26,832.9
2016	39,800.6	9.7	35,383.0	12.1	4,417.6	–6.5	30,965.4

註：成長率係指較上年同期增減比例。
資料來源：香港海關統計、香港事務局。

事實上，兩岸間的貿易除了經香港的間接貿易外，亦有部分是經新加坡、日本、韓國及澳門等地，同時直接貿易也存在，這包括偷運及中國大陸所謂的小額貿易。近年來由於兩岸貿易途徑的變化，日本石垣島、韓國釜山等地區的中介地位也愈來愈重要。而與中國大陸之間的貿易除了間接的轉口貿易外，轉運、灣靠及非法直航等其他方式愈來愈多，這是經常被忽略的地方。且自 1991 年起，港臺商人利用法律漏洞，在臺海兩岸間從事**轉運** (transshipment) 貿易已有逐漸取代間接貿易的趨勢。由於轉運的貨品不需經過清關手續，使得這一種型式的貿易沒有具體的統計金額。因此，若僅由香港海關統計的轉口貿易數據，可能會嚴重低估臺海兩岸的實際貿易金額。中國大陸從 1989 年開始公佈對臺的貿易金額，但由於中國大陸的進口統計並不是一致地根據來源地來做分類，故其公佈的自臺灣的進出口值也可能將部分自香港轉口的臺灣貨品包含在內。

即使臺海兩岸間的貿易有部分是採直接出口或不經香港而經其他地區轉口的方式，但無論如何，香港不論在兩岸間的貿易或是中國大陸地區的窗口，其仍扮演著極為重要之角色。九七大限之後的香港，中國大陸提出之「一國兩制」、「港人治港」等承諾，我政府在九七大限之後，仍保持與香港的經濟關係。

總而言之，未來香港的地位與經濟地位主要取決於兩岸關係的發展，上海、臺灣、新加坡與東南亞其他國家的發展，以及是否有其他競爭港口的形成。

第七節 全世界的貿易概況

在前面兩節中我們已分別對臺灣的貿易概況以及臺灣與中國大陸貿易關係之概況做了介紹，而至於全世界的貿易概況到底又如何呢？這其實也應該是讀者研習「國際貿易原理與政策」所應具備之常識，而本節之目的即是在對全世界貿易的概況作一介紹。

一、全世界貿易總額的分配

表 1–6 列示了 2017 年全世界貿易額的分配。由表 1–6 可看出全世界的貿易總額幾乎是由中國大陸、美國、德國、日本及其他工業化國家主導。

表 1–6 2017 年世界各主要國家貿易總值排名

單位：十億美元

排名	貿易總值		排名	貿易總值	
	國家	金額		國家	金額
1	中國大陸	4,105	17	阿拉伯聯合大公國	628
2	美國	3,956	18	俄羅斯	591
3	德國	2,615	19	中華民國	577
4	日本	1,370	20	瑞士	568
5	荷蘭	1,226	21	波蘭	431
6	法國	1,160	22	泰國	459
7	香港	1,140	23	澳洲	459
8	英國	1,089	24	越南	426
9	韓國	1,052	25	馬來西亞	413
10	義大利	959	26	土耳其	391
11	加拿大	863	27	巴西	375
12	墨西哥	842	28	沙烏地阿拉伯	349
13	比利時	833	29	奧地利	344

14	印度	746	30	捷克	342
15	新加坡	701			
16	西班牙	671		全世界	35,754

資料來源：財政部統計處、世界貿易組織 (WTO) 資訊網。

二、全世界前十大出口國及進口國

表 1–7 列示了 2017 年全世界的前十大出口國及前十大進口國，由表中可發現如下現象：

(1)中國大陸的出口額為世界第一，美國的進口額為世界第一。

(2)前十大出口國與前十大進口國中，歐洲的國家佔多數，亞洲國家則有中國大陸、日本、韓國及香港。

(3)前十大出口國與十大進口國合計起來的貿易總額約佔全世界貿易總額的 50%。由此可見，全世界貿易活動的分配是不均衡的。

表 1–7 2017 年世界前十大出口國與進口國

單位：十億美元；%

排名	出口值			進口值		
	國家	金額	比例	國家	金額	比例
1	中國大陸	2,263	12.76	美國	2,409	13.37
2	美國	1,547	8.73	中國大陸	1,842	10.22
3	德國	1,448	8.17	德國	1,167	6.47
4	日本	698	3.94	日本	672	3.73
5	荷蘭	652	3.68	英國	644	3.57
6	韓國	574	3.24	法國	625	3.47
7	香港	550	3.10	香港	590	3.27
8	法國	535	3.02	荷蘭	574	3.18
9	義大利	506	2.85	韓國	478	2.65
10	英國	445	2.51	義大利	453	2.51
	全世界	17,730	100.00	全世界	18,024	100.00

資料來源：財政部統計處、世界貿易組織 (WTO) 資訊網。

三、全世界商品貿易之商品結構

世界各國主要在作那些商品的貿易呢？亦即全世界商品貿易的主要商品結構到底為何呢？表 1–8 列示了 2017 年全世界商品貿易之主要商品結構。

表 1–8　2017 年全世界商品貿易之商品結構

單位：十億美元；%

類　別		出口值	占全球出口值之比例
農產品		1,720	10
燃料與礦業產品		2,579	15
製造品	其他製造品	5,503	32
	鐵及鋼	344	2
	化學品	2,064	12
	辦公與電信設備	1,892	11
	汽車產品	1,548	9
	衣服及紡織品	688	4
其　他		860	5
合　計		17,198	100

資料來源：*World Trade Statistical Review 2018*, WTO.

四、全世界的商品貿易與服務業貿易

貿易若依標的來區分可概分為**商品貿易** (merchandise trade) 及**服務業貿易** (trade in services)。表 1–9 分別列示了 2017 年全球前三十大的商品貿易之出口國及進口國。如表所示，臺灣在 2017 年全球的商品貿易中，為第十八大之出口國及第十九大之進口國。

全球的貿易除了商品貿易外尚有服務業貿易，近年來服務業的貿易更是大幅成長，按附加價值計算，全球服務貿易已佔貿易總值比例 40%。

根據**國際標準行業分類**制度的定義，服務業貿易包括：批發及零售貿易，餐廳及旅館，運輸，倉儲，電信，金融服務，保險，不動產，商業服務，個人服務，社區服務，個人服務及政府服務等。

由表 1–10 可看出，全球服務業貿易大部分還是集中在工業化國家，而臺灣則為全球服務業貿易的第二十七大出口國及進口國。

在過去，服務業貿易一直不太被重視，但隨著近年來全球服務業總貿易額的快速增加，服務業貿易在各國的貿易談判與貿易協定中也開始被重視，展望未來，全球的服務業貿易額也將會更為增加，且必將更受到重視。

表 1-9 2017 年全世界前三十大商品貿易出口國及進口國

單位：十億美元；%

排名	出口			進口		
	國家	金額	比例	國家	金額	比例
1	中國大陸	2,263	12.8	美國	2,409	13.4
2	美國	1,547	8.7	中國大陸	1,842	10.2
3	德國	1,448	8.2	德國	1,167	6.5
4	日本	698	3.9	日本	672	3.7
5	荷蘭	652	3.7	英國	644	3.6
6	韓國	574	3.2	法國	625	3.5
7	香港	550	3.1	香港	590	3.3
8	法國	535	3.0	荷蘭	574	3.2
9	義大利	506	2.9	韓國	478	2.7
10	英國	445	2.5	義大利	453	2.5
11	比利時	430	2.4	印度	447	2.5
12	加拿大	421	2.4	加拿大	442	2.5
13	墨西哥	409	2.3	墨西哥	432	2.4
14	新加坡	373	2.1	比利時	403	2.2
15	阿拉伯聯合大公國	360	2.0	西班牙	351	1.9
16	俄羅斯	353	2.0	新加坡	328	1.8
17	西班牙	321	1.8	瑞士	269	1.5
18	**中華民國**	**317**	**1.8**	阿拉伯聯合大公國	268	1.5
19	瑞士	300	1.7	**中華民國**	**259**	**1.4**
20	印度	298	1.7	俄羅斯	238	1.3
21	泰國	237	1.3	土耳其	234	1.3
22	波蘭	231	1.3	波蘭	230	1.3
23	澳洲	231	1.3	澳洲	229	1.3
24	沙烏地阿拉伯	218	1.2	泰國	223	1.2
25	馬來西亞	218	1.2	越南	212	1.2
26	巴西	218	1.2	馬來西亞	195	1.1
27	越南	214	1.2	奧地利	176	1.0

28	捷克	180	1.0	捷克	162	0.9
29	印尼	169	1.0	巴西	157	0.9
30	奧地利	168	0.9	印尼	157	0.9
	合　計	14,884	84.0	合　計	14,866	83.0
	全球總額	17,730	100.0	全球總額	18,024	100.0

資料來源：*World Trade Statistical Review 2018*, WTO.

表 1–10　2017 年全世界前三十大商品服務業出口國及進口國

單位：十億美元；%

排名	出口			進口		
	國家	金額	比例	國家	金額	比例
1	美國	762	14.5	美國	516	10.2
2	英國	354	6.7	中國大陸	464	9.2
3	德國	296	5.6	德國	319	6.3
4	法國	249	4.7	法國	244	4.8
5	中國大陸	226	4.3	英國	218	4.3
6	荷蘭	216	4.1	荷蘭	211	4.2
7	愛爾蘭	182	3.5	愛爾蘭	196	3.9
8	日本	180	3.4	日本	189	3.7
9	印度	179	3.4	新加坡	171	3.4
10	新加坡	165	3.1	印度	150	3.0
11	西班牙	137	2.6	韓國	120	2.4
12	瑞士	122	2.3	比利時	116	2.3
13	比利時	113	2.2	義大利	111	2.2
14	義大利	110	2.1	加拿大	105	2.1
15	香港	104	2.0	瑞士	104	2.1
16	盧森堡	102	1.9	俄羅斯	87	1.7
17	韓國	86	1.6	阿拉伯聯合大公國	84	1.7
18	加拿大	86	1.6	香港	77	1.5
19	泰國	75	1.4	盧森堡	75	1.5
20	瑞典	73	1.4	西班牙	74	1.5
21	阿拉伯聯合大公國	70	1.3	瑞典	68	1.3
22	澳洲	65	1.2	澳洲	66	1.3
23	丹麥	64	1.2	巴西	66	1.3
24	奧地利	64	1.2	丹麥	62	1.2
25	俄羅斯	58	1.1	奧地利	53	1.1

26	波蘭	57	1.1	沙烏地阿拉伯	53	1.0
27	**中華民國**	**45**	**0.9**	**中華民國**	**53**	**1.0**
28	以色列	44	0.8	挪威	49	1.0
29	土耳其	44	0.8	泰國	46	0.9
30	澳門	38	0.7	馬來西亞	42	0.8
	合　計	4,366	83.0	合　計	4,189	80.0
	全球總額	5,252	100.0	全球總額	5,072	100.0

資料來源：*World Trade Statistical Review 2018*, WTO.

摘要

1. 國際貿易是以商品貿易以及資本、勞動等生產因素在國際間移動為討論主題。
2. 國際貿易是商品及勞務在不同國家間（或國際間）的移動，而國內貿易則是商品及勞務在同一國家內的移動。
3. 國際貿易和國內貿易的相異處，主要可以分成三大部分：(1)貨幣兌換與匯率變動；(2)關稅與非關稅障礙；(3)法律、風俗及語言的差異。
4. 在今日的世界裡，沒有一個國家的經濟是屬於完全自給自足，不與其他國家從事任何往來的閉鎖經濟 (closed economy)，每個國家或多或少都與外國有商品的貿易或生產要素的往來。
5. 國際間推動貿易自由化的途徑有兩種：(1)全球化途徑；(2)區域性途徑。
6. 外貿依存度指一國的進出口總額佔該國 GDP 或 GNP 的比重，一個國家的外貿依存度愈高，代表外貿對該國家愈重要。
7. 臺灣政府對中國大陸的經貿政策可分為以下數個階段：(1)拒絕往來階段；(2)默許轉口貿易階段；(3)開放接觸階段；(4)管理輔導階段；(5)戒急用忍階段；(6)積極開放，有效管理階段；(7)積極管理，有效開放；(8)緊密往來階段；(9)合作共榮階段。
8. 若依標的來區分貿易，可分為商品貿易 (merchandise trade) 及服務業貿易 (trade in services)。

習 題

選擇題

( ) 1.下列關於國際經濟學的敘述，何者錯誤？

(A)國際貿易主要以商品貿易及資本、勞動等生產要素在國際間之移動為主題 (B)國際金融主要以貨幣面分析貨幣因素對實質國際經濟活動的影響 (C)目前國際貿易的交易方式主要為以物易物 (D)國際貿易與國際金融是一體兩面，關係十分密切

( ) 2.下列關於國際貿易的敘述，何者錯誤？

(A)牽涉到貨幣兌換與匯率變動 (B)各國有不同程度的關稅與非關稅障礙 (C)有法律、風俗及語言的差異 (D)出、進口商難以賺取利潤

( ) 3.國際貿易之發生，主要是因為下列何種經濟理論？

(A)規模經濟 (B)機會成本 (C)比較利益 (D)要素均等化定理

( ) 4.一個國家的經濟自給自足，不與外國從事貿易或生產要素的往來，我們稱為何種經濟？

(A)閉鎖經濟 (B)開放經濟 (C)微型經濟 (D)小國經濟

( ) 5.下列何者不屬於區域性的國際組織？

(A) EU (B) WTO (C) NAFTA (D) CPTPP

( ) 6.臺灣是下列哪個國際組織的會員國？

(A) CPTPP (B) ASEAN (C) WTO (D) OPEC

( ) 7.下列關於國際組織的英文簡稱與中文配對，何者正確？

(A) NAFTA：石油輸出國家組織 (B) EU：歐洲經濟共同體 (C) APEC：亞太經濟合作組織 (D) EEC：歐洲聯盟

( ) 8.臺灣出口商品中，何種商品所佔比例最高？

(A)重化工業產品 (B)農產品 (C)農工原料 (D)消費品

( ) 9.臺灣進口商品中，何種商品所佔比例最高？

(A)資本設備 (B)農產品 (C)農工原料 (D)消費品

( ) 10.下列何種商品，佔全球出口的比例最高？

(A)製造品 (B)農產品 (C)汽車產品 (D)燃料與礦業產品

( ) 11.下列哪個地區與臺灣的貿易關係最不密切？
(A)香港 (B)緬甸 (C)日本 (D)中國大陸

( ) 12.下列敘述何者不屬於我國在默許轉口貿易階段之「三不原則」？
(A)不直接貿易 (B)不與中國大陸代表直接接觸 (C)不統一 (D)不干涉臺商轉口貿易

( ) 13.「大幅開放兩岸間的貿易往來，甚至積極推動 ECFA」，以上敘述為臺灣政府對中國大陸經貿政策的哪一階段？
(A)戒急用忍階段 (B)積極開放，有效管理階段 (C)積極管理，有效開放階段 (D)緊密往來階段

( ) 14.臺灣與香港的經貿關係相當密切，其因素不包括下列何者？
(A)地緣關係，香港是主要的轉運地 (B)使用相同的文字 (C)香港具有優良國際貿易之條件 (D)貿易成本較低

( ) 15.貿易主要可以區分成哪兩種類型？
(A)商品貿易與工業貿易 (B)商品貿易與服務業貿易 (C)商品貿易與農業貿易 (D)工業貿易與服務業貿易

問答題

1.國際經濟學主要可以分為哪兩部分？並請分別解釋其主要探討之問題。
2.何謂貿易依存度？貿易依存度愈高代表的意義為何？
3.國際間推動貿易自由化的途徑有哪些？
4.請舉出五種與服務業貿易相關的行業。
5.臺灣政府對於中國大陸的經貿政策大致上可以分為哪幾個階段？

第2章

現代國際貿易理論之基礎

學習目標

1. 描述重商主義時代的國際貿易情況。
2. 何謂絕對利益與比較利益？
3. 瞭解生產可能曲線的定義。
4. 分析固定機會成本條件下的國際貿易。
5. 分析機會成本遞增條件下的國際貿易。

國際貿易理論在探討如下三個基本問題：

⑴貿易的基礎為何？亦即為何某些國家出口某些產品？而某些國家進口某些產品？是什麼因素促使這些國家出口或進口這些產品？

⑵在貿易市場上，不同產品的貿易條件（或相對價格）是如何決定的？產品為何會以這種貿易條件做交換？

⑶有了國際貿易以後，對一國的生產有何好處？對一國的消費有何好處？對全世界又有何好處？換言之，即貿易之利得為何？

現代的國際貿易理論並非在最近或短時間突然形成的，而是由歷史上的經濟思想漸漸演變與發展而來的。歷史上影響現代國際貿易理論比較重要的經濟思想為重商主義、亞當斯密的絕對利益理論以及李嘉圖的比較利益理論，以上理論一般被稱為古典學派的國際貿易理論。本章之目的乃是在介紹這些國際貿易理論。

第一節　重商主義與國際貿易

16 世紀至 18 世紀中葉，**重商主義** (Merchantilism) 為歐洲經濟思想的主流。依據重商主義，一個國家之經濟如果要強大，其主要之課題在於如何限制或規範其國內及其與其他國家間之事務，以達到其本國自身之益處，而其解答則是一個國家應該有強大的對外貿易。根據重商主義之看法，假如一個國家的出口大於進口，亦即達成**對外貿易的順差** (favorable trade balance)，則該國便能收到或享受從世界上其他國家以黃金或白銀支付之貨款。而這些收入將會提高該國之總生產量、就業量及促進該國的經濟繁榮。而為了達成對外貿易之順差，重商主義認為該國應該採取**關稅** (tariffs)、**限額** (quotas) 及其他貿易政策，來使得該國之進口最小化以達成貿易之順差。

18 世紀，重商主義的國際貿易政策受到強烈之批評。例如**大衛休姆的「價格調整及黃金流動之學說」**(David Hume's price-specie flow doctrine) 中，便對重商主義的國際貿易政策提出強烈之批評。根據大衛休姆之價格調整及黃金流動學說之觀點，一個國家的對外貿易順差只可能在短期間存在，就長期而言，該國的對外貿易順差將會自動消失。為何該國對外貿易之順差不可能在長期間存在呢？茲說明如下：假設英國有對外貿易順差而使得黃金、白銀等貴重金屬流入英國，如此將使得英國的**貨幣供給量** (money supply) 增加，而貨幣供給量的增加將使英國的物價上漲，當英國的物價水準高於其他國家時，英國的產品價格相對於其他國家之產品價格更為昂貴，因此英國的出口將會減少，進口將會增加。換言之，英國的對外貿易順差，最終將會自動消失。職是之故，大衛休姆的價格調整及黃金流動學說認為重商主義的限制進口之對外貿易政策，頂多僅在短期內具促進對外貿易順差之效果，就長期而言，則不具功效。

另外，重商主義的靜態世界觀亦受質疑。重商主義的靜態世界觀認為，全世界可供經濟擴張的資源非常有限，也就是資源的供給是固定的，某一國擴張其對資源的控制，必減少另一國對資源控制之力量。由於重商主義認為整個世界的**經濟大餅** (economic pie) 是固定的，因此一個國家若要達到對外貿易順差及獲致**貿易的益處** (gain from trade)，則必然會以犧牲其貿易夥伴國家為代價。換言之，根據重商主義的觀點，並非所有參與國際貿易的國家都能從國際貿易中得到好處。重商主義的這種靜態觀點受到 1776 年**亞當斯密** (Adam Smith) 所著**《國富論》**(*Wealth of Nations*) 之挑戰。依據亞當斯密之觀點，世界的經濟大餅並非是一個固定的數量，國際貿易將促使國與國之間分工更為專業化，進而增加各國的**生產力** (productivity) 及整個世界的生產量。

史密斯對國際貿易的看法是動態的，其認為透過自由貿易，貿易國間可能同時獲得貿易的好處，亦即兩國間透過自由貿易可以同時獲致更高的生產效率並達到更高的消費水準。

第二節　絕對利益原則與國際貿易

古典學派的國際貿易理論，創始於亞當斯密的自由貿易理論。亞當斯密在《國富論》書中提出**絕對利益理論** (theory of absolute advantage) 來解釋國際貿易發生之原因，及透過國際間的分工專業化所能帶來的好處。根據**絕對利益原則** (principle of absolute advantage)，亞當斯密認為一國應該專心並致力於生產成本最低的產品，玆舉例說明如下：

如表 2–1 所示，假設英國生產 1 單位的酒需要勞工 10 人，生產 1 單位的布需要勞工 20 人；而葡萄牙生產 1 單位的酒則需要勞工 20 人，生產 1 單位的布則需要勞工 10 人。

表 2–1　絕對利益原則

單位：人

	酒	布
英　國	10	20
葡萄牙	20	10

很顯然的，在酒的生產上，英國所使用的勞動量較少，所以其生產成本低於葡萄牙的生產成本（10 人 < 20 人），換言之，英國在酒的生產方面具有絕對利益。而在布的生產上，葡萄牙所使用的勞動量較少，所以其生產成本低於英國的生產成本（10 人 < 20 人），換言之，葡萄牙在布的生產方面具有絕對利益。在此情況下，亞當斯密認為每一個國家應專業生產且出口其具有絕對利益的產品，而進口其具有絕對不利的產品。如此，兩國的福利水準均得以提高。

繼續以表 2–1 為例，假設英國和葡萄牙皆各有 30 名勞工。在自由貿易以前，這 30 名勞工，在英國可生產 1 單位的酒與 1 單位的布，同樣的，在葡萄牙可生產 1 單位的酒與 1 單位的布。但是在自由貿易之下，英國的這 30 名勞工，專心致力於生產其具有絕對利益的產品（酒），其可生產 3 單位的酒；而葡萄牙的這 30 名勞工則專心致力於生產其具有絕對利益的產品（布），其可生產 3 單位的布。比較這兩國在自由貿易前與自由貿易後的總生產量可發現：在自由貿易前這兩國的總生產量為 2 單位的酒與 2 單位的布，但是透過分工專業化與自由貿易，則這兩國的總生產量為 3 單位的酒與 3 單位的布。換言之，透過絕對利益原則與自由貿易，兩國的總生產量提高，因此兩國的福利水準均得以提高。根據以上之觀點可瞭解到為何重商主義的靜態世界觀是錯誤的，因為其認為整個世界的經濟大餅是固定的，但是就如亞當斯密所說的，透過絕對利益原則與分工專業化，自由貿易將使得整個世界的經濟大餅變得更大。因此，所有參與貿易的國家是有可能同時得到貿易的好處，而並非如重商主義所認為的：一國的貿易利得是必須以他國受損害為代價。

就現代經濟學之理論觀點而言，亞當斯密之絕對利益理論仍然有一些缺憾或限制：

⑴絕對利益或絕對成本的差異，並非國際貿易發生的必要或充分條件。以前例而言，假定英國無論生產酒或布的成本均較葡萄牙為高（或低）時，兩國是否仍然可進行對彼此皆有利的貿易 (mutually beneficial trade) 呢？亞當斯密對此並沒有提出解答，必須有賴**大衛李嘉圖** (David Ricardo) 的比較利益原則才算有了解決。

⑵亞當斯密採取勞動價值理論 (labor theory of value)，認為商品之價值決定於所投下勞動量之大小。此外，他並假定勞動是唯一的生產因素且其理論模型假設只有兩個國家（英國和葡萄牙），而貿易商品只有兩種（布和酒）。

⑶絕對利益理論完全從成本面或供給面 (supply side) 來探討國際貿易發生的原因，但是就現代的國際貿易之理論觀點而言，需求面 (demand side) 亦是決定國際貿易發生的重要原因之一。

第三節　比較利益原則與國際貿易

一、比較利益原則

李嘉圖在《政治經濟以及租稅之理論》(*The Principle of Political Economy and Taxation*)一書中，提出了比較利益理論，來補充亞當斯密理論之不足。

依據李嘉圖的**比較利益原則** (principle of comparative advantage)，即使一個國家對這兩種產品的生產均不具有絕對利益（亦即，一個國家對這兩種產品的生產，與其他國比較，皆非最低成本的生產者），國際貿易的發生對全世界及各國仍然是有利的。因為一個國家較另一國家雖然在這兩種產品的生產上都有利，但如果生產甲種產品的絕對利益大於生產乙種產品的絕對利益，亦即生產甲產品比生產乙產品更相對的較有利益（即發生比較利益），在此情況下，雖然乙產品在國內的生產成本較國外低，該國仍將寧願放棄生產乙產品，專業生產利益較大的甲產品，而以交換他國生產的乙產品。

表 2–2　比較利益原則

單位：人

	酒	布
英　國	120	100
葡萄牙	80	90

表 2–2 所示，如果根據亞當斯密的絕對利益理論，顯然葡萄牙在酒和布的生產上均具有絕對利益，因此英、葡兩國不可能發生貿易。但李嘉圖卻認為，即使一個國家對兩種產品同時具有絕對利益，但其比較利益不同時，仍應進行國際貿易。相較於英國，葡萄牙生產酒的單位成本只佔 67%(80 / 120 = 1 / 3 = 0.67)，而生產布的單位成本則為 90%(90 / 100 = 0.9)。因此，葡萄牙

對酒與布的生產都絕對有利，但生產酒的比較利益大，生產布的比較利益小。而英國在酒和布的生產上均需較葡萄牙投入更多的勞工，但因多投入的程度，在兩國比較下，則有所不同，故貿易仍有可能發生。換言之，在表 2–2 的例子上，葡萄牙應專業生產且出口比較利益大的產品（酒），而進口比較利益小的產品（布）；而英國則應專業生產且出口比較不利小的產品（布），而進口比較不利大的產品（酒）。

二、比較利益原則在日常生活上的應用

比較利益原則的理論不僅可以用在國際貿易上，生活中亦是處處可以窺見此原則。以教養小孩為例：王先生的兒子與陳太太的兒子是同班同學，王先生的兒子不僅書念得好，總是考全班第一名，同時又彈得一手好琴；而陳太太的兒子成績不只是班上倒數的，彈鋼琴的水平也只是同年齡層中的平均值，沒有特別厲害的地方。陳太太如果因此而放棄對兒子的教育或是鋼琴才藝培養就大錯特錯了！即便陳太太的兒子念書和彈鋼琴都輸給王先生的兒子，但他可以選擇繼續往相對輸比較少的（彈鋼琴）繼續努力，而王先生的兒子即使各方面都贏過陳太太的兒子，但他彈鋼琴也並非頂尖，所以反而要選擇往他贏最多的（念書）繼續努力，如此一來，兩個小朋友選擇未來發展方向便符合比較利益原則。

假設企管系的大一學生要去露營，在三十分鐘內，男生可清洗 2 公斤青菜或是煮 1 道菜，女生可以清洗 3 公斤青菜或煮 2 道菜。根據以上資料，我們可以得知女生在洗菜及煮菜方面皆比男生來的效率高，但在追求整體效率的狀況下，洗菜與煮菜不應該皆由女生完成，而是讓男生來協助。此時，根據比較利益原則，我們可以知道相較於男生，女生煮菜的效率是男生的 2 倍；洗菜的效率則是男生的 1.5 倍，也就是說由女生來煮菜的比較利益較大，洗菜的比較利益則較小。因此，在露營的分工上應由男生負責洗菜，女生負責煮菜才最能符合比較利益原則。

第四節　生產可能曲線與國際貿易

亦可以**轉換曲線** (transformation curve) 來進一步說明李嘉圖的比較利益原則。轉換曲線有時又叫**生產可能曲線** (production possibility curve, PPC)。所謂生產可能曲線乃是指當一個國家的資源保持固定且被充分利用的情況下，該國所可能生產不同財貨的組合。因此沿著同一條生產可能曲線，可作如下的假設：

⑴該國的資源或生產因素及生產技術皆保持不變。

⑵該國的**資源被充分的利用** (resources are fully utilized)。亦即該國為充分就業。

⑶該國只生產兩種產品。

基於以上假設可知，生產可能曲線乃是指一國生產品最大可能之組合。

假設英國有工人 600 名，而生產 1 單位的酒在英國需 120 人，生產 1 單位的布需 100 人，據此可繪出英國的生產可能曲線。今令縱軸 (Y) 代表布，橫軸 (X) 代表酒，則可得到圖 2–1 的生產可能曲線。圖 2–1 的 B 點代表假如英國只生產酒而不生產布的話，則其擁有的 600 名工人可生產 5 單位的酒(因為 600 / 120 = 5)。而 A 點則代表假如英國只生產布而不生產酒的話，則其擁有的 600 名工人可生產 6 單位的布。將 A 點與 B 點連接起來成一直線（假設生產酒與生產布所需的勞動量保持固定)，即得到英國的生產可能曲線。由於沿著同一條生產可能曲線假設資源（在此資源尤指勞力）被充分的利用（如 A、B、E 三點)；而 C 點代表資源或勞力尚未被充分的利用，亦即該國尚有失業的情形存在；而 D 點則代表英國以目前所擁有的 600 名勞工及生產技術無法達到的生產量。

而生產可能曲線的**斜率** (slope) 則代表每多生產 1 單位的甲產品所需放棄生產乙產品之數量，亦即所謂的**機會成本** (opportunity cost)。以經濟學的術語來說，生產可能曲線的斜率有時又叫作**邊際轉換率** (marginal rate of transformation, MRT)。若以數學來表示，邊際轉換率又可表為：

$$MRT = -\frac{\triangle Y}{\triangle X}$$

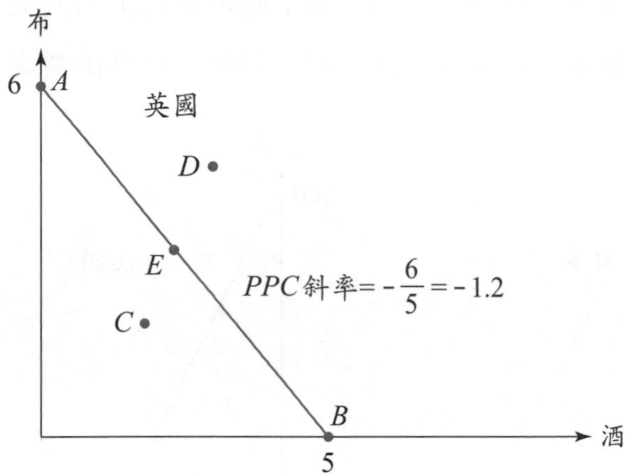

圖 2–1　機會成本固定下之生產可能曲線

以圖 2–1 為例，其生產可能曲線的斜率為：

$$MRT = -\frac{\triangle Y}{\triangle X} = -\frac{\triangle 布}{\triangle 酒} = -(-\frac{6}{5}) = 1.2$$

MRT = 1.2 代表英國每多生產 1 單位的酒必須放棄 1.2 單位的布。

需特別注意的是，直線型的生產可能曲線代表其斜率或機會成本或邊際轉換率永遠保持固定，亦即其假設該國不管生產到第幾單位的甲產品，其所需放棄乙產品之產量皆保持固定。這種假設之條件有時又叫做**固定機會成本條件** (constant opportunity cost condition)。當然這種假設在事實上可能不盡然成立。

第五節　固定機會成本條件下之國際貿易

上節介紹了固定機會成本條件下之生產可能曲線，本節將進而運用此種條件下之生產可能曲線來說明李嘉圖的比較利益原則。雖然這種固定機會成本之條件在現實的經濟社會中並不盡然存在，但其對國際貿易理論之分析提供了一些簡單明瞭且極為重要之觀念。本節主要在探討如下兩個問題：

⑴哪些項目是構成國際貿易的基礎？國際貿易的方向又為何？

⑵國際貿易對個別國家及整個世界有哪些潛在性的益處？

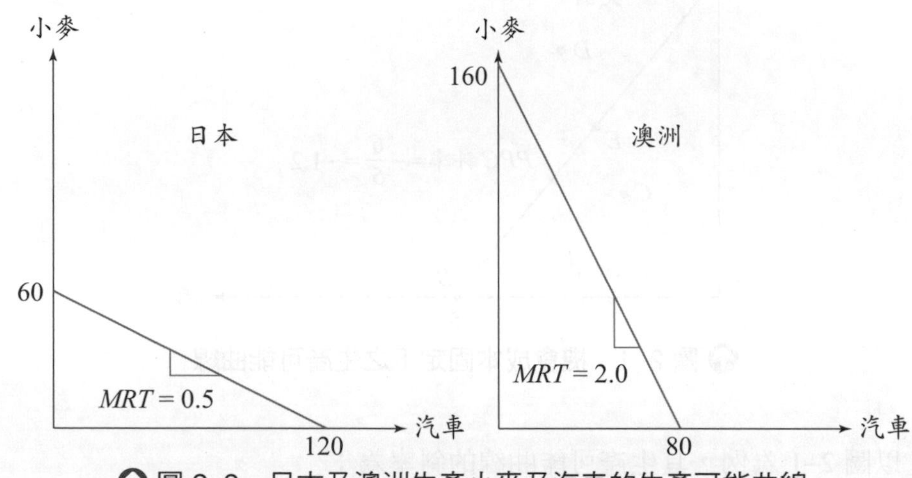

圖 2–2　日本及澳洲生產小麥及汽車的生產可能曲線

圖 2–2 為日本及澳洲生產小麥及汽車的生產可能曲線。假如日本充分利用該國的生產資源，則其最多可生產 120 單位的汽車或 60 單位的小麥或沿著該國生產可能曲線這兩種產品之組合。而就澳洲而言，假如其充分利用該國的生產資源，則其最多可生產 80 單位的汽車或 160 單位的小麥或沿著該國生產可能曲線這兩種產品之組合。由於假設機會成本保持固定，因此這兩國的生產可能曲線皆呈直線。

固定機會成本 (constant opportunity cost) 代表兩個涵義：⑴生產因素之間彼此具有**完全替代性** (perfect substitutes)；⑵每 1 單位的生產因素都具有相同的品質或生產力。因此，當一個國家用來生產汽車之資源被移轉成用來生產小麥，該國所必須放棄的汽車生產量永遠保持固定。換言之，不管是位於生產可能曲線之任一點，其邊際轉換率皆保持不變。

一、國際貿易的基礎與貿易的方向

在有國際貿易之前，一國的生產可能曲線代表該國所可能生產的數量及消費的數量。這是因為在沒有國際貿易的前提之下，該國只可能消費其所生產的數量。

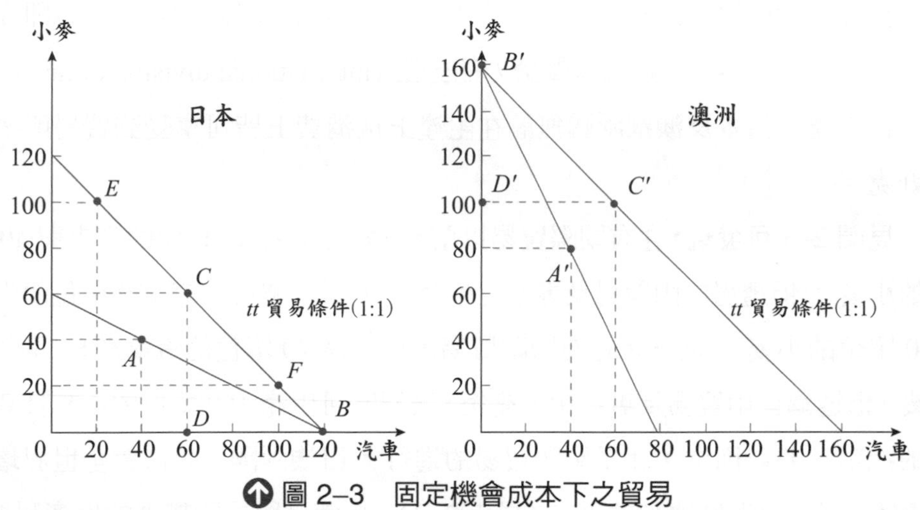

圖 2–3　固定機會成本下之貿易

圖 2–3 乃是依據固定機會成本之假設下描繪出日本及澳洲兩國對小麥及汽車兩種產品之生產及消費可能。現今假設日本選擇點 A 作為其生產及消費的數量，亦即 40 單位的汽車與 40 單位的小麥。而澳洲選擇點 A′ 亦即 40 單位的汽車與 80 單位的小麥作為其生產及消費的數量。

日本及澳洲兩國生產可能曲線之斜率賦予小麥與汽車在各國的**相對成本** (relative cost)。由於在日本生產 1 單位的汽車之成本僅需 1 / 2 單位之小麥，而在澳洲生產 1 單位的汽車之成本則需 2 單位小麥，根據比較利益原則，兩國間相對成本的不同會提供對兩國皆有利之貿易基礎。換言之，只要兩國間之邊際轉換率有所不同，則貿易便可進行。

至於貿易之方向，日本應專業化生產且出口汽車以交換小麥的進口，而澳洲則應專業化生產且出口小麥以交換汽車的進口。

二、國際貿易的生產利得

比較利益原則強調每一個國家應該選擇其在生產上比較有利的產品，專業化生產並輸出該產品以換取（或進口）其在生產上比較不利的產品。圖 2–3 根據比較利益原則，日本的**生產點** (production point) 將由 A 點移至 B 點，亦即完全專業化的生產汽車。而澳洲的生產點將由 A′ 點移至 B′ 點，亦即完全專業化的生產小麥。透過**國際間勞力的分工** (international division of labor) 及專業化生產，日本及澳洲兩國無論在生產上或消費上皆可享受到貿易所帶來的好處。

見圖 2–3 可發現，在有國際貿易以前，日本可生產 40 單位的汽車與 40 單位的小麥，但透過自由貿易及專業化生產後，日本將可生產 120 單位的汽車及 0 單位的小麥 。而澳洲在有國際貿易前可生產 40 單位的汽車及 80 單位的小麥，但透過自由貿易及專業化生產後，澳洲將可生產 160 單位的小麥及 0 單位的汽車。整體而言，由於國際貿易的進行，日澳兩國的生產對全世界增加 40 單位的汽車與 40 單位的小麥（見表 2–3）。這就是貿易所帶來的生產利得。

表 2–3 國際貿易的生產利得

	國際貿易前		國際貿易後		淨增加(減少)	
	汽車	小麥	汽車	小麥	汽車	小麥
日 本	40	40	120	0	+80	−40
澳 洲	40	80	0	160	−40	+80
全世界	80	120	120	160	+40	+40

三、貿易的消費利得

在未有國際貿易以前，日本及澳洲兩國**所能消費之點** (consumption point) 侷限於該國的生產可能曲線上。至於日本及澳洲兩國究竟會選擇該國生產可能曲線上之哪一點來消費，則視該國對這兩種產品的**偏好** (preference) 而定。

但是，透過國際貿易及分工專業化之後，日本及澳洲兩國所可能的消費點便不被侷限在該國的生產可能曲線上。很顯然，由於國際貿易的進行，使得日本及澳洲兩國的人民有了更多且更佳的消費選擇。

在自由貿易之下，日本及澳洲兩國經由進出口互相交換產品，使得貿易後所能達到之消費點能在該國的生產可能曲線之外。而一個國家對外貿易後所能達到之消費點有多高，則視該國每單位的出口產品所能交換的進口產品數量之比率而定，這個比率又叫作**貿易條件** (terms of trade, TOT)。因此，所謂貿易條件是指：一個國家的出口品價格指數對其進口品價格指數的比率，或輸入 1 單位進口品與本國所需輸出之出口品數量之比率。

一國國內之邊際轉換率代表該國在未有國際貿易前，這兩種產品在國內的相對價格。因此，一國生產可能曲線的斜率（或邊際轉換率）便代表該國在未有對外貿易前，這兩種產品在國內的交換或貿易條件。如果，一國想透過國際貿易來達到超出國內生產可能曲線之消費點，其先決條件便是該國出口品的對外貿易條件比國際貿易前的國內貿易條件（或國內這兩種產品之交換比率）還佳。

假設日本及澳洲兩國雙方同意後所達成的貿易條件，使得這兩國均能達到超出國內生產可能曲線之消費點，且假設此貿易條件之比率為 1 : 1，亦即 1 單位汽車可交換 1 單位的小麥（見圖 2–3)。根據此種假設，則圖 2–3 的國際貿易條件線之斜率的絕對值應為 1。

現今假設日本決定對澳洲輸出 60 單位的汽車。由於日本專業生產汽車後的生產點為 B，因此貿易條件線將以 B 點為支點往上移直到 C 點。通過 C 點的貿易條件之比率為 1 : 1，亦即 60 單位的汽車出口可交換 60 單位小麥之進口。C 點則代表日本在國際貿易後的消費點。比較 C 點與 A 點可知，日本透過國際貿易多消費 20 單位的汽車與 20 單位的小麥，這就是所謂國際貿易所帶來的消費利得。圖 2–3 的三角形 BCD 則叫作**貿易三角** (trade triangle)，其中 BD 代表日本的出口，CD 代表日本的進口，而 CB 則代表貿易條件線。

以上之貿易情況是否也同樣會給澳洲帶來好處呢？其答案為「是」。見圖 2–3，澳洲專業生產小麥後之生產點為 B′，透過貿易，澳洲出口 60 單位的小麥並進口 60 單位的汽車，貿易條件線將以 B′ 點為支點往右移直到 C′ 點。

C′ 點代表澳洲在貿易後之消費點。比較 C′ 點與 A′ 點，很顯然的，由於國際貿易，如今澳洲可多消費 20 單位的汽車與 20 單位的小麥。因此，貿易亦同樣的給澳洲人民帶來消費利得。值得注意的一點是，由於本理論模型只有日本及澳洲兩國，一國的出口就是另一國的進口，因此澳洲的貿易三角 (△B′D′C′) 其實是與日本貿易三角 (△BDC) 相同。

四、國際貿易與分配問題

從上文之探討中，雖然我們已經知道透過國際貿易的進行，日本及澳洲兩國的消費點皆會高於有國際貿易前該國國內之生產可能曲線，因此日本及澳洲兩國都將有消費利得。然而，這並不代表日本及澳洲兩國消費利得之大小會完全一樣。消費利得之大小視國際貿易條件距離該國的生產可能曲線有多遠而定。就幾何上而言，如果國際貿易條件離該國的生產可能曲線愈近，則貿易所帶來的消費利得愈小。舉例來說，如果國際貿易條件與日本國內的生產可能曲線重疊，則日本並不能從國際貿易中得到任何的消費利得。因為日本在國際貿易後之消費點仍然落於該國的生產可能曲線上，亦即透過國際貿易仍然無法使日本之消費點高於國際貿易前之消費點。

所謂**均衡貿易條件** (equilibrium terms of trade) 是指：能使兩國願意出口與願意進口之數量相互均等的出口品價格指數對進口品價格指數的比率（或出口產品對進口產品的實物交換比率）。在圖 2–3 中，很簡單的假設均衡的貿易條件為 1 : 1，然而事實上，均衡的貿易條件到底會落於何處仍然須視這兩國對這兩個產品之相對需求強度而定。很遺憾的，李嘉圖的比較利益原則僅從供給面（或成本面）來探討國際貿易，有關需求面對國際貿易之影響，將留待下章再作探討。

五、國際貿易與完全專業化生產

在圖 2–3 之分析中得知，貿易使得日本將完全專業化的生產汽車而不生產小麥，而澳洲將完全專業化的生產小麥而不生產汽車。而日本及澳洲兩國之所以會完全專業化生產的原因是因為假設日本及澳洲兩國的生產可能曲線為固定機會成本的條件。在此假設下，兩國生產任一產品之成本保持不變，因此不管日本生產汽車至何種數量，以及澳洲生產小麥至何種數量，汽車與小麥在日本的相對成本永遠不會等於汽車與小麥在澳洲的相對成本。由於日本及澳洲兩國對這兩個產品之相對成本永遠不一致，因此日本對生產汽車恆將擁有比較利益，而澳洲生產小麥亦恆將擁有比較利益（亦即比較利益並不會因為日本對汽車的生產量或澳洲對小麥的生產量之增大而改變）。換言之，由於固定機會成本之假設，使得日本對生產汽車之比較利益永遠不會喪失，而澳洲對生產小麥之比較利益亦永遠不會喪失，因此國際貿易將使得日本專業化生產汽車，而澳洲將會專業化生產小麥。

六、國際貿易限制與運輸成本的存在

根據以上之分析，可假設日本及澳洲兩國之間皆無任何關稅及其他非關稅之貿易障礙，因此在固定機會成本之假設下，日本及澳洲兩國都會完完全全的專業化去生產某一產品。然而在實際的國際經濟社會中，關稅及非關稅之貿易障礙以及運輸成本是存在的，再加上一些國家安全上之考量，因此一國完全專業化生產某一產品在實際上是不可能的。

案例討論

假設美國生產 1 單位汽車要放棄 3 單位的稻米，臺灣生產 1 單位的稻米要放棄 2 單位的汽車。請問基於比較利益的概念，美國與臺灣兩國要進行汽車與稻米的貿易，臺灣應生產汽車或稻米呢？

第六節 機會成本遞增條件下之國際貿易

在第三節的比較利益原則之分析中，假設機會成本永遠保持固定。然而，在實際的經濟社會中，固定機會成本之假設並不常存在，因為並非所有的生產要素對於所有的生產活動都同樣的適合或具有相同的效率。因此，在要素缺乏完全替代性下，由布生產減少所釋出的生產要素將愈來愈不適合生產酒，即酒的生產效率愈來愈低，故隨著酒之產量增加，其生產的機會成本必然遞增。另一方面，縱然生產要素對不同的生產活動具有完全的替代性，但由於不同產品生產所使用之**要素組合比例** (factor proportions) 不一樣，因此兩類產品的產量改變的結果，必然使得生產要素使用的組合比例發生改變，而這種生產要素使用組合比例的改變會導致邊際報酬遞減的現象發生，因而導致生產之機會成本的遞增。

由於生產之機會成本遞增的現象普遍的存在，因此，李嘉圖的比較利益原則實有必要再作進一步的修正。本節即是在機會成本遞增條件下修正前述內容所分析之比較利益原則。

一、機會成本遞增定義

機會成本遞增 (increasing opportunity cost) 是一個普遍的現象，其指生產的邊際成本，隨物品產量增加，最後一定會有遞增的現象。機會成本之所以會有遞增的現象，主要是由於生產要素之間缺乏完全的替代性，以及不同產品之要素使用比例不同，而使邊際報酬遞減所致。

在固定機會成本下，兩種產品的**邊際轉換率** (MRT) 不會隨著產品的產量而改變。然而，在機會成本遞增下，生產可能曲線上每一點切線的斜率均不相同，故產品的邊際轉換率亦隨著產量之改變而改變，生產可能曲線將呈凹向原點的形狀。如圖 2–4 所示，從生產可能曲線之 A 點移向 B 點時，每多生產 1 單位之汽車所需放棄的小麥愈多，亦即其機會成本愈來愈大。

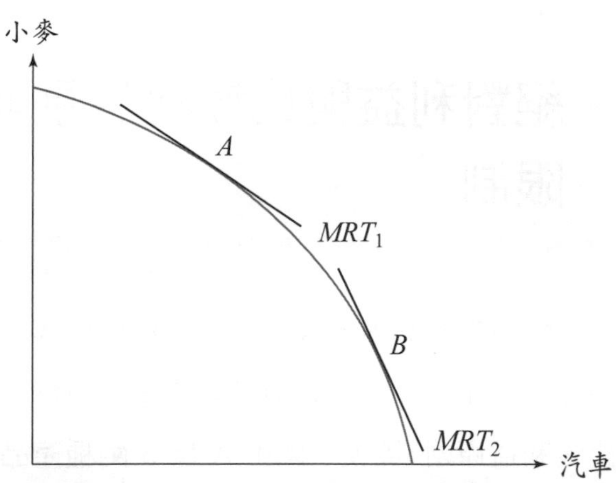

圖 2–4　機會成本遞增下之生產可能曲線

在實際的經濟社會中，機會成本遞增是比較符合現況的。因為，有些生產因素適合小麥的生產其並不見得適合汽車之生產。舉例來說，農夫是比較適合小麥生產的，但如果硬是將全國之農夫投入汽車之生產，由於農夫的農作生產技術與汽車生產製造所需要的技術與知識截然不同，因此其生產效率勢必要大幅降低。換句話說，每多生產 1 單位之汽車所必須放棄的小麥勢必將愈來愈多，亦即機會成本將愈來愈高。

二、國際貿易與不完全專業化生產

固定機會成本與機會成本遞增不同之處在於，在固定機會成本之條件下，國際貿易後兩國將會達到完全的專業化生產；在機會成本遞增條件下，國際貿易後兩國各趨於比較有利之產品的生產，但並不會完全專業化生產。因為機會成本遞增，故於趨向專業化生產的過程中，機會（生產）成本漸漸提高，在未達到完全專業生產之前，該產品生產之比較利益優勢已經喪失，因而兩國會同時生產兩種產品而不會完全專業於一種產品的生產。因此，在機會成本遞增之條件下，生產會呈**不完全專業化** (partial specialization)，而這種不完全專業化，事實上也比較符合當今的國際貿易之現況。

第七節 絕對利益與比較利益原則之理論限制

根據亞當斯密的絕對利益原則，兩國間的貿易如果要相互有利，則其條件為任一國若要出口某一產品，該國必須是該項產品最低成本的生產者。但是根據李嘉圖的比較利益原則，即使一國對 A 及 B 兩種產品均不具有絕對利益（亦即一國對產品 A 及產品 B 皆非最低成本的生產者)，但只要該國對生產 A 產品比生產 B 產品相對而言具有比較利益 （亦即該國生產 A 產品的相對成本較另一國為低)，則該國仍可專業化出口 A 產品並進口 B 產品，而如此貿易的進行將對兩國都有利。

就完整的及現代的國際貿易理論之觀點來看，亞當斯密的絕對利益原則與李嘉圖的比較利益原則具有如下之缺憾或限制：

⑴絕對利益原則與比較利益原則皆假設兩國有相同的需求條件，因此決定兩國同一產品之價格之因素唯有供給面（或成本面)。但這個假設在實際上並不盡然成立。

⑵絕對利益原則與比較利益原則在探討成本時只考慮到勞動成本，而忽視了其他方面之成本。但就實際而言，影響一項產品的成本之因素中，除了勞動成本外尚有土地成本、資金成本、行政成本、運輸成本等因素，而勞動成本僅是其中之一。因此，除非是在探討勞力密集產品之國際貿易，否則僅考慮到勞動成本而忽視其他成本之假設便不太適當。

⑶李嘉圖的比較利益原則及亞當斯密的絕對利益原則在探討一國的勞動成本是否具有比較利益或絕對利益時，皆只考慮到勞動的生產力，事實上：

$$\text{勞動成本} = \text{工資} \times \text{勞動使用數量}$$

上式中，勞動使用數量的多寡固然會受到勞動生產力之影響，但其亦將受到工資高低之影響，而工資高低則又是由勞動的供給與需求所共同決定的。簡言之，影響勞動成本之因素除了生產力外尚有其他因素（例如一國工人的數目），生產力只是影響勞動成本的因素之一而非全部。

雖然絕對利益原則與比較利益原則有如上所述不盡符合實際之假設或缺憾，但李嘉圖及亞當斯密這兩位偉大的經濟學者能在那個時代提出影響後人這麼深遠的國際貿易理論，持平而言，其貢獻是非常偉大的。

要

1. 現代的國際貿易理論是由歷史上的經濟思想漸漸演變與發展而來的。其中，比較重要的為重商主義、亞當斯密的絕對利益原則及李嘉圖的比較利益原則。
2. 亞當斯密對重商主義提出觀點挑戰，他認為透過自由貿易及國際分工專業化，全世界的生產量將可增加，而此結果將為全世界參與貿易的國家所共享。亞當斯密認為一國應專業化生產其具有絕對利益之產品。
3. 李嘉圖認為即使沒有絕對利益，比較利益的存在亦足夠進行對兩國皆有利的貿易。一國應專業化生產並出口其具有比較利益的產品。
4. 如果兩個國家對兩種產品之相對生產成本有所不同，則國際貿易將會為這兩個國家都帶來好處。國際貿易利得來自國際分工專業化，使生產及消費都能提高。
5. 比較成本的觀念可以以生產可能曲線來說明。生產可能曲線代表一個國家在資源固定且被充分利用的條件下，其所可能生產之兩種不同產品之組合。生產可能曲線之斜率稱為邊際轉換率，其代表當多生產某一產品 1 單位時所必須放棄另一產品之生產的數量。
6. 在固定機會成本之條件下，生產可能曲線為一直線。在此條件下，貿易會使得兩國皆完全專業化的生產某一產品。
7. 在實際的世界中，機會成本遞增之條件是比較符合實際的。機會成本遞增下之生產可能曲線將呈凹向原點的形狀，而貿易將使得兩國作不完全專業化的生產。
8. 就完整的及現代的國際貿易理論的觀點來看，絕對利益原則與比較利益原則具有如下之缺憾或限制：(1)只考慮供給面（或成本面），而忽視了需求面；(2)探討成本時只考慮到勞動成本，而忽視了其他方面之成本；(3)在探討一國的勞動成本是否具有比較利益或絕對利益時，只考慮到勞動的生產力。

習題

選擇題

( ) 1. 根據重商主義之看法，下列何者能提升國家經濟？
(A)貿易順差 (B)採取關稅 (C)採取限額 (D)以上皆可

( ) 2. 1776 年亞當斯密在其發表之《國富論》中提出什麼理論來解釋國際貿易發生之原因？
(A)重商主義 (B)比較利益原則 (C)絕對利益原則 (D)機會成本

( ) 3. 若生產可能曲線為直線型，其機會成本為？
(A)遞減 (B)固定不變 (C)遞增 (D)不一定

( ) 4. 若生產可能曲線呈凹向原點的形狀，其機會成本將如何變動？
(A)遞減 (B)固定 (C)遞增 (D)不固定

( ) 5. 下列哪位學者提出的理論認為一國應專業化生產其具有絕對利益之產品？
(A)亞當斯密之《國富論》 (B)李嘉圖之比較利益理論 (C)重商主義 (D)要素均等化定理

( ) 6. 絕對利益理論認為何者為商品價格之決定因素？
(A)資金成本 (B)勞動成本 (C)土地成本 (D)運輸成本

( ) 7. 下列何者為兩國不完全專業化生產的可能原因？
(A)機會成本遞減 (B)機會成本固定 (C)機會成本遞增 (D)機會成本為 0

( ) 8. 在固定機會成本之條件下，生產可能曲線為一直線，在此條件下國際貿易可能會使兩國如何生產？
(A)完全專業化生產某一產品 (B)不完全專業化生產 (C)完全不生產 (D)委外生產

( ) 9. 就現代國際貿易理論的觀點，絕對利益原則與比較利益原則具有何種缺憾與限制？
(A)只考慮供給面 (B)探討成本時只考慮勞動成本 (C)探討勞動成本時只考慮勞動生產力 (D)以上皆是

(　) 10.下列何種理論認為：並非所有參與國際貿易的國家都能從國際貿易中得到好處，一國若要達到對外貿易順差必然會以犧牲其貿易夥伴國家為代價？
(A)重商主義　(B)絕對利益原則　(C)比較利益原則　(D)要素均等化定理

(　) 11.固定機會成本隱含了什麼意義？
(A)生產因素間具有完全替代性　(B)每一單位生產因素皆有相同的品質　(C)邊際轉換率不變　(D)以上皆是

(　) 12.一國該如何決定於生產可能曲線上哪一點消費？
(A)偏好　(B)成本　(C)貿易條件　(D)效用

(　) 13.李嘉圖認為一國應專業化生產何種商品？
(A)成本低　(B)有發展潛力　(C)有比較利益　(D)有絕對利益

(　) 14.兩國願意出口與願意進口之數量的出口品價格指數對進口品價格指數之比率稱為？
(A)機會成本　(B)均衡貿易條件　(C)邊際轉換率　(D)生產可能曲線的斜率

(　) 15.下列何者為探討勞動成本時須考慮之因素？
(A)勞動生產力　(B)勞動使用數量　(C)工資　(D)以上皆是

問答題

1. 亞當斯密對國際貿易理論之觀點與重商主義有何不同？
2. 絕對利益原則與比較利益原則之論點有何不同？
3. 固定機會成本所代表的涵義為何？在此條件下，生產可能曲線呈何種形狀？
4. 機會成本遞增所代表的涵義為何？在此條件下，生產可能曲線呈何種形狀？
5. 請說明為何在固定機會成本之條件下，國際貿易會使得兩國都走向完全專業化的生產。
6. 請說明為何在機會成本遞增之條件下，國際貿易會使得兩國走向不完全專業化之生產。
7. 就完整的及現代的國際貿易理論的觀點來看，絕對利益原則與比較利益原則具有哪些缺憾或限制？
8. 請說明為何只以「兩國間的勞動生產力」來探討比較利益或絕對利益並不恰當。

第3章

現代國貿理論：需求、無異曲線與國際貿易條件

學習目標

1. 描述需求與無異曲線的特點。
2. 知道無異曲線與國際貿易中的關連性。
3. 能清楚說出國際貿易條件的定義。
4. 瞭解國際貿易條件如何衡量與計算。

現代國際貿易理論基本上認為，兩種產品在兩國間相對價格的差異構成國際貿易的基礎。而造成價格差異的原因，除了供給面之因素外，需求面亦是一個不可忽視的因素。

本章首先將介紹無異曲線，然後利用無異曲線分析需求如何影響國際貿易的基礎，兩種不同產品消費組合之決定，及國際貿易利得的問題。然後，進而探討需求對均衡國際貿易條件之決定所扮演的角色。最後，探討國際貿易條件之計算方法及其所代表的意義。

第一節　需求與無異曲線

現代的國際貿易理論基本上認為整個世界的國際貿易是由世界各國的需求條件與供給條件所共同決定的，而並非由供給面所單獨決定。因此，在探討國際貿易之理論模型時也一定要考慮到需求面的因素，換言之，在建立一個完整國際貿易理論模型時，絕對不可輕易忽視需求面。

一般的經濟理論認為決定**個別需求曲線** (individual's demand curve) 基本上有如下之重要因素：

⑴產品本身的價格。

⑵替代品的價格。

⑶互補品的價格。

⑷所得水準。

(5)個人的偏好及品味。

有關價格對需求量的影響，對一些具有基本經濟學原理概念的同學相信已耳熟能詳。而有關所得對個別需求曲線的影響，將留待下一章再作討論，本節之主要目的在探討個人的偏好及品味與需求之間的關係。

無異曲線 (indifference curve) 可用來說明個人偏好與品味在需求分析中所扮演的角色。"indifference" 在中文翻譯成「無所謂」、「沒有任何差別」或「沒有任何不同」，其代表在同一條無異曲線上的任一點，帶給消費者的滿足程度完全一樣。無異曲線乃是兩種物品產生某一特定總效用水準的所有組合的軌跡。換言之，在同一條無異曲線上的任何點代表的是兩種物品之組合，給予消費者的滿足程度都是相同的。

我們現在以圖 3–1 來說明無異曲線。

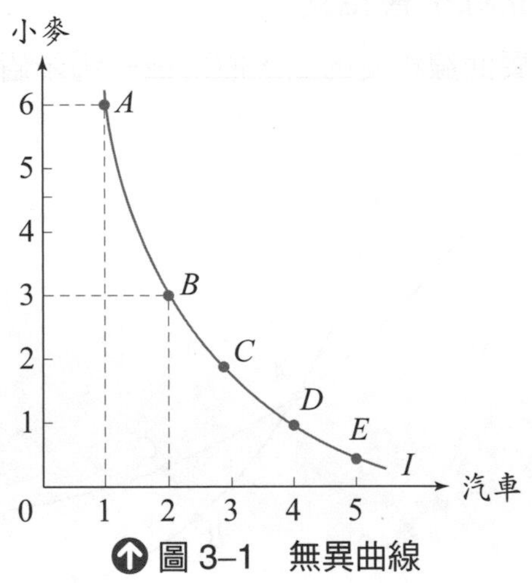

圖 3–1　無異曲線

(1)假定有汽車與小麥兩種產品，我們任選兩個組合點：A 點與 B 點。A 點的組合是 6 單位的小麥與 1 單位的汽車，B 點的組合是 3 個單位的小麥與 2 單位的汽車。由於 A 點與 B 點位於同一條無異曲線上，因此，A 點與 B 點可以帶給消費者一樣的滿足程度。

(2)一般而言，物品的數量愈多（小麥與汽車同時增加，或一種保持不變，而另一種增加），所能產生的總效用就愈多，所以要使消費者維持在同一效用水準的話，則 X 物品增加時，Y 物品就必須減少。因此從 A 點至 B 點，汽車增加了，小麥就一定要減少。

(3)我們可以找出與 A 組合同樣滿足程度的其他組合點，如 B、C、D、E 等，將這些組合點連成一條曲線，就形成了無異曲線。

一般而言，無異曲線具有如下之特性：

1. 無異曲線的斜率是負的

只要這兩種產品對消費者而言都能帶來正的邊際效用，則無異曲線必然是一條負斜率的曲線。因為當 X 物品的消費量增加，而 Y 物品的消費量保持不變時，必然會提高他所得到的總效用。因此，若想保持總效用在原來水準，則勢必要減少 Y 物品的消費。所以，一般而言，無異曲線的斜率是負的，除非這兩種物品中，一種物品帶給消費者正效用，另一種物品帶給消費者負的效用（例如垃圾或空氣污染），無異曲線才有可能是正斜率。

2. 任何兩條無異曲線不會相交

因為如果兩條無異曲線相交的話，將形成一種矛盾的結果。

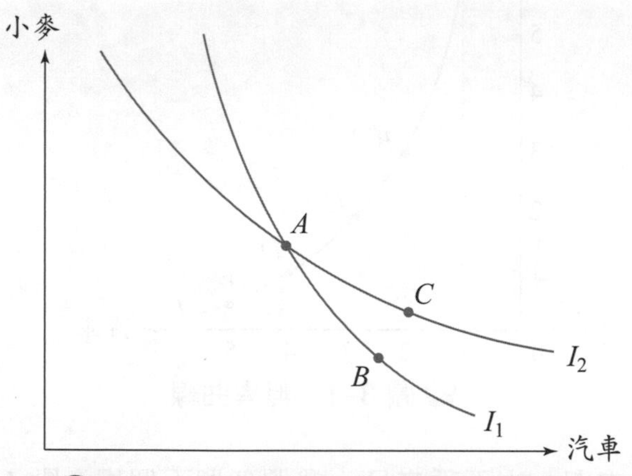

圖 3–2 兩條無異曲線相交的矛盾

以圖 3–2 為例，在 I_1 上，A 點與 B 點的效用相同；在 I_2 上，A 點與 C 點效用相同。既然 A 點與 B 點效用相同，A 點又與 C 點效用相同，則 B 點與 C 點的效用亦應相同才是，但是 I_1 與 I_2 又具不同之效用水準，因此兩條無異曲線若相交便產生了矛盾之現象。

3. 無異曲線凸向原點——邊際替代率遞減

一般而言，無異曲線會呈凸向原點的形狀，其代表的涵義是「邊際替代率遞減」。什麼是邊際替代率呢？所謂**邊際替代率**(marginal rate of substitution, MRS) 是指為了維持同一效用水準，增加 1 個單位 X 物品的消費時，你所願意放棄的 Y 物品的數量。因此，幾何上來講，所謂的邊際替代率是指為了維持在同一條無異曲線上，當 X 增加 1 單位時，Y 必須放棄多少單位。亦即：

$$MRS = \frac{\triangle Y}{\triangle X}$$

邊際替代率就是無異曲線的斜率。再過來我們要問，什麼是**邊際替代率遞減法則** (law of diminishing marginal rate of substitution) 呢?此一法則意指當人們增加一物的消費量時，它最後 1 單位能替代別的物品（而保持總效用不變）的能力會逐漸下降。這個道理其實並不難理解，中國人常說「物以稀為貴」，這句話便多少含有邊際替代率遞減的意味。舉例來說，假設你只消費汽車與小麥這兩種財貨，當你是無車階級時，第一部車對你而言是很必需或珍貴的，因此你可能願意以放棄 100 單位的小麥來換取第一部汽車。但是當你已擁有第一部車時，再多增加 1 部車所能給你的效用可能沒先前第一部那麼大了，因此你可能只願意以放棄 50 單位的小麥來換取第二部車。以此類推，當你已擁有 5 部車時，第六部車所能帶給你的效用更小，因此你可能只願意放棄很少單位的小麥來換取這第六部車。這就是所謂的邊際替代率遞減法則。邊際替代率遞減的現象，表現在圖上，就是一條凸向原點的無異曲線。

無異曲線是兩種物品產生同一效用水準的所有各種組合的軌跡。而**無異曲線圖** (indifference curve map) 則是一個消費者所有的無異曲線（每一條無異曲線代表不同的效用水準）之集合。一般而言，愈高的無異曲線（即愈往右上方的無異曲線）代表愈高的效用水準。如圖 3–3 所示，I_3 的效用水準高於 I_2 的效用水準，而 I_2 的效用水準又高於 I_1 的效用水準。因為愈往右上方的無異曲線其所能消費的數量愈多，因此其所能帶來的效用也愈高。

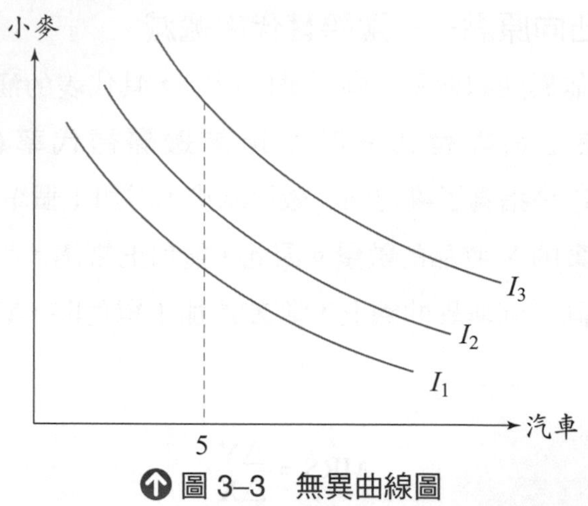

圖 3–3　無異曲線圖

第二節　無異曲線與國際貿易

上節介紹了單一消費者的個別無異曲線，接下來我們要問：**整個國家或社會的無異曲線** (country or community indifference curve) 是否即為所有的個別無異曲線之簡單加總？嚴格來講，這是不正確的。因為人類的效用或滿足程度很難加以量化，而且人與人之間的滿足程度更是很難做比較的。舉例來說，張三可能很喜歡咖啡而不太喜歡糖，而李四可能很喜歡糖而不太喜歡咖啡，因此我們實在很難將張三與李四的無異曲線做比較或作簡單的加總以得到社會無異曲線。

儘管社會無異曲線之獲得有以上所述理論上的限制，但是我們仍將以個別無異曲線的一般形狀來代表社會無異曲線，以作為分析消費者偏好與國際貿易之關係。

一、自給自足（沒有國際貿易）下之均衡點

假設我們有了社會無異曲線之後，接下來我們要問：在有國際貿易之前，一個國家會選擇其生產可能曲線上之哪一點以做為該國的生產點及消費點？

換言之，何者是一個國家在有國際貿易前的最適生產點與消費點？

假設一個國家欲使該國的效用達到最大的滿足，則該國勢必會儘可能的選擇能達到最高無異曲線之消費組合。但是，無異曲線所表達的只是消費者所**願意去消費** (willing to consume) 的數量，然而每一個國家的資源及技術都是受到限制的，換言之，每一個國家其對各種物品的消費數量都是受到限制的。就一個國家而言，其生產可能曲線便是代表該國的生產限制。在一個**自給自足** (autarky) 或沒有國際貿易的國家，該國所能達到最大滿足之點為：在既有的生產可能曲線限制上達到最高的無異曲線。由於在一個無異曲線圖上有很多條無異曲線，因此就幾何上而言，一個沒有貿易的國家，其**最適的** (optimal) 生產與消費點是當生產可能曲線與無異曲線**相切之處** (tangency)。

如圖 3–4 所示，當生產可能曲線剛好與無異曲線相切時，該國的效用便達到最高的滿足，此相切點即 E 點。至於 F 點雖然是位於更高的無異曲線 (I_3)，但並非在該國目前的生產可能之內。至於 G 點與 H 點雖然在該國目前的生產可能之內，但是其只能達到 I_1 之效用水準，因此並非是該國在自給自足下之最適生產點與消費點。因此，以該國目前的生產可能曲線之限制下，E 點才是該國在國際貿易以前或自給自足下的均衡點 (autarky equilibrium)。

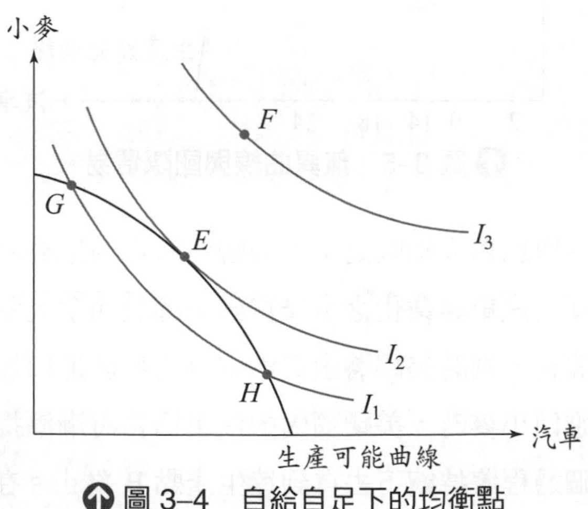

圖 3–4 自給自足下的均衡點

二、國際貿易之基礎與國際貿易利得

上一小節我們是以一國沒有國際貿易之假設下來分析一國的最適生產點與消費點，由於是自給自足，因此，該國的生產點即為該國的消費點（見圖 3–4 E 點）。

接下來我們要假設該國有國際貿易。見圖 3–5，假設美國在沒有國際貿易時的均衡點為 A 點。A 點剛好位於美國的生產可能曲線與無異曲線相切之處，而線 $t_{U.S.}$ 代表在國際貿易以前，汽車與小麥在美國之相對價格。

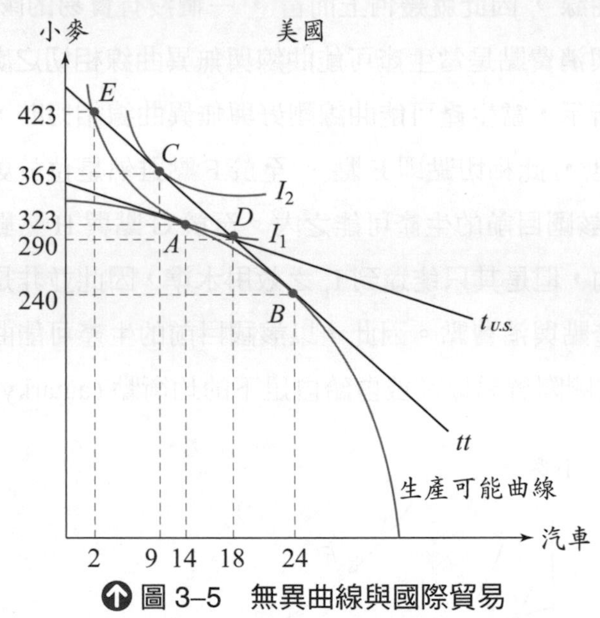

圖 3–5　無異曲線與國際貿易

現今假設美國與加拿大相較之下，美國對汽車的生產具有比較利益，因此，美國將比較朝向汽車專業化之生產直到美國及加拿大兩國的汽車與小麥之相對價格一樣為止，同時美國將出口汽車以交換或進口加拿大的小麥。當美國出口汽車並進口小麥時，美國國內的汽車價格將漸漸提高而小麥的價格將漸漸降低，這個過程將持續下去直到達生產點 B 為止。在生產點 B，美國及加拿大兩國汽車與小麥的相對價格一樣，這個水準下的相對價格即為國際貿易條件（線 tt）。

比較國際貿易後之消費點C與國際貿易前之消費點A，美國消費了更多的小麥，更少的汽車。但是，C點位於無異曲線I_2上而A點位於無異曲線I_1上，很顯然的，C點比A點帶來更高的福利水準。

在此要提醒讀者的一點是，在第二章的分析，所謂的國際貿易利得是以所能消費的數量來衡量的。但是，在本節的無異曲線之分析下，所謂的國際貿易利得是以無異曲線或滿足程度來衡量的。很顯然的，以無異曲線來分析國際貿易利得是一個較佳的理論。因為，第二章的分析未將偏好列入考量，但無異曲線的分析則有。這也就是現代的國際貿易理論須把需求面列入考量的原因。

第三節　國際貿易條件之解釋

李嘉圖之比較利益原則之主要缺點在於其無法完全解釋國際貿易利得在國際貿易參與國間是如何作分配的。事實上，兩種財貨之相對價格或均衡的國際貿易條件是由需求面與供給面所共同決定的，但是李嘉圖的理論在分析相對價格或國際貿易條件時，並未將需求面列入考量。由於要探討貿易利得在兩國間如何作分配，須先瞭解「貿易條件」如何決定。但是李嘉圖的理論無法確定「貿易條件」，因而其無法決定貿易利得在兩國間的分配。

基本上，李嘉圖的比較利益模型只是一個供給面的國際貿易理論，並未考慮到需求因素。因之，一經將需求因素納入後，可能使得只考慮成本因素之兩種產品的相對價格比率發生改變，甚至進而使比較利益之所在與國際貿易結構發生改變。例如，單就生產成本而言，本國所產某一產品的相對成本應較他國為低，但假如本國對此一產品的偏好或需求很強，其相對價格有可能較他國來得高。舉例來說，臺灣本身有出產烏魚子，但是臺灣人對烏魚子的偏好或需求很強，因此烏魚子與其他財貨在臺灣的相對價格仍較他國為高，所以目前臺灣仍自其他國家進口烏魚子。

李嘉圖的國際貿易理論由於未考慮到需求因素，因此其無法決定確切的均衡國際貿易條件，因為如此，其理論亦無法決定國際貿易利得在兩國之間的分配。這個問題直到**約翰彌爾** (John Mill) 提出**交互（或相互）需求法則** (law of reciprocal demand) 才得以解決。

第四節 交互（或相互）需求法則

由於比較利益理論忽略了需求面之因素，因此其僅能提出貿易之全部利益與互利的範圍，而無法確定貿易參與國兩種物品間之貿易條件或實際交換比率。1848 年，彌爾針對此點在其所著之《政治經濟學原則》(*Principle of Political Economy*) 首先提出了交互（或相互）需求法則，將需求因素導入國際貿易理論之中，以說明貿易條件決定的原則。

交互需求法則認為國際貿易條件之決定，係根據貿易國家間彼此對商品需要程度之強弱而定，而國際貿易條件之有利與否，須視貿易雙方彼此對另一國出口品需求程度的強弱而定。舉例來說，假如就生產成本而言，臺灣對液晶螢幕的生產具有比較利益，而美國對汽車的生產具有比較利益，則國際貿易條件之決定，將視臺灣與美國雙方彼此對對方的出口品需求程度的強弱而定。如果美國對臺灣出口品（液晶螢幕）的需求愈強，而臺灣對美國出口品（汽車）的需求愈弱，則所決定的均衡貿易條件對臺灣愈有利，臺灣的貿易利得也就愈大；反之，美國對臺灣出口品（液晶螢幕）的需求愈弱，而臺灣對美國出口品（汽車）的需求愈強，則所決定的均衡貿易條件對美國愈有利，美國的貿易利得也就愈大。

雖然彌爾的交互需求法則對貿易條件之決定提出了有效的解釋，然而其理論仍只是解釋了國際貿易之一部分而非全部。

交互需求理論只適用於兩國間具有**同樣的經濟規模** (equal economic size) 之情況下才適合，因為在此情況下，兩國的需求強度才有足夠能力影響到市場價格或貿易條件。假如兩國的經濟規模相差甚大（例如臺灣與美國），小國的需求強度之大小對市場價格或貿易條件之影響力仍然無法與大國相比，在此情形下，不管兩國的相對需求強度如何，大國對貿易條件之影響力仍然較小國來得大，而貿易條件將會較接近大國國內貿易前之相對價格水準。假設在一個沒有**獨賣** (monopoly) 或**獨買** (monopsony) 之國際市場上，小國因為可輸出其所有輸出之數量，因此，小國的貿易利得也會較大。

以委內瑞拉所產的原油與美國所生產的汽車為例，在**石油輸出國家組織** (OPEC) 的**卡特爾** (cartel) 尚未成立以前，由於委內瑞拉是一小國，生產者或消費者對國際市場上的原油或汽車價格毫無影響力，因此當委內瑞拉與美國貿易時，不管委內瑞拉對原油或汽車的需求有多強，委內瑞拉的石油出口價格與汽車的進口價格，幾乎與美國國內的汽車與原油價格相近。換言之，委內瑞拉與美國貿易時，委內瑞拉為一個**價格接受者** (price taker)。

第五節　貿易條件之衡量與計算

至目前為止，我們已經瞭解到當各國多生產具有比較利益之產品時，整個世界之產品總量可望提高，故對從事貿易的各國都可能有利；另外，即使沒有比較利益，貿易雙方由於需求偏好不同，在貿易過程中也可獲得效用或福利水準提高的好處。一國的貿易利得主要來自於兩方面，貿易促使分工專業化，因此使得生產力提高；另一方面，貿易使得消費者以較低的價格購買且有更多的消費產品之選擇。但是，如果要估計每一時間點上一國的貿易利得，就實務而言將非常困難，因為這便需要知道：一國的一些進口品如果不是從國外進口而是本國自己製造的話，則本國將需花多少製造成本，而這個製造成本與從國外進口成本相較，兩者差多少。

為了衡量貿易利得，經濟學家發明了一種較為簡易的衡量方法，此方法稱**貿易條件** (terms of trade, TOT)。貿易條件如何做改變，便代表一國的貿易利得隨時間改變之方向。所謂貿易條件，是指一個國家的出口品價格指數對其進口品價格指數之比率；簡言之，就是 1 單位的出口品在國際市場上所能換得的進口品之數量。以數學式表示即：

$$貿易條件=\frac{出口品價格指數}{進口品價格指數}\times 100$$

在一段特定時間內，當一定數量的出口品所能換得的進口品數量增加，或出口品價格指數上升之速度高於進口品價格指數上升之速度時，我們即稱之為貿易條件**改善** (improvement)；反之，所謂貿易條件**惡化** (deterioration)，是指當一國在一段時間內，一定數量的出口品所能換得的進口品數量減少，或進口品價格指數上升的速度高於出口品價格指數上升的速度。

舉例來說（見表 3–1），假設我們以 2006 年之進出口品價格指數為基期 (= 100)，而一國到 2016 年時其出口品價格指數為 113，即上升了 13%；而其進口品價格指數為 95，即下跌了 5%。故運用上述貿易條件之計算公式，則該國從 2006 至 2016 年這段期間貿易條件改善了 19%：

$$貿易條件=\frac{113}{95}\times 100=119$$

貿易條件改善了 19% 即表示，該國在 2006 至 2016 年間，同樣數量的出口所能換得的進口數量增加了 19%。

表 3–1　價格指數之計算

	出口品價格指數	進口品價格指數
2006	100	100
2016	113	95

資料來源：行政院主計處。

就任何一個貿易國而言，1 單位的出口品所能換得的進口品之數量愈多，亦即貿易條件愈好轉，對該國愈有利。然而貿易條件往往並非一國（尤其是小國）所能單獨控制的，而是須由進口品與出口品兩個市場的國際供需條件所共同決定的。不過，一般而言，我們可確定的是，貿易條件必然介於貿易前兩國國內相對價格之間。

案例討論

若將美國 1990 年之進出口品價格指數設為基期 (= 100)，2010 年時出口品價格指數為 110，而 2010 年進口品價格指數為 95。試問，美國從 1990 至 2010 年這段期間的貿易條件是惡化還是改善呢？惡化或改善的幅度又為多少？

雖然，貿易條件改變之數字對貿易利得之分配是一個很好的解釋指標，但是當我們在解釋貿易條件之涵義時仍須注意。舉例來說，假設國際間對臺灣出口品之需求上升，使得臺灣的出口價格及出口額增加，在此情形下，臺灣貿易條件之改善即代表臺灣的貿易利得增加。但是，假如臺灣出口品價格之增加以及貿易條件之改善是由於臺灣工人的生產力降低或其他供給面的因素，則這將會使得臺灣的出口額減少（雖然出口品價格提高但是出口量減少)，在此情形下，我們便不能說臺灣的福利水準改善或臺灣有貿易利得了。

儘管貿易條件之解釋有上述之限制，但大致而言，仍不失為一個對貿易利得分配之有用（雖然是粗糙）的解釋指標。

案例討論

請問為什麼石油輸出國家在兩次石油危機後，其所得大幅增加？

1. 需求與供給共同決定貿易的基礎與貿易的方向。同樣的，貿易條件或兩個產品交換之相對價格，也是由需求及供給所共同決定的。
2. 社會無異曲線乃是兩種物品產生某一特定效用水準的所有各種組合之軌跡，可用來說明一國的品味或偏好。愈高的無異曲線代表愈大的滿足。
3. 社會無異曲線之斜率代表兩種物品在消費者的邊際替代率。邊際替代率代表在效用水準保持不變的條件下，當消費者增加消費 1 個單位之 X 物品時，其所願意放棄 Y 物品數量之比例。
4. 在國際貿易以前，一國自給自足的均衡點是位於該國的社會無異曲線與生產可能曲線相切之處。而這兩條曲線之共同切線之斜率即代表這兩種物品在有貿易前之相對價格。
5. 只要兩種物品在兩國內之相對價格不一樣時，對兩國皆有利的國際貿易便值得進行。此即所謂存在貿易基礎。
6. 一個國家從貿易中得到益處是指，該國在貿易後所能達到的無異曲線高於貿易前所能得到的無異曲線。
7. 當一個國家貿易後之消費點位於國際貿易條件線與社會無異曲線相切之處時，該國便處於貿易利得極大化之位置。
8. 因為李嘉圖的貿易理論只考慮到供給面，因此其理論無法確切決定均衡的貿易條件。這個問題是直到彌爾所提出的交互（或相互）需求法則才得解決。交互（或相互）需求法則認為，均衡貿易條件之決定須視貿易雙方彼此對另一國出口品需求程度的強弱而定。
9. 一國貿易利得的變動情形通常是以貿易條件的變動情形來衡量。而所謂貿易條件，是指一國出口品的價格指數對其進口品價格指數之比率。

習　題

選擇題

(　) 1.下列何者為決定個別需求曲線之重要因素？
(A)產品本身價格　(B)替代品價格　(C)所得水準　(D)以上皆是

(　) 2.若兩種產品對消費者而言都能帶來正的邊際效用，則無異曲線之斜率為?
(A)正數　(B) 0　(C)負數　(D)無限大

(　) 3.為維持同一效用水準，增加消費 1 單位 X 時願意放棄的 Y 數量，稱為？
(A)邊際周轉率　(B)邊際替代率　(C)無異曲線　(D)生產可能曲線

(　) 4.「當增加一物品之消費時，最後 1 單位替代別的物品的能力會下降」是指下列何種法則？
(A)邊際替代率遞減　(B)機會成本遞增　(C)比較利益原則　(D)絕對利益原則

(　) 5.下列哪位學者首先提出交互需求法則，將需求因素導入國際貿易理論中?
(A)亞當斯密　(B)李嘉圖　(C)約翰彌爾　(D)凱因斯

(　) 6.交互需求法則認為，貿易條件係決定於貿易國家間的何種因素？
(A)生產成本　(B)對商品之需求程度　(C)資源稟賦　(D)交通便捷性

(　) 7.若某個自給自足的國家生產兩種物品，此兩種物品之社會無異曲線與生產可能曲線相切點之斜率為何？
(A)兩種物品之相對價格　(B)貿易條件　(C)兩種物品之相對成本　(D)兩種物品之相對利潤

(　) 8.「一國出口品的價格指數對其進口品價格指數之比率」是下列何者的定義?
(A)邊際周轉率　(B)邊際替代率　(C)無異曲線　(D)貿易條件

(　) 9.假設 A 國（大國）與 B 國（小國）之經濟規模相差甚大，兩國貿易後其貿易條件將會較接近哪一個國家貿易前之國內相對價格水準？
(A) A 國　(B) B 國　(C)等於兩國之原始相對價格平均　(D)皆有可能

(　) 10.下列關於無異曲線之敘述，何者正確？
(A)若產品對消費者而言皆有正邊際效用，則無異曲線為負斜率　(B)無異曲線不會相交　(C)邊際替代率為無異曲線之斜率　(D)以上皆是

(　) 11.一般來說，無異曲線呈凸向原點的形狀，請問其代表的涵義為何？
(A)邊際替代率遞增　(B)邊際替代率遞減　(C)機會成本遞增　(D)機會成本遞減

(　) 12.下列關於李嘉圖的比較利益原則的敘述，何者正確？
(A)僅考量供給面　(B)可以完全解釋貿易利得在兩國間的分配　(C)僅考量需求面　(D)考量供給面與需求面

(　) 13.下列關於交互需求法則的敘述，何者錯誤？
(A)導入需求因素　(B)適用於有相同經濟規模的兩國　(C) A 國對 B 國的出口品需求很強，B 國對 A 國的出口品需求很弱，此狀況對 A 國較有利　(D)對於貿易條件提出有效的解釋

(　) 14.假設以 A 國 2008 年的進出口品價格指數為基期 (= 100)，2018 年時，A 國的出口品價格指數為 118，進口品的價格指數為 92，請問這段期間 A 國的貿易條件改善了多少？
(A) 25%　(B) 26%　(C) 27%　(D) 28%

(　) 15.一個國家可以從國際貿易中得到益處，其背後所代表的涵義為何？
(A)國際貿易後能達到的生產可能曲線高於國際貿易前能達到的生產可能曲線　(B)國際貿易後能達到的生產可能曲線低於國際貿易前能達到的生產可能曲線　(C)國際貿易後能達到的無異曲線高於國際貿易前能達到的無異曲線　(D)國際貿易後能達到的無異曲線低於國際貿易前能達到的無異曲線

問答題

1. 將社會無異曲線引進貿易模型後，在分析上有何好處？
2. 邊際替代率與邊際轉換率有何不同？
3. 假如兩個國家對兩種產品的生產成本完全一樣時，是否代表對兩國皆有利的貿易便不可能進行？為什麼？請以無異曲線來說明。
4. 為何李嘉圖的貿易模型無法確切地決定均衡的貿易條件？
5. 何謂交互需求法則？此法則對均衡貿易條件之決定提出什麼解釋？
6. 貿易條件之計算方法為何？貿易條件與一國的貿易利得有何關係？
7. 以貿易條件解釋貿易利得有何限制？

第 4 章

黑克斯—歐林定理及其他國貿理論

學習目標

1. 說明黑克斯—歐林的要素稟賦理論與驗證矛盾。
2. 解釋重疊需求理論。
3. 說明產品循環理論。
4. 分析運輸成本對國際貿易與產業區位之影響。
5. 描述工資水準與臺灣的勞力密集產業。

從第 3 章之分析中，我們已經知道，貿易最直接的基礎或原因來自於兩國間之相對價格差異。在兩國間同一產品之品質相同的情形下，除非兩國間價格有所差異，否則貿易便不可能進行。而產品的價格是由需求及供給所共同決定的。因此，我們有必要對決定國與國之間需求與供給的因素，如要素的稟賦、偏好及品味、生產技術及國民所得等做一番瞭解。如此，我們對國際貿易之基礎或原因才能有更深入的認識及瞭解。

本章首先將探討一些代表性的貿易理論，以分析要素稟賦、生產技術及國民所得等因素如何構成貿易之基礎及其對貿易的影響。第五節我們將探討運輸成本的存在對貿易及產業區位之影響。第六節我們將根據要素價格均等化定理來對臺灣的勞力密集產業做一番檢驗。第七節我們則將對產業內貿易理論作一介紹。

第一節　黑克斯—歐林的要素稟賦理論

李嘉圖的比較利益理論基本上認為，國際貿易之基礎來自於兩國之間**生產因素之生產力** (factor productivity) 的不同，尤其是勞動生產力的不同，使得兩國之間對某項產品之比較利益產生差異，因此國際貿易才值得進行。李嘉圖的理論強調了生產因素之生產力，但是其忽視了生產因素或生產資源的供給量對國際分工專業化以及貿易對所得分配的影響。

1920 年代，瑞典的兩位經濟學者黑克斯 (Eli Heckscher) 與歐林 (Bertil Ohlin) 建立所謂的**黑克斯－歐林模型** (Heckscher-Ohlin model)。根據黑克斯－歐林的理論，國際貿易發生之最主要原因是國與國之間供給條件的不同，換言之，即供給條件之差異解釋了世界上貿易發生的原因。而供給條件不只包含生產因素的生產力高低，也包含生產因素的供給量——亦即所謂的**要素稟賦** (factor endowment) 的多寡。在此有必要向讀者說明的是，何謂生產因素的生產力？何謂要素稟賦？我們都知道所謂生產因素（或生產要素）有四種：即土地、勞力、資本及企業才能。而所謂生產因素的生產力就是這項生產因素（例如勞工）在特定時間所能生產某一產品的數量。例如，臺灣 1 名工人 1 天可生產 3 單位的腳踏車，這就是臺灣勞力這個生產因素的生產力。至於要素稟賦就是這項生產因素（或要素）的供給數量，例如，臺灣目前擁有 1,140 萬名勞工，這就是臺灣勞力這個生產要素的稟賦。這也就是為什麼供給條件不只包含生產因素的生產力之高低，也包含要素稟賦之多寡。

李嘉圖之理論認為，生產因素之生產力的差異為貿易的主要原因或基礎，而黑克斯－歐林的理論則強調，兩國所擁有的要素稟賦之差異為造成貿易之主要原因。以下我們將對黑克斯－歐林的要素稟賦理論之要旨作一介紹。

一、要素稟賦模型

要素稟賦理論 (factor endowment theory) 強調，貿易之形態最主要是因為國際間供給條件之差異所致，要素稟賦差異造成供給條件之差異，而供給條件之差異更進而造成兩國間兩種物品相對價格之差異，因而使得國際貿易值得進行。黑克斯－歐林的要素稟賦理論是建立在如下的假設上：

1. 產品市場與要素市場均為完全競爭

黑克斯－歐林的要素稟賦理論是建立在兩個國家兩種產品（即勞力密集產品與資本密集產品）及兩種生產要素（即勞力與資本）的理論上，且所有的產品市場及要素市場均為完全競爭。在此假設下，生產要素將會達到最佳配置及充分就業的狀態下。其次產品市場為完全競爭的假設下，長期均衡只有正常經營之利潤而無經濟利潤，亦即產品的價格會等於生產的平均成本。

因此，產品成本的不同將會完全反映在產品的價格差異之上。

2. 兩國具有同樣的偏好或需求條件

此一假設的目的乃在排除需求因素，亦即國際貿易發生的原因乃是供給條件之差異。換言之，比較利益的產生乃是來自於供給因素而非需求因素。

3. 兩國的生產函數皆為一次齊次函數

黑克斯—歐林的模型假設兩國的生產函數完全一樣，且生產函數皆為一次齊次 (homogeneous of first degree)。此一假設係在排除規模報酬的影響，因此供給條件完全決定於**要素密集度** (factor intensity)，因此可以由要素價格與要素密集度來決定產品生產之平均成本。

4. 兩國的生產要素完全同質

由於生產要素完全同質，因此兩國每一生產要素的生產力完全一樣。

5. 兩國的要素稟賦固定

換言之，每一個國家所擁有的要素供給量是保持不變。

6. 無要素密集度逆轉 (factor intensity reversal) 的現象

亦即每一項產品不管在哪一個國家生產都具有同樣的要素密集度。換言之，我們排除了如下的情形：產品 A 在甲國是以勞力密集的方式生產，但是在乙國卻以資本密集的方式生產。

7. 要素稟賦是可以衡量的

每一個國家的要素稟賦供給量是可以衡量的，如此才可以判定哪一個國家擁有的哪一項生產要素較多，例如哪一個國家是勞力較豐富的國家？而哪一個國家是資本較豐富的國家？

基於以上之假設，要素稟賦理論認為兩個國家兩種物品相對價格的差異是因為：

(1)**這兩國的要素稟賦不同**。例如甲國擁有較豐富的勞力，而乙國擁有較豐富的資本。

(2)**不同產品之生產對生產要素的密集度有所不同**。例如勞力密集的產品需要投入較多的勞力來生產，而資本密集的產品需要投入較多的資本來生產。

基於以上原因，要素稟賦理論說明了：

一個勞力較豐富的國家，因為勞力較便宜，所以應輸出勞力密集的產品，並進口資本較密集的產品。相反的，一個資本較豐富的國家，因為資本較便宜，所以應輸出資本較密集的產品，並進口勞力較密集的產品。

因此要素稟賦理論基本上認為，比較利益的存在來自要素稟賦的差異。例如以臺灣和美國為例，假使臺灣是一個相對而言勞力較豐富的國家，臺灣的工資必然較便宜，因此勞力密集的產品將會較便宜或較具比較利益，所以臺灣應該輸出勞力密集的產品以進口或換取美國資本密集的產品。同理，美國應該對臺灣輸出資本密集的產品以進口或換取臺灣勞力密集的產品。

所以，黑克斯—歐林認為整個世界的貿易型態最主要是因為國與國之間生產資源的稟賦及分配不一致，以及不同產品需要不同要素投入之比例。

圖 4–1 以澳洲與日本的假設性之生產可能曲線為例，來說明黑克斯—歐林的要素稟賦理論。澳洲與日本具資本與土地兩種生產因素，及生產小麥與汽車兩種產品。假設汽車的生產需要用到較多的資本及較少的土地（即汽車為資本密集的產品），而小麥的生產需要用到較多的土地及較少的資本（即小麥為土地密集的產品）。假設日本相對之下擁有較多的資本，因此日本的生產可能曲線的形狀較偏向水平軸（汽車）；相反的，假設澳洲擁有較豐富的土地，因此澳洲的生產可能曲線之形狀較偏向垂直軸（小麥）。

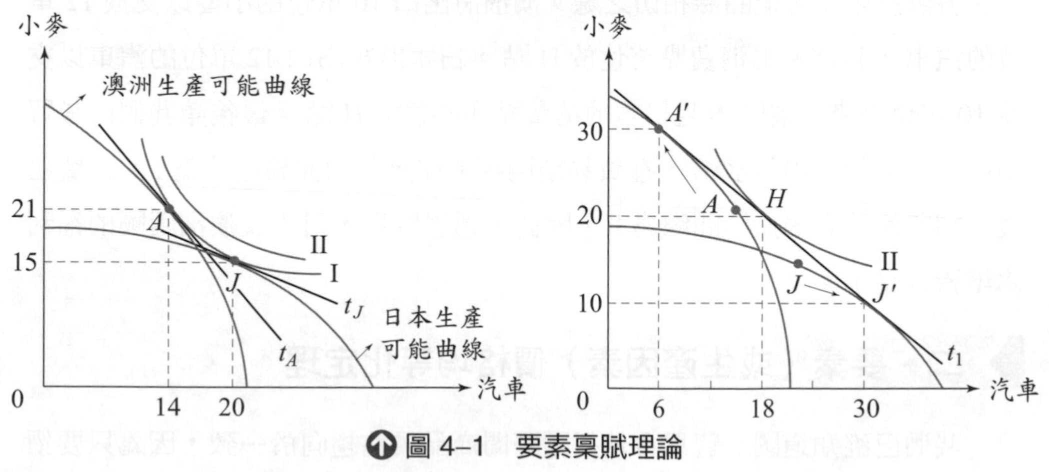

圖 4–1　要素稟賦理論

根據要素稟賦模型假設日本及澳洲兩國的需求條件完全一樣，因此圖4–1日本及澳洲兩國的無異曲線皆完全一樣。見圖4–1的左半部，日本及澳洲兩國在貿易前均衡點位於各國生產可能曲線與共同的無異曲線相切之處。因此，在國際貿易以前，日本的均衡點為J，而澳洲的均衡點為A。通過這兩個均衡點的這兩個相對價格線：t_J 與 t_A，顯示汽車的價格在日本較為便宜，因此日本對汽車的生產具有比較利益；而小麥的價格在澳洲較為便宜，因此澳洲對小麥的生產具有比較利益。

從上一段的敘述可以發現，在兩國需求條件及要素生產力皆相同的假設下，由於生產要素之稟賦程度不同決定了相對價格之水準及貿易之方向。資本在資本稟賦豐富的國家（日本）較為便宜，而土地在土地稟賦豐富的國家（澳洲）較為便宜。因此，資本豐富的國家將輸出資本密集的產品，而土地豐富的國家將輸出土地密集的產品。所以要素稟賦模型之結論為：每個國家應根據該國的稟賦條件，輸出對於相對密集使用其要素稟賦相對豐富的產品。

見圖4–1的右半部，透過貿易的進行，日本及澳洲兩國將會繼續較專業化的生產其較具有比較利益的產品，直到汽車與小麥在兩國的相對價格一致為止。這個專業化生產之過程，將使得澳洲的生產點由A點移到A′點，而日本的生產點由J點移到J′。J′點與A′點將剛好位於共同的相對價格線 t_1 分別與各國的生產可能曲線相切之處。澳洲將出口10單位的小麥以交換12單位的汽車，且澳洲的消費點將位於H點。日本將會出口12單位的汽車以交換10單位小麥之進口，且日本的消費點亦將位於H點。最後讓我們比較貿易前與貿易後的福利水準，在貿易前兩國所能達到的無異曲線為I，但貿易後兩國所能達到的無異曲線為II，因此，透過貿易，日本及澳洲兩國的福利水準皆提高了。

二、要素（或生產因素）價格均等化定理

我們已經知道國際貿易會使得國際間商品價格趨向於一致，因為只要價格不一致即代表貿易可進行，而貿易之進行最後將使得國際間的商品價格趨向於一致（假設沒有運輸成本）。但是，國際貿易是否也會使得國際間生產因

素的價格（例如工資）也趨向於一致呢？

根據黑克斯－歐林的理論，在自由貿易之下不僅兩國所有產品的價格會趨於完全均等，同時也將使得兩國生產要素的價格趨於完全的均等。因此，產品的自由貿易具有取代生產要素於國際間自由的移動功能，這就是所謂的**要素價格均等化定理** (factor price equalization theorem)。但是，要注意的一點是，嚴格來說，要素價格均等化定理是建立在如下的假設條件之下：

⑴是兩國、兩種產品及兩種生產因素的模型。

⑵無論產品市場或生產因素市場，其市場結構皆處於完全競爭之下。

⑶兩國之同一產品之生產函數相同，且皆為一次齊次的生產函數。

⑷假定生產因素的邊際生產力遞減法則發生作用。

⑸兩國間無任何貿易障礙及運輸成本的存在。

⑹兩國間的生產因素皆同質，且數量固定。

⑺商品在國際間可完全自由移動，但生產因素在國際間完全不能移動（但在國內可完全自由移動）。

⑻無生產因素密集度之逆轉現象發生。

⑼兩國對商品的需求型態完全相同，且貿易前與貿易後保持不變。

現在我們舉個例來說明要素價格均等化定理。假設：

1. 有美國與臺灣兩個國家

美國為資本豐富的國家，而臺灣為勞力豐富的國家。

2. 生產汽車與液晶螢幕兩種產品

液晶螢幕的生產為勞力密集，而汽車的生產需要資本密集。

現在我們以表 4–1 之流程表來說明要素價格之所以會終趨於均等化的原因及其調整過程。

表 4–1 要素價格均等化定理：調整過程

$$\Rightarrow\left(\frac{\text{液晶螢幕價格}}{\text{汽車價格}}\right)^{\text{臺灣}}<\left(\frac{\text{液晶螢幕價格}}{\text{汽車價格}}\right)^{\text{美國}}$$

⇒ 相對而言，液晶螢幕在臺灣較便宜，而汽車在美國較便宜。

⇒ 臺灣對液晶螢幕生產有比較利益，而美國對汽車生產有比較利益。

⇒ 臺灣輸出液晶螢幕，進口汽車；美國輸出汽車，進口液晶螢幕

⇒ 臺灣對勞力的需求增加，對資本的需求減少；美國對資本的需求增加，對勞力的需求減少

$$\Rightarrow\left(\frac{\text{勞力的價格}\uparrow}{\text{資本的價格}\downarrow}\right)^{\text{臺灣}},\left(\frac{\text{勞力的價格}\downarrow}{\text{資本的價格}\uparrow}\right)^{\text{美國}}$$

$$\overset{\text{直到}}{\Rightarrow}\left(\frac{\text{勞力的價格}}{\text{資本的價格}}\right)^{\text{臺灣}}=\left(\frac{\text{勞力的價格}}{\text{資本的價格}}\right)^{\text{美國}}$$

由於臺灣是勞力豐富的國家，而液晶螢幕又是勞力密集的產品，因此液晶螢幕與汽車的相對價格會低於美國。這就代表臺灣對於勞力密集產品（液晶螢幕）有比較利益，而美國對於資本密集產品（汽車）有比較利益。所以臺灣應專業化生產並出口液晶螢幕以交換汽車的進口，相反的，美國應專業化生產並出口汽車以交換液晶螢幕之進口。在臺灣，由於對勞力密集產品（液晶螢幕）生產增加，勞動的需要也將相對的增加，於是引起工資相對的上漲。在美國，為增加資本密集產品（汽車）之生產，需要更多的資本，所以美國對資本的需要相對增加，進而引起資本的價格（即利率）比工資相對的提高。只要自由貿易存在，以上之調整過程將持續進行，直到兩國生產要素之價格均等為止。

要素價格均等化定理說明了一個很重要的觀念，那就是自由貿易的進行，有助於促使全世界之工資與利率水準皆一致的趨勢。因此，即使世界各國的勞工或資本不能從一個國家移到另一個國家，但透過自由貿易，這種貿易產品在國際間之移動，有替代生產因素在國際間移動之功效，所以最終世界各國的工資與利率水準也將趨於一致。

雖然要素價格均等化定理認為國際間生產因素之價格終將一致，然而生

產因素在各國之價格，事實上並非一樣的。例如美國的平均工資水準仍然略高於臺灣，而臺灣的工資水準則高於泰國、菲律賓、馬來西亞等國。這是因為要素價格均等化之模型是建立在很多假設上，然而在實際的世界裡這些假設往往並不存在。例如貿易障礙及運輸成本的存在，便降低了世界的貿易量，因此限制了世界各國產品價格及要素價格均等化的程度。

以下我們以美國的汽車產業為例子來說明要素價格均等化定理。在 1980 年代之初，美國汽車工人的平均薪資約為日本的 2 倍。在 1981 年，美國通用汽車公司工人每小時的平均工資為 19.65 美元，但是那時日本汽車工人的平均工資為 10.70 美元。由於美國的經濟蕭條及汽油價格的上揚，使得美國的汽車消費者對耗油的美國車之需求減少，轉而增加對省油耐用的日本車的需求。根據要素價格均等化定理，由於美國車之需求減少，使得美國對汽車工人的需求減少，進而使得美國汽車工人的工資相對而言下跌，這個現象從美國汽車工人工會為了保留汽車工人的工作機會，寧願接受降低工資契約之事實可證。這也就是美國汽車工人工會對一些有關限制外國車進口之貿易立法，總是比較偏保護主義的原因。

三、貿易與所得分配之問題

我們已經知道，自由貿易使得整個世界的產出增加，及使得每一個貿易參與國得到更高的福利。接下來我們要問：貿易對生產因素之報酬有何影響？貿易對生產因素間之所得分配有何影響？

由於貿易影響到生產因素的價格，而生產因素的價格決定生產因素之所得。因此，貿易影響到了生產因素間之所得分配。

由要素價格均等化定理我們知道，貿易將使得一個勞力豐富的國家之工資上揚，而工資之上揚就是代表勞力這個生產因素之報酬增加。因此，國際貿易對一國相對豐富的生產因素，可提高其報酬，對該生產因素有利；相反的，貿易對一國相對稀少的生產因素，降低其報酬，對該生產因素不利。

另外，根據要素價格均等化定理，貿易將使得一個勞力豐富的國家之勞力需求增加，而勞力需求的增加就代表就業機會的增加，因此就該國勞力部門而言，其所得亦增加了。相反的，貿易將使得一國相對稀少的生產因素之就業或被使用機會減少，因此該生產因素之所得將減少。

我們現在以美國及越南為例，來說明貿易對要素之所得分配的影響。參見表 4–2，越南與美國相較，是個勞力豐富的國家，因此相對工資水準較低，利率水準較高；而美國是個相對資本豐富的國家，因此相對工資水準較高，利率水準較低。根據要素價格均等化定理，越南出口勞力密集產品到美國，使得勞力需求的增加，而勞力需求的增加一方面將使得工資上揚（即要素報酬增加），另一方面則增加勞力部門的就業機會，因此貿易將增加越南勞力部門的整體所得。同理，貿易將減少越南資本部門的整體所得（見表 4–2）；貿易將增加美國資本部門的整體所得，減少勞力部門的整體所得。

表 4–2　貿易與要素之所得分配

	越　南	美　國
出　口	出口勞力密集產品 →勞力需求增加 →{工資上揚：W_1↑；勞力就業量增加：X_1↑} →(W_1X_1)↑ →勞力部門所得增加	出口資本密集產品 →資本需求增加 →{資本價格上漲：W_2↑；資本使用量增加：X_2↑} →(W_2X_2)↑ →資本部門所得增加
進　口	進口資本密集產品 →資本需求減少 →{資本價格下跌：W_2↓；資本使用量減少：X_2↓} →(W_2X_2)↓ →資本部門所得減少	進口勞力密集產品 →勞力需求減少 →{工資下跌：W_1↓；勞力就業量減少：X_1↓} →(W_1X_1)↓ →勞力部門所得減少

註：1. W_1 代表工資，X_1 代表勞力就業量。
2. W_2 代表資本價格，X_2 代表資本使用量。

由表 4–2 及上文之說明可知，自由貿易使得要素價格改變的結果，必然產生所得重分配，相對豐富的生產要素的整體所得會提高，相對稀少的生產要素的整體所得會降低。這也就是為什麼在一個國家中，往往會有人贊成自由貿易，有人反對自由貿易。以美國為例，工人在美國是一個相對稀少的生產要素，因此美國的勞力部門（如汽車工人、鋼鐵工人）通常贊成保護主義，反對自由貿易。是故，如果不考慮所得分配的問題，自由貿易確實可以提高整體的社會福利，但如果考慮到個別部門之所得分配，則國際貿易將使得某些部門遭受不利。而要解決貿易所帶來的所得分配不均的問題，則須賴該國政府對各個部門之所得再做**內部移轉** (internal transfer) 的措施。

第二節　兩岸直航對兩岸工資差距的影響

根據國際經濟學之「要素價格均等化定理」，若兩地間之(1)運輸成本趨近於 0，(2)貿易往來愈自由與(3)資訊自由流通這三假設皆被滿足，則透過國際貿易與國際投資之進行，則國際間之要素價格（例如工資）將會趨向於均等或一致之趨勢，因此，兩岸直航大幅降低臺灣與中國大陸的運輸成本，這愈符合生產要素價格均等化定理所建立之假設，在此趨勢下，中國大陸將出口更多勞力密集產品至臺灣，中國大陸沿海地區對勞力需求會增加，並導致中國大陸沿海地區之工資上揚，相反地，臺灣自中國大陸進口勞力密集產品，導致臺灣對勞力需求下跌，並進一步導致臺灣工資下降，因此兩岸之工資差距加速拉近。另外，就投資方面觀之，兩岸直航後，臺商至中國大陸投資之數量、金額與設廠數量大幅增加。並帶動中國大陸對勞力需求增加，中國大陸工資更進一步增加，而臺灣又因臺商加速至中國大陸投資之因素，臺灣對勞力需求大幅下跌，又使兩岸工資更加接近。

第三節　要素稟賦理論之驗證：李昂提夫矛盾

第一位對黑克斯－歐林的要素稟賦理論提出驗證的是美國的經濟學者衛斯理李昂提夫 (Wassily Leontief)。一般人的觀念認為，美國是一個資本數量較為豐富而勞力相對而言較為稀少的國家，因此根據要素稟賦理論，美國應該輸出資本密集的產品而進口勞力密集的產品。但是，李昂提夫以 1947 年的

投入產出模型 (input-output model) 加以驗證，結果卻顯示美國出口的為勞力密集產品，而進口的為資本密集的產品。李昂提夫這個實證結果與一般人的看法與要素稟賦理論相互矛盾，此即所謂**李昂提夫的矛盾** (Leontief paradox)。

李昂提夫以 1947 年美國的投入產出模型來估計每百萬美元的輸出品與進口替代品之資本／勞動比，發現竟然進口替代品的資本／勞動比比輸出品的資本／勞動比來得高（見表 4–3），換言之，美國是輸出勞力密集的產品而進口資本密集的產品。

表 4–3　1947 年美國每百萬美元輸出品與進口替代品之資本勞動比

	輸出品	進口替代品
資本量（美元）	2,550,780	3,091,339
勞動（人／年）	182	170
資本／勞動比率	14,015／人	18,184／人

資料來源：Wassily W. Leonitef, *Domestic Production and Foreign Trade; The American Capital Position Re-Examined*, Proceedings of the American Philosophical Society, 97 (September 1953).

雖然李昂提夫的驗證結果與黑克斯一歐林的要素稟賦理論完全相反，但是李昂提夫仍未敢對黑克斯一歐林之理論馬上加以否認。許多學者對其他國家進行實證的結果，有的符合黑克斯一歐林的理論，有的不符合。但大致而言，一般的實證結果並無法確證黑克斯一歐林理論的成立與否。基本上，黑克斯一歐林的理論是建立在嚴謹的假設與周延的推理上。因此，李昂提夫的矛盾之存在，有可能是實證過程有問題，再不然可能是黑克斯一歐林模型之一些假設並不存在。是故，李昂提夫及其他學者仍致力調和黑克斯一歐林理論與李昂提夫驗證的結果。歸納各方學者之論點，「李昂提夫矛盾」之所以發生的原因如下：

1. 美國工人的生產力較他國為高

李昂提夫對所謂「美國是資本豐富的國家」這句話提出質疑。他認為即使在資本配備相同的情況下，美國工人的生產力是國外工人的 3 倍。因此，黑克斯一歐林理論所假設各國工人皆具有同樣品質或生產力是不存在的。由於美國工人的生產力是國外工人的 3 倍，因此若將美國的勞動人口乘以 3，則美國將變為勞力豐富而非資本豐富的國家。假如李昂提夫的這項解釋能被接受的話，則黑克斯一歐林的理論仍然是正確的。

然而大多數的經濟學者並不滿意李昂提夫的這項解釋。李昂提夫認為美國工人之所以生產力高，是因為美國工人有較好的教育訓練及管理技術等，然而其他學者卻認為像教育、訓練等**人力資本** (human capital) 其實本來就應該被視為資本的一部分，因此美國仍應屬資本豐富的國家。

2. 進口替代品的資本／勞動比並不一定代表進口品的真正資本／勞動比

李昂提夫並無實際估算進口品在進口國家生產之資本／勞動比，而是以**進口替代品** (import-competing goods) 在美國之資本／勞動比為代表進口品之資本／勞動比。兩者是否完全相同不無疑問。其實只有在國與國間之生產函數完全相同時，進口品與進口替代品兩者之資本／勞動比率才會完全一樣。因此，李昂提夫的實證過程有問題。然而，李昂提夫所面對的問題是，美國是在 1947 年唯一有投入產出表的國家。

3. 國與國間的生產函數不同

黑克斯一歐林的理論是建立在兩國的生產函數完全一樣之假設上，然而大多數的經濟學者認為這個假設是不存在的。

4. 生產因素不只兩種

黑克斯一歐林的理論是建立在生產因素只有資本與勞力兩種的假設上，然而實際上生產因素是不只兩種而已。假如土地或天然資源不被視為資本，而被視為第三種生產因素的話，則美國應屬於土地或天然資源豐富的國家。這點與一般人認為美國是資源豐富的國家相符。如果將天然資源排除在資本之外的話，則可能就無李昂提夫矛盾之現象了。

5. 生產因素逆轉的現象

黑克斯一歐林的理論是建立在無生產因素逆轉之假設上，亦即其假設一種產品若在甲國以勞力密集方式生產，則該產品在乙國亦將以勞力密集方式生產。但是當生產因素密集度有逆轉的現象發生時，在甲國為勞力密集的產品，在乙國將變成資本密集的產品，則貿易的結果可能是兩國都同樣的輸出勞力密集產品。如此，我們便很難有像黑克斯－歐林理論所下的結論：一國輸出勞力密集產品，另一國輸出資本密集產品。

6. 國與國間的需求條件不同

黑克斯－歐林的理論是建立在兩國間有完全一樣的需求條件之假設上。然而事實上，國與國間的需求條件是不可能完全相同的。要是有需求條件不一致的情形時，則貿易之方向可能不會像黑克斯－歐林所說的勞力豐富的國家一定輸出勞力密集的產品。因為一個勞力豐富的國家，如果該國對勞力密集產品之需求非常強的話，則該國供應本身之消費後，可能沒有任何多餘的勞力密集產品可供輸出了。因此，若國與國間的需求條件若有不同時，則黑克斯－歐林的理論可能不成立，而李昂提夫矛盾便有可能發生。

7. 貿易障礙及運輸成本的存在

黑克斯－歐林的理論是建立在完全自由貿易及無運輸成本之假設上。然而事實上，世界各國普遍設有貿易障礙（例如關稅、限額）且運輸成本也皆存在，而美國的貿易障礙更重於保護勞力密集的產業，因此使得勞力密集的產品較不易輸入美國。故若把貿易障礙這個因素列入考慮的話，則李昂提夫矛盾更有可能發生了。

以上為綜合各方學者對李昂提夫矛盾所提出之解釋，從以上之探討可知，基本上李昂提夫矛盾之主要原因為黑克斯－歐林理論所需之假設，在實際上並不全然存在。雖然，李昂提夫矛盾已是相當多年前的文獻了，然而透過對該矛盾原因之探討，則可對要素稟賦理論有更深一層的認識與瞭解。

第四節　林德的重疊需求理論

有關所得成長對國際貿易的影響，瑞典的經濟學家斯塔芬林德 (Staffan Linder) 曾經做分析。林德認為，要素稟賦理論對一些**初級產品** (primary goods) 之貿易具有相當的解釋價值，但是對於一些**製造業產品** (manufactured goods) 之貿易，要素稟賦理論則不具有解釋能力。其原因是，決定製造業產品之貿易的主要因素是需求條件而非供給條件，而要素稟賦理論只是從供給面探討貿易的根源，因此要素稟賦理論並無法解釋製造業產品之貿易。由於大部分國際貿易之產品為製造業產品，因此需求面對國際貿易之產品的移動便扮演一個極為重要的角色。

根據林德的論點，一國製造業產品是否能出口，最主要受國內的需求條件而定。因為一國製造業產品要在競爭的國際市場售出，首先必須有能力在國內市場銷售出去。一個廠商通常會先在其所熟悉的國內市場銷售其產品後，再進行拓展其所較不熟悉的國外市場。因此國內市場的需求大小，對決定製造業產品之廠商是否應投入生產，廠商的成長以及未來國際市場的競爭能力，便扮演著重要之角色。要是一個製造業廠商剛開始連國內市場都無法站穩腳步，則其將無法成長或建立生產規模，未來在競爭的國際市場上更不太可能佔有一席之地。

由於一個製造業剛開始通常以國內的需求條件做為其生產決策之決定基礎，接下來再進軍國際市場。而在該產業進軍國際市場之初，其通常會先選擇與國內需求條件較類似的國家，因為需求條件與國內較類似的國家才比較有可能需求該產業之產品。因此林德認為，製造業產品貿易之主要原因是因為兩國的需求型態相同或**需求重疊** (overlapping demands)。

假如兩個國家有同樣的需求型態，則這兩國的消費者對產品的品質所要求的程度也會相類似。但是接下來我們要問，林德所謂的「需求」是指什麼呢？林德認為消費者對產品的品味及偏好一定要消費者具有**購買力** (purchasing power) 才算有效，而對製造業產品的有效需求來自消費者的所得。因此，如果兩個國家的國民所得愈接近，則對製造業產品的需求重疊愈大。故如果兩國的國民所得愈接近，則製造業產品在這兩國間的潛在性貿易量愈大。

黑克斯—歐林的要素稟賦理論強調供給條件對貿易的影響，而林德的重疊需求理論則強調需求面以及兩國間國民所得結構對貿易的影響。

第五節 產品循環理論(產品生命週期理論)

本書對國際貿易理論的分析至目前為止，均假設國與國之間的生產技術水準保持不變，因此貿易的基礎大抵上來自於生產力的不同（例如絕對利益原則與比較利益原則)、要素稟賦的不同（要素稟賦理論）及兩國需求型態一致（重疊需求理論)。但是在一個動態的世界中，國與國間生產技術的水準及進步的速度都是不太一樣的。生產技術的創新有可能改變原有產品之製造方法、發明或製造新的產品、產品品質的提升等，這都將影響到比較利益的方向及貿易的形態。

產品循環理論，又叫**產品生命週期理論** (product life cycle theory)，其認為生產技術動態改變對製造業產品之貿易有極重要之影響。此理論基本上強調**技術創新** (technology innovation) 是影響製造業產品之貿易型態的最主要因素。產品循環理論是由雷曼威隆 (Raymond Vernon) 所提出的，其利用動態之架構來解釋為何很多製造業產品之貿易隨著時間呈現一種循環的趨勢。

根據產品循環理論，很多製造業產品例如電子產品及辦公室機器等，其貿易往往呈現出一種循環的現象。在這個循環中，產品創新之國剛開始為該產品之出口國，但此產品創新之國會漸漸失去比較利益，最後此產品創新之國將成為該產品之進口國。

詳言之，產品循環理論認為很多製造業產品之生命都經歷如下的階段：

1. 銷售國內市場

產品的發明或創新之初，由於生產技術尚未確定，因此往往只適於作小規模的生產，在廠商最熟悉的國內市場銷售。從國內市場消費者對產品品質之意見及回饋中，生產者對此新產品之品質及生產技術得以再作改進。

2. 國內市場成熟階段

新產品在國內市場銷售一段時間後，由於產品品質漸漸提高，生產技術漸漸改善，生產技術也漸漸成熟確立，國內之消費者也普遍的能接受此新產品，因此該產品便進入了成熟階段。

3. 進軍國際市場

當此新產品在國內成功的生產及銷售後，廠商將開始嘗試將此產品外銷至國外市場。而剛開始的外銷對象，通常是選擇與國內需求條件亦即在品味、偏好及國民所得或購買能力與本國相類似的國家。接下來，由於國際市場的打開，新產品的整體需求增加且生產技術已經成熟，因此將進入大量生產以及標準化的階段。

4. 國內生產者失去競爭優勢

新產品進軍國際市場且大量標準化的生產後，生產技術將廣為流傳，變得普遍、簡單，因此只需較多的勞力或其他非技術之投入。此時，新產品往往會被國外抄襲模仿，原先創新的國家將逐漸失去其技術上之比較利益。而一些勞力豐富、工資低廉的國家反而成為生產此產品較有比較利益的國家，原有創新國之廠商可能開始將此產品之生產移至國外一些工資較低，或交通成本及賦稅較低的國家。

5. 產品創新國變成該產品之進口國

當產品創新國原來所享有之技術上的比較利益失去後，勞力充足、工資低廉、技術水準較低的國家反而取得此種產品生產上的比較利益。因此，原來是該產品創新的國家可能成為該產品的進口國。

圖 4–2 假設美國為一產品創新國，來說明產品循環理論。橫軸 t 代表時間，縱軸代表出口 (X) 與進口 (M) 的差額（即淨出口額）。在 t_1 時，由於美國是該產品的創新國，享有技術創新之比較利益，因此美國為該產品的淨出口國。而其他先進國家如日本、加拿大或歐洲國家因與美國的需求條件較類似，亦於 t_1 時開始接受此新產品，成為淨進口國。開發中國家由於需求條件與美國有落差，因此至 t_2 才開始進口。由於產品逐漸的標準化，其他先進國開始模仿生產，因此從 t_3 開始，其他先進國家開始變為淨出口國。由於美國對此產品的技術上之比較利益逐漸喪失，因此從 t_4 開始，美國已變成淨進口國。開發中國家至 t_5 時享有此項產品生產上之比較利益，因此從 t_5 開始成為淨出口國。

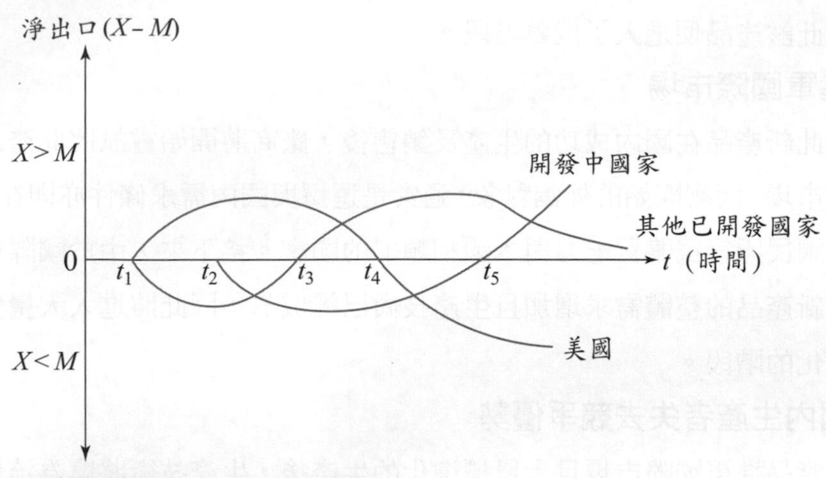

t_1：貿易開始
t_2：開發中國家開始進口
t_3：其他已開發國家變成淨出口國
t_4：美國變成淨進口國
t_5：開發中國家變成淨出口國

圖 4–2　產品循環理論

一般而言，無論是紡織類、紙類產品、電腦產品或汽車等，通常經歷以上所述的產品循環理論之各個階段。

接下來，我們以美國與日本對收音機的製造之實例，來說明產品循環理論。由於美國發明收音機的真空管，因此在二次大戰剛結束後，美國廠商佔有大部分的收音機之國際市場。但是由於此項生產技術漸漸被流傳模仿，於是日本便開始利用二次大戰後該國較為廉價的勞力佔有國際的收音機市場。不過，後來美國的製造廠又發展出電晶體，而日本的製造廠卻仍然還使用過時的技術，因此使得美國的收音機製造廠商能再度與日本的廠商競爭。然而，此項電晶體之製造技術後來又被日本所模仿，因此日本廠商能再度以比美國廠商更低的價格來出售收音機。但是後來美國又發展出印刷電路板，使得美國又獲得與日本競爭的能力。這個例子說明了國際貿易之形態為一動態的現象，而技術的創新對製造業產品之貿易有很重要的影響。

案例討論

原先在臺灣晶圓代工以及生產筆記型電腦的廠商將工廠移至中國大陸，此現象要如何用產品循環理論來解釋？

第六節　運輸成本對國際貿易與產業區位之影響

由於商品在國際間的移動或多或少牽涉到經濟距離，因此無法忽視運輸。所謂運輸成本是指商品從一個地方移至另一個地方所需之成本；運輸成本包括運費、包裝費、處理費以及保險費。

至目前為止，我們對國際貿易理論之分析都是建立在沒有運輸成本之假設上。但是，如果我們考慮到運輸成本後，則其對國際貿易與產業區位之影響如下：

一、運輸成本對國際貿易之影響

與沒有運輸成本相較，運輸成本的存在對國際貿易的影響為：

(1)降低兩國間之貿易量。

(2)降低兩國間專業化生產的程度。

(3)改變兩國間生產及消費的數量。

(4)增加兩國間國內價格之差距。

(5)貿易利得減少。

將運輸成本引進模型後，使得原有之貿易結果做了一些改變。在沒有運輸成本的狀況下，只要一個產品在兩國間的價格有所差異，貿易便值得進行。但是在有運輸成本下，兩國間的價格差異至少需高於運輸成本，才值得進行貿易。再者，在有運輸成本的狀況下，貿易的均衡點是出口國國內之價格加上運輸成本等於進口國的國內價格：

出口國的國內價格 + 運輸成本 = 進口國的國內價格

運輸成本的存在，對我們先前所探討的要素價格均等化定理也將有所修正。要素價格均等化定理認為，自由貿易的進行，最終將使得國與國之間的產品價格及要素之價格趨於一致，亦即兩國間的工人將獲得同樣之工資水準，而兩國間的資本亦將獲得同樣的利率水準或資本報酬率。要素均等化定理說明，兩國間產品之自由移動有替代兩國間生產因素自由移動之功能。但是，要素均等化定理是建立在運輸成本不存在的假設上，要是運輸成本存在的話，則由於兩國間產品的價格會不一樣，因此兩國間要素的價格也會有所差異。

現在我們舉例來說明運輸成本的存在如何影響要素價格均等化定理。1970 年代石油危機發生後，美國自日本進口很多汽車，但在 1980 年代美國汽車工人的平均工資仍高於日本工人，而之所以會有這種背離要素價格均等化定理的原因很多，運輸成本的存在即為解釋這兩國工資差異的原因之一。由於運輸成本的存在，使得低成本的日本車加上運輸成本後，其價格便不像在沒有運輸成本時那麼便宜，因此減少了日本車輸入美國的總數量，這進而使得美國及日本兩國的汽車價格及汽車工人之工資無法趨於均等。換言之，美國汽車工人的工資無法降到與日本汽車工人的工資一樣。因此如果從運輸成本使得美國及日本兩國汽車工人工資不一致的效果來看，運輸成本隱含保護美國汽車工人工資及保護美國汽車工人就業機會之味道。如果關稅、限額是人為的貿易障礙，則運輸成本即為天然或自然的貿易障礙。既然關稅或限額有保護國內進口競爭產業之功效，則同樣的，運輸成本也具有保護國內進口競爭產業之意義。

二、運輸成本對產業區位之影響

運輸成本不僅對國際貿易有重要之影響，其亦影響到產業區位之所在。一個追求利潤之廠商在選擇區位前，不僅應對生產上的成本有確切之認知，其同時亦應對原料、零組件及產品的運輸成本有確切的認知。一個廠商的最適區位應位於能使該廠商的**總經營成本** (operating cost) 最小化的地理位置，而所謂總經營成本包含生產上的成本及運輸上的成本。依**區位理論** (location theory) 的角色來看，生產分成以下三類：

1. 資源或供給導向

資源或供給導向 (resource or supply oriented) 之產業通常是屬於最終產品之重量或體積比其原料輕或小很多之產業，因此該產業若將生產地點設在接近資源或原料的供應地點會較有利。這是因為最終產品每單位距離之運輸成本比原料每單位距離之運輸成本小很多。因此，若把生產地點設在接近生產資源供給地之所在，則該廠商將可大大的降低運輸成本。例如鋼鐵業、煉油產業及木材業即屬於資源導向之產業，臺灣的中鋼、中油輕油裂解廠將廠址設於高雄港即屬此。

2. 市場或需求導向

市場或需求導向 (market or demand oriented) 之產業則通常是屬於該產業最終產品之重量或體積比其原料重或大許多之產業，因此該產業若將生產地點設在接近市場需求地點的地方則會較為有利。這是因為最終產品每單位距離之運輸成本，比原料每單位距離之運輸成本高出許多，因此若把生產地點設在接近市場需求的地方，則該廠商可節省很多運輸成本。例如可口可樂與百事可樂便是典型的例子。這兩家公司通常將糖漿濃縮後，運送到世界各地，然後在當地再加水及裝瓶後出售。

另一個市場導向之例子為美國的汽車業。美國的汽車產業在接近市場的海外各地，設有汽車裝配之工廠，這是因為零組件的運輸成本低於汽車的運輸成本。

3. 自由自在或中立導向

自由自在或中立導向 (footloose or neutral oriented) 之產業則是屬於該產業之經營既不需要太靠近原料供應所在，也不需要太靠近市場需求之所在，其原因在於：

(1)該產業之產品非常有價值，因此運輸成本僅佔總成本的一小部分。例如電子產品。

(2)該產品之生產既不**失重** (weight losing) 也不**加重** (weight gaining)。換

言之，原料每單位距離的運輸成本與最終產品每單位距離的運輸成本很接近。

在以上這兩種情形下，該產業之區位所在便具有高度的移動性。因為運輸成本對該產業不具重要性，而生產成本對產業佔很重要分量，因此區位的選擇就不需特別考慮原料之所在地或市場需求之所在地了。

第七節　工資水準與臺灣的勞力密集產業

早期臺灣一直被日本及歐美各國視為工資低廉適合勞力密集產業經營的地區。但最近幾年來，一些勞力密集產業在臺灣經營日益困難，因此紛赴中國大陸及東南亞投資，而這個現象是否符合要素稟賦理論及要素價格均等化定理呢？而這就是本節所要探討的主要問題。

一、勞力密集產品（或產業）之定義

所謂勞力密集產品（或產業）是指一種產品（或產業）在其生產投入的過程中，勞力佔總投入的比例較大者或勞動成本佔總成本的比例較高者。

二、臺灣的工資水準與勞力密集產業之經營環境

表 4–4 首先列示了臺灣、韓國、香港、新加坡、美國及日本製造業近年來之平均月薪。由表 4–4 可粗略的看出，在 1985 年時美國的薪資約為臺灣的 4.8 倍，但在 2016 年時美國的薪資則約僅為臺灣的 2.5 倍；在 1985 年時日本的薪資約為臺灣的 4 倍，但在 2016 年時日本的薪資則約僅為臺灣的 2.3 倍。此外，韓國崛起，在 1985 年時韓國的薪資略低於臺灣，但在 2016 年時韓國的薪資已為臺灣的 2.2 倍；新加坡與美國的薪資則愈來愈接近，日本在 2012 年時相對其他國家，其薪資是較高的，但根據表 4–4 可以發現日本近幾年的薪資大幅降低，到了 2016 年已經以些微差距低於美國及新加坡。

1970～1980 年代，隨著臺灣出口大量勞力密集財至美國及日本兩國，臺

灣與美國及日本兩國工資差距逐漸縮小的現象其實是符合我們在前面所介紹的要素稟賦理論及要素價格均等化定理的。其原因可簡述如下：

在 1970 年代，臺灣與美國及日本相較為勞力相對豐富的國家

⇒ 臺灣的工資較美國及日本的工資低

⇒ $\begin{cases}\text{臺灣出口勞力密集財至美國及日本}\\ \text{美國及日本自臺灣進口勞力密集財}\end{cases}$

⇒ $\begin{cases}\text{臺灣對勞力的需求相對增加}\\ \text{美國及日本對勞力的需求相對減少}\end{cases}$

⇒ $\begin{cases}\text{臺灣的工資相對上升}\\ \text{美國及日本的工資相對下跌}\end{cases}$

⇒ $\left(\dfrac{\text{美國工資}}{\text{臺灣工資}}\right)\downarrow$，$\left(\dfrac{\text{日本工資}}{\text{臺灣工資}}\right)\downarrow$

⇒ 貿易會持續進行，直到臺灣與美國及日本工資趨於一致

1970～1990 年間，臺灣出口大量勞力密集財至歐美各國，但隨著臺灣工資的逐漸上揚，臺灣的勞力密集財亦漸漸失去其比較利益，而勞力密集產品的出口金額佔臺灣總出口金額的比例亦隨之下跌。如表 4–4 所示，臺灣的製造業平均月薪逐年上升；由表 4–5 可看出，臺灣勞力密集產品佔總出口金額的比例逐年下降。因此，很顯然的，臺灣的工資水準與勞力密集財的出口金額佔臺灣總出口額的比例成一反向關係。

表 4–6 列示了不同勞力密集度產品佔出口之比例。臺灣高勞力密集產品佔出口的比例逐漸下降，而中勞力密集產品出口比例則有逐年上升的趨勢。此狀況顯示在同樣勞力密集產品中，勞力密集度愈高之產品，由於勞動成本佔其總成本的比例愈高，因此隨著這段期間臺灣工資水準的上揚，其在臺灣愈不易生存，因此其佔出口的比例也隨之下降。

表 4-4　1985～2016 年製造業之平均月薪

單位：美元

年度＼國家	臺灣	韓國	香港	新加坡	美國	日本
1985	318.95	302.97	377.55	428.15	1,526.40	1,255.55
1986	394.14	341.89	409.49	448.24	1,556.80	1,812.25
1987	538.63	414.88	461.61	479.11	1,585.61	2,165.38
1988	605.44	574.63	526.01	554.56	1,630.41	2,486.93
1989	746.70	723.38	603.30	637.34	1,676.81	2,439.85
1990	818.17	824.69	688.12	769.66	1,732.80	2,431.11
1991	955.96	907.34	773.92	898.36	1,788.80	2,731.79
1992	1,068.62	1,015.39	847.52	1,035.11	1,833.60	2,941.97
1993	1,094.35	1,103.07	947.72	1,125.02	2,106.16	3,339.53
1994	1,163.91	1,272.63	1,046.44	1,268.33	2,196.74	3,704.14
1995	1,229.04	1,457.20	1,090.06	1,522.01	2,229.90	4,152.67
1996	1,234.52	1,567.74	1,164.46	1,645.04	2,302.01	3,687.26
1997	1,237.12	1,394.15	1,263.95	1,674.77	2,396.94	3,411.85
1998	1,089.59	916.54	1,313.20	1,622.85	2,396.94	3,115.12
1999	1,167.83	1,241.15	1,308.66	1,653.69	2,511.73	3,503.64
2000	1,242.14	1,416.03	1,305.84	1,761.02	2,590.43	3,773.78
2001	1,132.46	1,318.64	1,332.52	1,739.69	2,590.43	3,341.56
2002	1,104.92	1,524.35	1,268.33	1,761.64	2,711.67	3,202.01
2003	1,149.09	1,693.41	1,255.09	1,874.07	2,755.55	3,185.46
2004	1,216.48	1,693.41	1,263.11	1,982.01	2,853.55	3,514.03
2005	1,301.27	2,331.39	1,088.21	2,099.86	2,853.55	3,455.68
2006	1,303.14	2,641.92	1,256.21	2,277.05	2,993.86	3,316.89
2007	1,314.73	2,892.88	1,332.94	2,497.51	3,081.49	3,180.33
2008	1,368.19	2,429.75	1,329.10	2,795.25	3,138.20	3,621.92
2009	1,183.83	2,143.15	1,208.32	2,726.71	3,145.79	3,736.27
2010	1,336.82	2,582.07	1,220.13	3,127.25	3,314.44	4,127.82
2011	1,470.15	2,737.79	1,474.19	3,488.70	3,396.04	4,615.38
2012	1,475.28	2,859.01	1,605.36	3,590.53	3,447.76	4,663.13
2013	1,472.26	3,079.29	1,603.82	3,590.53	3,517.19	3,816.36
2014	1,488.65	3,329.56	1,674.76	3,590.53	3,601.26	3,607.47
2015	1,466.57	3,197.28	1,730.74	3,590.53	3,647.25	3,109.04
2016	1,462.28	3,236.18	1,783.28	3,590.53	3,744.31	3,478.60

資料來源：中華民國統計月報、中華民國勞工統計月報、臺灣經濟金融月刊（匯率）、中華民國勞動部國際勞動統計、ILO, *Yearbook of Labour Statistics.*

表 4–5　臺灣勞力密集產品佔出口品之比例

單位：百萬美元；%

年　度	總出口金額	勞力密集財出口金額	比　例
2003	150,600.50	48,252.40	32.04
2004	182,370.50	59,015.06	32.36
2005	198,431.80	64,014.07	32.26
2006	224,017.00	71,394.31	31.87
2007	246,676.80	79,602.64	32.27
2008	255,628.80	82,465.82	32.26
2009	203,674.50	62,609.57	30.74
2010	274,600.60	86,718.84	31.58
2011	308,257.80	92,692.97	30.07
2012	301,180.90	90,866.28	30.17
2013	305,441.20	89,066.65	29.16
2014	313,695.90	93,261.79	29.73
2015	280,387.80	89,191.36	31.81
2016	280,321.40	85,049.51	30.34
2017	317,249.10	89,718.05	28.28

資料來源：中華民國財政部進出口統計、中華民國進出口貿易統計月報。

表 4–6　臺灣勞力密集產品佔出口品比例

單位：%

年　度	勞力密集度		
	高	中	低
2003	32.04	43.35	24.62
2004	32.36	43.52	24.12
2005	32.26	43.06	24.68
2006	31.87	43.88	24.25
2007	32.27	41.57	26.16
2008	32.26	39.94	27.80
2009	30.74	43.70	25.57
2010	31.58	43.43	24.99
2011	30.07	43.66	26.28
2012	30.17	43.22	26.61

2013	29.16	44.09	26.75
2014	29.73	45.68	24.59
2015	31.81	48.99	19.20
2016	30.34	51.85	17.81
2017	28.28	53.70	18.02

資料來源：中華民國財政部進出口統計。

隨著臺灣工資的上揚，勞力密集產業也漸漸無法在臺灣生存，於是紛紛外移至中國大陸及東南亞投資，以求降低經營成本，而勞力密集產業的臺商之所以選擇在中國大陸及東南亞投資，除了語言、文化相似外，其最主要原因便是其低廉的工資。

案例討論

製鞋業屬於勞力密集產業，假設臺灣某製鞋廠商欲將工廠移至勞力成本較低的地區，以中國大陸的廣州為第一考量設廠地點。假設中國大陸的廣州的勞力成本為臺灣勞力成本的 70%，請問製鞋廠商將工廠移至中國大陸的廣州的決定是否正確？

三、要素價格均等化定理，新臺幣升值與臺灣的工資水準

我們在前面討論到臺灣勞力密集產品之所以在臺灣不易生存的主要原因是臺灣工資水準相對於國際工資水準的提高，而臺灣工資水準之所以相對的提高則是因為「要素價格均等化定理」在無形中進行。

不過，在此要向讀者特別提醒的是，國與國間工資水準之高低通常要換算成同一種通貨才能作比較。換言之，在一段期間內臺灣工資水準上升的程度必然會受到新臺幣匯率之影響，即使臺灣以新臺幣表示的名目工資保持不變，但若新臺幣大幅升值，則臺灣的工資以美元表示之水準在國際上仍將失去其競爭力，亦即臺灣的工資在國際上比較起來仍是上漲的。

換言之，從 1970 年以來，臺灣的工資水準上揚以及勞力密集產業不易生

存的主要原因，除「要素價格均等化定理」在無形中運行外，匯率亦扮演一個相當重要之因素。新臺幣大幅升值使得臺灣的工資水準以美元表示之價格大幅上漲，而國際間的進出口又通常以美元來報價，因此臺灣勞力密集財的美元出口報價必然提高，而出口報價提高則必然失去國際競爭力，導致出口萎縮，因此勞力密集產業在臺灣便不易生存。

以下我們以簡單的文字來說明自 1970 年代，約四十年以來「要素價格均等化定理」及「新臺幣升值」此兩因素結合後，臺灣傳統勞力密集產業如何失去了低工資之國際競爭優勢：

在 1970 年代初期，臺灣的工資低於美國甚多

$\Rightarrow \begin{cases} \text{臺灣出口勞力密集財至美國} \\ \text{美國自臺灣進口勞力密集財} \end{cases}$

$\Rightarrow \begin{cases} \text{臺灣對勞力的需求相對增加} \\ \text{美國對勞力的需求相對減少} \end{cases}$

$\Rightarrow \begin{cases} \text{臺灣的工資相對上升} \\ \text{美國的工資相對下跌} \end{cases}$ + 新臺幣在這段期間大幅升值

$\Rightarrow \begin{cases} \text{臺灣的工資「更相對的大幅上升」} \\ \text{美國的工資「更相對的大幅下跌」} \end{cases}$

⇒ 臺灣與美國的工資水準更趨於一致

最後要提醒讀者的是，若要比較國際間的工資水準，通常要將各國貨幣換算成同一種通貨（通常是美元）。因此，若一國的名目工資及其他條件不變，但其貨幣對美元升值，則代表該國的工資已上揚。

近年來，人民幣大幅升值，再加上中國大陸的名目工資也上揚，很明顯地看出中國大陸的實質工資換算成美元已大幅上揚。因此，中國大陸已漸漸喪失勞力密集產業在工資上的比較利益。

表 4–7　主要國家通貨兌美元之匯率

單位：每 1 美元折合各該國貨幣數

年　度	新臺幣	日　圓	英　鎊	港　幣	韓　元	加　幣	新加坡幣	人民幣	澳　幣	印尼幣	泰　幣	馬來幣	菲國比索	歐　元
2006	32.53	116.30	1.84	7.77	954.79	1.13	1.59	7.97	0.75	9,159.32	37.88	3.67	51.31	1.25
2007	32.84	117.75	2.00	7.80	929.26	1.07	1.51	7.61	0.84	9,141.00	34.52	3.44	46.15	1.37
2008	31.52	103.36	1.85	7.79	1,102.05	1.07	1.41	6.95	0.84	9,698.96	33.31	3.34	44.32	1.46
2009	33.05	93.57	1.56	7.75	1,276.93	1.14	1.45	6.83	0.78	10,389.94	34.29	3.52	47.68	1.39
2010	31.64	87.78	1.55	7.77	1,156.06	1.03	1.36	6.77	0.92	9,090.43	31.69	3.22	45.11	1.32
2011	29.46	79.81	1.60	7.78	1,108.29	0.99	1.26	6.46	1.03	8,770.43	30.49	3.06	43.31	1.39
2012	29.61	79.79	1.59	7.76	1,126.47	1.00	1.25	6.31	1.04	9,386.63	31.08	3.09	42.23	1.28
2013	29.77	97.60	1.56	7.76	1,094.85	1.03	1.25	6.20	0.97	10,461.24	30.73	3.15	42.45	1.33
2014	30.37	105.94	1.65	7.75	1,052.96	1.11	1.27	6.14	0.90	11,865.21	32.48	3.27	44.40	1.33
2015	31.90	121.04	1.53	7.75	1,131.16	1.28	1.37	6.23	0.75	13,389.41	34.25	3.91	45.50	1.11
2016	32.32	108.79	1.36	7.76	1,160.43	1.33	1.38	6.64	0.74	13,308.33	35.30	4.15	47.49	1.11
2017	30.44	112.17	1.29	7.79	1,130.42	1.30	1.38	6.76	0.77	13,380.87	33.94	4.30	50.40	1.13

資料來源：中央銀行全球資訊網。

案例討論

隨著兩岸自由貿易與直航後，從 1990～2018 年，兩岸工資的差距逐漸縮小，沿海城鎮基層勞工薪水早已超過人民幣 2,000 元，上海市最低薪資標準更是高達人民幣 2,420 元，且許多臺商還提供吃、住，再加上其他的社會保障支出，實際薪資已超過新臺幣 20,000 元。請問此現象將造成何種影響？

第八節　產業內貿易理論

一、產業間貿易與產業內貿易之定義

一般傳統的國際貿易理論只對「產業間貿易」作探討，但近年來隨著「產業內貿易」成為國際貿易中的一個很重要的部分以後，有關「產業內貿易」理論之探討亦成國貿理論探討中一個很重要之課題。

所謂的**產業間貿易** (inter-industry trade) 是指一國進口的產品與出口的產品屬於完全不同的產品類別；換言之，所謂產業間貿易是指完全不同類別的產品在國際間的貿易。例如甲國出口玉米給乙國，而乙國出口汽車給甲國，由於汽車與玉米屬於完全不同的產品類別，因此以上之貿易行為稱之產業間貿易。再如臺灣出口電子產品給印尼，印尼出口木材給臺灣，由於電子產品與木材屬完全不同之產品類別，因此亦屬產業間貿易。

而所謂的**產業內貿易** (intra-industry trade) 是指一國所進口的產品與所出口的產品屬於同一產品類別；換言之，所謂產業內貿易是指同一類別內（或同一產業內）**異質性產品** (differentiated products) 在國際間的貿易。例如美國出口大型汽車給日本，而日本則出口經濟省油的小汽車給美國，由於不管是大型汽車或小型汽車皆同屬於汽車產業，但彼此間為異質性產品，因此以上之貿易行為稱之為產業內貿易。

二、產業內貿易之原因

之所以產生產業內貿易之原因主要有如下數點：

1. 產品的異質性

由於消費者偏好的不同，因此任一國的廠商都不可能生產能滿足全世界不同偏好或口味之消費者，如此一來，產業內貿易便自然而然的發生。再者，一些廠商為建立消費者對其產品的忠誠度，也往往刻意生產與其他國家廠商不同性質的異質性產品以達到市場區隔之目的，如此一來亦將使得產業內貿易發生。

2. 經濟規模的考量

此點與上述產品異質性的原因是有很大關聯的。就如前述，由於全世界各國消費者的偏好並不相同，任一國的廠商基於規模經濟的考慮，既不可能也不會為了滿足全球各地不同口味的消費者，而去生產那麼多種的異質產品，因為一國的廠商若為了生產各種不同的異質性產品，則其將必須投資很多的機器模具，若每個機器模具僅生產少許的數量，如此一來便很難發揮規模經濟之效益。也由於這種規模經濟的考量，使國與國間產業內的貿易便自然而然的發生了。

3. 地理區位、交通成本及關稅的考量

對於一些地理幅員廣大的國家，交通成本的高低往往對產業內貿易的增減扮演很重要的角色，尤其對於一些體積大及重量大的產品更是如此。舉例來說，假設加拿大及紐約州皆同時生產某一產品，則一位於美國西部西雅圖市的購買者基於交通成本的考量，其很有可能向加拿大進口此項產品而不向紐約州購買，如此一來，美國與加拿大間產業內的貿易便可能隨著交通成本的降低而增加。

通常，產業內貿易會隨著交通成本及關稅等貿易障礙的降低而增加。例如學者巴拉薩 (Béla Balassa) 經過實證後發現，隨著 1958 年歐洲共同市場的成立及關稅等貿易障礙的降低及廢除，這些國家間彼此的貿易額大增，且這些增加的貿易額大多是屬於產業內貿易。

4. 國與國間所得分配之不同

國與國間所得分配的不同對產業內貿易的影響是由學者格魯貝爾 (Herbert Grubel) 於 1970 年首先提出。根據格魯貝爾的看法，即使兩國間的平均國民所得相同，但所得分配的不同仍將可能帶來兩國間產業內的貿易。舉例來說，如圖 4–3 所示，假設甲、乙兩國有相同的平均所得 (I^*)，但甲國有相當多的低所得民眾，而乙國的所得分配呈常態分配。

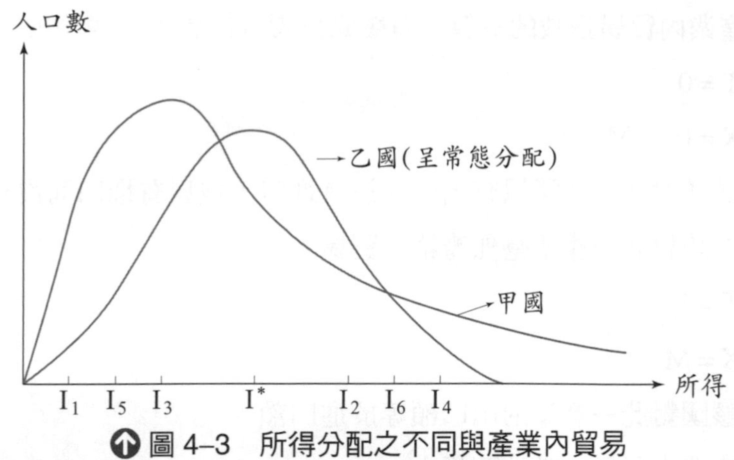

圖 4–3　所得分配之不同與產業內貿易

在此種情形下，甲國的廠商將比較可能專注在滿足所得介於 I_1 及 I_2 間的消費者之生產；而乙國的廠商將比較可能專注在滿足所得介於 I_3 與 I_4 間的消費者之生產。在以上的情形下，所得為 I_6 的甲國消費者及所得為 I_5 的乙國消費者，由於他們本國的廠商並無法提供能滿足其口味的產品，因此便必須從向外國購買產品以滿足其需求，如此一來所謂的產業內貿易便發生了。

5. 國與國間要素稟賦及技術的差距程度

通常，若兩國間的要素稟賦與技術愈接近時，則這兩國間的產業間貿易會較少，而產業內貿易會較多；相反的，若兩國間的要素稟賦及技術的差距愈大，則這兩國間的產業間貿易會較多，而產業內貿易會較少。

三、如何衡量產業內貿易

一個國家某一特定產業的產業內貿易的冷熱情形，可以用所謂的**產業內貿易指數** (intra-industry trade index) 來衡量或計算：

$$T = 1 - \frac{|X - M|}{X + M}$$

以上 T：產業內貿易指數；$0 < T < 1$

X：一國某一特定產業的出口額

M：一國某一特定產業的進口額

關於產業內貿易指數的計算，有幾點值得向讀者加以說明的：

⑴若 $T=0$

$\Rightarrow X=0$ 或 $M=0$

$\Rightarrow$ 該國對此一產業只有出口而沒有進口，或只有進口而沒有出口

$\Rightarrow$ 該國對此一產業毫無產業內貿易

⑵若 $T=1$

$\Rightarrow X=M$

$\Rightarrow$ 該國對此一產業的出口額等於進口額

$\Rightarrow$ 產業內貿易指數達到極大

⑶ T 值愈高，代表產業內貿易愈熱絡；T 值愈低，代表產業內貿易愈冷清。

假設美國汽車產品（產業）與加拿大的出口額 (X) 為 21 億美元，進口額 (M) 為 30 億美元，則美國與加拿大間有關汽車產品的產業內貿易指數計算如下：

$$
\begin{aligned}
T &= 1-\frac{|X-M|}{X+M} \\
&= 1-\frac{|21-30|}{21+30} \\
&= 0.824
\end{aligned}
$$

產業內貿易指數值（即 T 值）之大小亦牽涉到我們如何定義某一產業，如果我們對某一特定產業做愈廣泛的定義，則該產業的 T 值必然愈大，反之則其 T 值必然愈小。例如，就飲料來講：

飲料業 T 值 > 碳酸飲料 T 值 > 可口可樂 T 值

摘要

1. 貿易的基礎或原因，來自於兩國間兩種產品相對價格之差異。而由於價格是由需求面及供給面所共同決定的，因此影響需求及供給之因素如要素之稟賦、技術及國民所得等皆為貿易基礎之重要決定因素。
2. 黑克斯—歐林之要素稟賦理論認為，兩國間要素稟賦及要素價格之差異，是國際貿易的最主要原因。根據黑克斯—歐林之要素稟賦理論，一個勞力豐富的國家會輸出勞力密集的產品及進口資本密集的產品。該理論亦認為，透過自由貿易之進行，國際間生產要素的價格會趨於一致。
3. 李昂提夫的實證發現美國輸出的為勞力密集產品，進口的為資本密集產品，其實證結果與一般人的看法及黑克斯—歐林的理論相互矛盾。李昂提夫矛盾之主要原因為黑克斯—歐林的要素稟賦理論是建立在很嚴謹的假設下，而這些假設在李氏的實證資料並不存在。
4. 根據林德的重疊需求理論之觀點，初級性產品之貿易大致符合要素稟賦理論之看法，但是對一些製造業產品之貿易基礎，則是來自於兩國間對某一產品之需求重疊。如果兩國間需求條件愈類似，則兩國間製造業產品的貿易可能性愈大。而決定需求條件之最主要因素為平均國民所得。
5. 產品循環理論對國際貿易形態提出了動態之解釋。該理論認為製造業產品之貿易呈現一種循環之趨勢：一個產品創新的國家剛開始為該產品之出口國，但是該創新國終將失去技術上之比較利益，最後此創新國會成為該產品之進口國。一些實證研究顯示，很多製造業產品確實符合產品循環理論所說的。
6. 所謂勞力密集產品（或產業）是指一種產品（或產業）在其生產投入的過程中，勞力佔總投入的比重較大者或勞動成本佔總成本的比重較高者。
7. 近年來臺灣勞力密集產品之所以在臺灣不易生存的主要原因是臺灣工資水準相對於國際工資水準的提高，而臺灣工資水準之所以相對提高則是因為「要素價格均等化定理」在無形中進行。除了要素價格均等化定理外，「新臺幣的升值」亦是造成臺灣傳統勞力密集產業失去低工資之國際競爭優勢的另一個重要原因。
8. 所謂的產業間貿易是指，一國進口的產品與出口的產品屬於完全不同的產品類別；亦即指完全不同類別的產品在國際間的貿易。

9.所謂的產業內貿易是指一國所進口的產品與所出口的產品屬於同一之產品類別；亦即指同一類別內（或同一產業內）異質性產品在國際間之貿易。

10.之所以產生產業內貿易之主要原因有：(1)產品的異質性；(2)經濟規模的考量；(3)地理區位、交通成本及關稅的考量；(4)國與國間所得分配之不同；(5)國與國間要素稟賦及技術的差距程度。

習　題

選擇題

( ) 1. 根據黑克斯一歐林之要素稟賦理論，國際貿易發生之原因是？
(A)供給面條件不同　(B)勞動生產力不同　(C)要素稟賦多寡　(D)以上皆是

( ) 2. 產品的自由貿易具有取代生產要素於國際間自由的移動功能，這是所謂的何種理論？
(A)重疊需求理論　(B)產品循環理論　(C)要素價格均等化定理　(D)要素稟賦理論

( ) 3. 要素稟賦理論是建立在何種假設之上？
(A)產品市場與要素市場均為完全競爭　(B)兩國具有同樣的偏好或需求條件　(C)兩國的生產函數皆為一次齊次函數　(D)以上皆是

( ) 4. 根據林德的重疊需求理論，下列何種產品之貿易大致符合要素稟賦理論之看法？
(A)初級性產品　(B)製造業產品　(C)以上皆是　(D)以上皆非

( ) 5. 一般而言，兩國間貿易前需具備下列何種條件，才有動機發生貿易賺取利潤？　(A)價格差距小於運輸成本　(B)價格差距大於運輸成本　(C)價格差距等於運輸成本　(D)價格差距等於運輸成本和行銷費用的加總

( ) 6. 在產品生產投入過程中，勞力佔總投入的比重較大者，或者勞動成本占總成本的比重較高者，稱為？
(A)資本密集財　(B)奢侈財　(C)必需品　(D)勞力密集產品

( ) 7. 產業間貿易是指國際間貿易的產品為以下何種類型？
(A)類似產業所生產的產品　(B)相同產業所生產的產品　(C)完全不同類別的產品　(D)同一類別的異質性產品

( ) 8. 產業內貿易是指國際間貿易的產品為以下何種類型？
(A)類似產業所生產的產品　(B)相同產業所生產的產品　(C)完全不同類別的產品　(D)同一類別的異質性產品

( ) 9. 近年來，勞力密集產業在臺灣不易生存的主要原因為何？

⑷物價上漲 ⑻工資水準提高 ⑶勞工素質低落 ⑷技術落後

( ) 10.根據林德的重疊需求理論之觀點，哪些產品之貿易基礎則是來自於兩國間某一產品之需求重疊？

⑷製造業 ⑻紡織業 ⑶科技業 ⑷食品業

( ) 11.根據李昂提夫實證，美國當時所輸出的主要產品為以下何者？

⑷科技產品 ⑻消耗品 ⑶資本密集產品 ⑷勞力密集產品

( ) 12.承11.題，美國當時所輸入的主要產品為以下何者？

⑷科技產品 ⑻消耗品 ⑶資本密集產品 ⑷勞力密集產品

( ) 13.根據黑克斯－歐林定理，勞力密集的國家會分別輸出與進口哪種產品？

⑷輸出勞力密集財、進口資本密集財 ⑻輸出資本密集財、進口勞力密集財 ⑶輸出勞力密集財、進口勞力密集財 ⑷輸出資本密集財、進口資本密集財

( ) 14.中立導向產業之經營區位不需太靠近原料也不需太靠近市場需求所在，其原因為何？

⑷產品價值高 ⑻運輸成本佔總成本比重低 ⑶產品不失重也不加重 ⑷以上皆是

( ) 15.廠商最適區位之選擇應該以下列何者為最主要考量？

⑷市場需求所在 ⑻總經營成本最小 ⑶原料取得方便之處 ⑷靠近資源供給處

問答題

1. 試說明為何國際間產品的移動，有助於國際間生產因素之價格趨於一致。
2. 黑克斯－歐林之理論與李嘉圖之理論有何不同之處？
3. 根據黑克斯－歐林之理論，請說明貿易對生產因素間所得分配之影響。
4. 何謂李昂提夫矛盾？請對李昂提夫矛盾之形成原因提出解釋。
5. 根據林德之論點，請說明構成初級性產品及製造業產品之貿易基礎或原因。
6. 何謂產品循環理論？並說明為何一個製造業產品之創新國，最終將成為該產品之進口國。
7. 運輸成本的存在對貿易量有何影響？

8. 運輸成本與產業區位之所在有何關係？

9. 何謂勞力密集產品（或產業）？請定義之。

10. 美國、日本及臺灣工資的相對走勢為何？請問這個走勢是否符合要素均等化定理？請說明之。

11. 請說明「要素價格均等化定理」及「新臺幣升值」這兩個因素結合起來後，如何使得臺灣傳統勞力密集產業失去了低工資之國際競爭優勢。

12. 何謂產業內貿易？請加以定義並舉例說明之。

13. 何謂產業間貿易？請加以定義並舉例說明之。

14. 產生產業內貿易之原因主要有那些？請簡單扼要的說明之。

15. 產業內貿易指數值（即 T 值）的計算方式為何？T 值會受到那些困素的影響？

第5章

關稅理論與臺灣的關稅制度

學習目標

1. 能說明關稅的意義、種類與有效保護率。
2. 分析進口小國與大國課徵關稅之福利效果與實例。
3. 瞭解何謂關稅報復及其可能引起的貿易戰爭。
4. 瞭解進口關稅對國內出口產業之影響。
5. 評論是否應限制貿易及設貿易障礙之爭論。
6. 描述臺灣的關稅制度與情況。

從前幾章之分析與探討可知，自由貿易可使全世界的生產資源達到最有效率之利用。根據比較利益原則，如果每個國家都能專業化生產其具有比較利益之產品，則全世界的生產量將可增加。自由貿易不只可增進全世界之福利，其亦可增進每個國家之福利。透過自由貿易之進行，每個國家的消費者將可消費更多且更廣泛的產品。

儘管自由貿易的觀點在理論上完美無缺，但每個國家在執行自由貿易政策時卻遭到不少阻力。這個阻力最主要來自國內進口替代產業之廠商及工人，因為在進口品的競爭下，進口替代產業之銷售量、利潤及就業量將減少。貿易政策的制訂者通常要面對如下的兩難或抉擇：到底要服從自由貿易之精神或是要為了國內短期內就業及所得的增加而去限制貿易？自由貿易所帶來的益處通常不是短期間內即可見到，而且其可能分散到社會各個部門較不容易被察覺，但是自由貿易對國內替代業者所帶來之打擊卻是馬上會被感覺到。

在今日的實際世界中，限制貿易的現象在各國仍然存在。而所謂限制貿易或貿易障礙可粗略的分為關稅及非關稅的貿易障礙兩種。本章之目的則在探討關稅的貿易障礙及其對貿易的影響，並進而對臺灣的關稅制度作一介紹。

第一節　關稅的意義與種類

所謂**關稅** (tariffs) 簡單的說就是當商品由一個國家進入另一個國家所課徵的稅。亦即當進口品經過本國海關時所須繳的稅。

關稅依課徵目的不同可分為：

1.保護關稅 (protective tariffs)

其乃是一國政府為了保護國內的生產者免於受到國外進口品之激烈競爭所課徵的關稅。如果保護關稅之稅率高到外國產品完全無法進口，則稱之為**禁止性關稅** (prohibitive tariffs)。否則，雖然課徵保護關稅，仍會有產品進口，稱之為**非禁止性關稅** (non-prohibitive tariffs)。一般而言，保護關稅之稅率通常不會高到外國產品完全無法進入該國，但其多少會讓國外產品在該國市場上處於比較不利競爭之地位。

2.收入關稅 (revenue tariffs)

其乃是一國政府為取得或增加稅收而對進口品或出口品所課徵之關稅。

一般而言，經濟發展程度較先進的國家，其政府總稅收中關稅所佔的比例愈低。而經濟發展程度愈低的國家，其政府總稅收中關稅收入所佔的比重愈大。

關稅依課徵方式的不同可分為：

1.從量關稅 (specific tariffs)

即對每 1 單位的進口品或出口品課徵一定金額的關稅。例如：如果每進口一部冰箱，課徵 1,000 元之關稅，則不管一部冰箱的價格多少，關稅金額仍然不變。

2.從價關稅 (advolorem tariffs)

即按進口品或出口品的價值課徵一定百分比的稅率。例如：如果汽車關稅稅率 30%，當一部進口車價值為 100 萬元時，則進口商須繳納進口關稅 30 萬元。

從量關稅與從價關稅各有優缺點。從價關稅之優點為：

(1)關稅之高低與商品之價值成比例，所以較為公平。因為同樣一件商品，由於品質、功能的不同，其價值（或價格）可能會有很大的差異，而從價關稅能配合商品價值的差異課徵關稅，因此較為公平。例如同樣是一部汽車，賓士 (BENZ) 車與豐田 (TOYOTA) 車，一般而言，兩者的價格相差甚大，如果我們以從量關稅課徵同等金額之關稅，將產生很不公平的現象，而從價關稅則可避免這個困擾。

(2)從價關稅能對國內進口替代品之生產者維持固定的保護效果。因為進口品之價格隨著時間可能有漲有跌，而當面對價格上漲時，由於從價關稅是依價格課徵，因此能完全反映出價格上漲的現象，對國內進口替代品之生產者，能維持固定之保護效果。

從價關稅也有以下之缺點：

(1)從價關稅是依價格課徵，而決定課稅標準之價格很困難。即使是同一種商品，在不同國家價格也不同，因此究應以哪一國價格為標準則很難認定。再者，進口價格常常隨著時間變動，因此**關稅之估計** (customs valuation) 可能在行政上很繁瑣，而產生較大的行政成本及進口業者不實申報的情形。

(2)從價關稅課徵時所需之商品價值的估算方法，至目前為止，世界各國仍不一致。例如美國是以 F.O.B.(free on board) 之價格來課徵，亦即進口關稅是以商品離岸之價格來課徵。但是，歐洲國家是以 C.I.F.(cost-insurance-freight) 之價格來課徵，亦即進口關稅是以商品到岸之價格來課徵。因此，若以 C.I.F. 的價格課徵，則計算基礎便多含了**保險** (insurance) 及**運費** (freight) 的成分了。

(3)就保護國內產業之觀點而言，進口品的價格愈低者，其對國內的進口替代品之威脅愈大，因此愈需要以高關稅來保護。但是在從價關稅下，進口品之價格愈低者，關稅負擔反而愈小。

大致而言，從價關稅之優點（缺點）即為從量關稅之缺點（優點）。因此，從以上之討論可知，從量關稅之優點在於關稅額固定，實際執行上比較簡單，也可防止輸入業者不實之申報。而從量關稅之缺點在於其無法反映出同一商品品質之差異及物價之變動，因此產生課稅負擔不公平的情形。

因此，應視其商品特性來決定關稅計算方式。一般而言，較適合以從價關稅課徵之商品為：①同一商品中品質差異較大之商品；②產品之規格種類較多者；③短期間價格不易發生變動之商品。而較適合以從量關稅課徵之商品為：①同一商品中品質差異較小者；②產品之規格、形狀或種類較一致者；③價格容易變動之商品；④商品價值較為公認且不易引起爭議性或不實申報者。

3.聯合或混合關稅 (combined tariffs)

是一種從量關稅與從價關稅聯合課徵的稅制。這是因為從價關稅與從量關稅各有其優缺點，故將兩種精神混合使用。

假設 P_m：代表外國出口商每一單位之出口價格，t_a：代表從價關稅之稅率，t_s：進口商之從量稅，則課徵混合關稅後，進口商進口一單位商品須繳納之關稅為：$t_s+P_mt_a$，而進口品之價格為 $t_s+P_m(1+t_a)$。

假設臺灣政府為了因應貿易自由化潮流，決定大幅降低小汽車進口關稅。請問此舉將對國產汽車業者造成何種影響？

第二節　關稅的有效保護率

實施進口關稅之最主要目的，在於保護國內的產業，避免外國進口品之競爭。關稅之所以能保護國內之產業是因為，當進口品的價格加上關稅之後，其在國內的銷售價格對國內的消費者而言，將比較不具吸引力，相反的國產品的價格因不需負擔關稅，因此國產品對國內的消費者會比較具吸引力。要是國產品在關稅之保護網之下，則國內的這些進口替代產業當然比較有可能生存及發展。因此，進口品關稅的課徵有助於提高國內該產品的產量，如果國內尚未開始生產此項產品時，則有助於國內廠商從事該產品的生產。

然而，事實上，影響生產者產量及利潤的原因，除了產品價格以外，還有成本因素，因此，並不能單由最終產品的**名目關稅** (nominal tariff) 稅率來判定國內製造該產品之產業所受到保護的程度。舉例來說，如果我們對國外的汽車進口課徵 25% 之關稅，這不一定代表國內的汽車製造產業真正確切的受到 25% 的保護。因為名目關稅稅率只是對最終產品而言，但是在國內的汽車生產過程中，汽車的生產可能也要使用到許多從國外進口的原料及零組件，而這些進口的原料及零組件可能有不同於汽車（最終產品）之稅率，要是這些原料及零組件之進口關稅很高的話，則國內汽車製造廠的成本也勢必提高，如此便抵銷了我們對國內汽車產業之保護效果。因此，要衡量關稅對國內產業之保護效果，不應單純的只是考慮最終產品之關稅稅率 (即名目關稅稅率)，也應同時考慮到該產業所進口的中間投入品之關稅稅率。換言之，我們必須由整個關稅結構才能瞭解一種產品真正受到保護的程度。

假設國內的汽車製造業是從國外進口零組件裝配組合後在國內銷售，而汽車零組件之進口完全免關稅。又假設國產車每部成車之價值的 80% 是歸之於進口零組件之價值，另外 20% 則是歸之於國內裝配組合所帶來之**附加價值** (value added)；另外，假設國內與國外零組件的成本完全一樣。最後，假設國外一部汽車的成本為 100 元。

見表 5–1，假設每部進口車的名目關稅稅率為 10%，則每部進口車在國內的價格為 $100 \times (1 + 0.1) = 110$ 元，但是這並不代表國產車所受到的**有效保護率** (effective rate of protection) 為 10%。因為進口生產國產車所需的零組件完全免稅，所以我們可以預期國產車業真正受到的有效保護率會高於 10%。但是在此情形下，國產車業所受到的有效保護率到底為多少呢？

⬇表 5–1　有效保護率

單位：元

	進口車	國產車
零組件	80	80
裝配組合（附加價值）	20	30
名目關稅 (10%)	10	–
在臺販售價格	110	110

續見表 5–1，假設在自由貿易之下（即名目關稅稅率等於 0），一部進口車在臺灣的價格應為 100 元，在此價格下，國產車之裝配組合之成本須低於 20 元，否則便無法與進口車競爭。但是在名目關稅 10% 之保護網下，進口車在臺灣的價格為 110 元，因此國產車裝配組合之成本只要能低於 30 元便可與進口車競爭。這個結果代表，與自由貿易相較之下，名目關稅 10% 之稅率能使國產車多付 50% $(=(30-20)/20\times100\%)$ 的裝配組合成本，這個 50% 就是所謂的有效保護率。

以上這個例子告訴我們，不能由一種最終產品的名目關稅來決定生產此產品的國內進口替代產業所受到的保護程度，而必須同時考慮到進口零組件關稅稅率以及中間投入佔最終產品的比例，才能瞭解該產品真正受到保護的程度。一般而言，有效保護率可以以下的數學公式來表示：

$$e=\frac{n-ab}{1-a}$$

其中 e：有效保護率

n：最終產品的名目關稅稅率

a：進口原料零組件之價值佔最終產品價值之比率（即進口投入係數）

b：進口原料零組件之名目關稅稅率

以表 5–1 為例，有效保護率為：

$$e=\frac{0.1-0.8(0)}{1-0.8}=0.5$$

從以上有效保護率之計算公式，有幾點值得注意的是：

(1)在其他條件保持不變之下，進口原物料之價值佔最終產品價值之比率愈低，則有效保護率愈低。亦即當 b 和 n 保持不變，則 a 的值愈低時，e 的值則愈低。

(2)在其他條件保持不變下，進口原料零組件之名目關稅稅率愈低，則有效保護率愈高。亦即當 n 和 a 保持不變，b 愈大則 e 愈小。

(3)在其他條件保持不變下，最終產品的名目關稅稅率愈高，則有效保護率愈高。亦即當 a 和 b 保持不變，n 愈大則 e 愈大。

綜合以上要點可知，一國的政府若要透過關稅結構來保護進口替代品產業，則其應對進口的最終產品課徵高關稅而對進口的原料零組件課以低關稅，因為如此該產品所受到的有效保護率會愈高。相反的，如果一國對進口的原料零組件課徵的關稅高於對進口的最終產品所課之關稅，則該產品所受到的有效保護率通常會低於最終產品的名目關稅稅率，這種情形通常是在一國政府欲特別保護國內原料零組件供應商之情形下發生。

事實上，由世界各國關稅結構來看，大部分已開發國家（如美國、日本及歐洲各國）的有效保護率均遠大於名目關稅保護率。也就是說，大部分已開發國家通常對原料、零組件之進口課以較低之進口關稅，而對最終產品之進口課以較高之關稅。不僅如此，很多已開發國家之關稅結構有所謂的**關稅調升效果** (tariff escalation effect) 之特性。所謂關稅調升效果就是，關稅稅率是隨著朝向最終產品之程度而愈來愈高。在此情形下，基本原料的進口通常課以零關稅或極低之關稅，而隨著生產加工不同的階段，關稅亦逐次升高，到了最終產品之進口，則課以高出原料進口很多之關稅。已開發國家的這種關稅結構確實相當不利於開發中國家工業產品之出口以及成長，使得開發中國家只好繼續往初級原料之產業擴張，而無法在工業產品上發展。

第三節　進口小國課徵關稅之福利效果

小國對進口品課徵進口關稅後，對該國的福利會有何影響呢？首先，我們要定義一下，在此小國是何意義？所謂小國是指一個國家的進口量佔全世界供給量的非常小一部分，因此該國並無法影響整個世界的價格水準。換言之，該國為一**價格接受者** (price taker)，亦即國際價格多少，該國便須以此價格進口。事實上，目前世界上存在不少這類型的國家，其對貿易條件或進口價格毫無影響的能力。

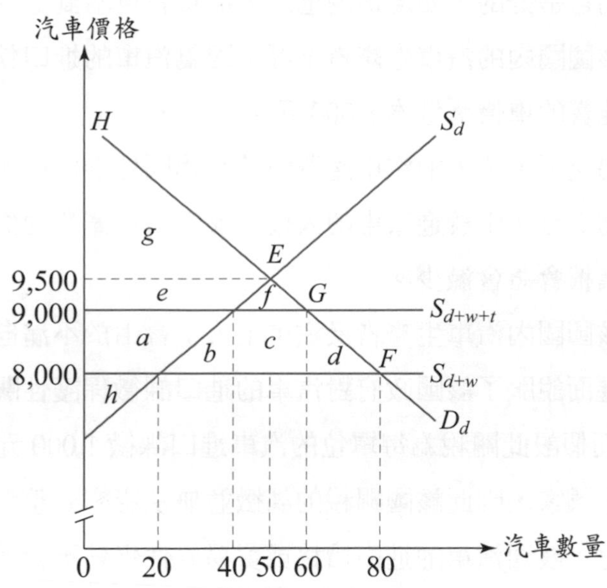

圖 5–1　小國家課徵關稅之福利效果

見圖 5–1，一個小國在國際貿易之前的均衡點為 E，E 點是由該國國內的需求曲線 (D_d) 與供給曲線 (S_d) 所共同決定的。在 E 點之下，該國國內的汽車均衡價格為 9,500 元，均衡數量為 50 單位。現在假設此國開始對外貿易，而世界市場上每單位的汽車價格僅 8,000 元 (低於此小國的國內價格)，因此該國決定進口汽車。由於該國只是一個小國家，其進口量佔整個世界的供給量微不足道，因此該國所面對的**世界供給曲線** (world supply curve) 為一水平線，亦即在 8,000 元的汽車價格下該國所願意進口之數量，而不會影響到汽車價格。換言之，該國所面對的供給曲線具有**完全彈性** (perfect elastic)。供給曲線 S_{d+w} 代表此小國的消費者從國內生產者及國外進口所得之汽車供給，這條供給曲線也就是在自由貿易之下的供給曲線。在自由貿易之下，每單位的汽車價格為 8,000 元。而在車價為 8,000 元之下，國內的生產者願意生產 20 單位（價格線 8,000 元與 S_d 相切之處），國內的消費者願意購買 80 單位（價格線 8,000 元與 D_d 相切之處），因此超額的需求為 60 單位，這 60 單位將由進口來滿足。F 點代表自由貿易下之均衡點。與貿易前相較，自由貿易使得該國國內的汽車價格由貿易前的 9,500 元降為貿易後的 8,000 元，這對全國消費者整體而言是好的，因為透過進口，消費者可購到更便宜及更多的汽車。然而卻對該國國內的汽車生產者不好，因為汽車的進口使得該國國內的汽車生產者所能賣的車價降低為 8,000 元。

在自由貿易之下，國內的汽車產業由於面臨國外進口車所帶來的競爭將受到傷害。具體而言，由於進口車的入侵，國內汽車產業的銷售量、利潤及汽車工人的就業機會將會減少。

現在假設該國國內汽車生產者及汽車工人工會由於不滿自由貿易所帶給他們的傷害，進而說服了該國政府對汽車的進口課徵保護性關稅以保護國內的汽車產業。而假設此關稅為每單位的汽車進口課徵 1,000 元的從量關稅。由於該國是個小國家，因此該國關稅的課徵並無法影響到整個世界的汽車供給價格，換言之，該國汽車的進口價格或貿易條件仍然不會改變（汽車進口價格仍然維持在 8,000 元），而這 1,000 元的關稅將完全轉嫁至國內消費者所購買的汽車價格上。因此，在課徵關稅後，該國所面對的總供給曲線將由 S_{d+w} 移至 S_{d+w+t}，而 S_{d+w+t} 與 S_{f+w} 的垂直距離即為關稅：t。

在關稅課徵之下，國內的汽車每單位將變為 9,000 元，而在車價 9,000 元之下，國內的生產者將生產 40 單位，而國內的消費者因為價格提高，因此將只消費 60 單位。故在關稅之下，進口量為 20 單位 (= 60 − 40)。與自由貿易下相較，關稅的課徵使得國內的生產量增加，國內的消費量及進口量減少。

現在我們將以上討論的結果做一整理：

接下來我們要問，課徵關稅對該國的福利有何影響呢？首先就消費者的福利而言，續見圖 5–1，在自由貿易下（關稅課徵前），**消費者剩餘** (consumer's surplus) 為 a + b + c + d + e + f + g 之面積，而在關稅課徵下，消費者剩餘為 e + f + g 之面積。兩者相較，關稅的課徵使得消費者剩餘減少 a + b + c + d 之面積。

接下來我們來看關稅所產生之**稅收效果** (revenue effect)，這個稅收效果是指關稅課徵所帶給該國政府之稅收。在自由貿易之下，由於該國未課徵關稅，因此汽車的進口並不能帶來關稅收入。而在課徵關稅之下，該國政府的關稅收入即為進口量乘以關稅稅額：

關稅收入 = 每單位進口之關稅額 × 進口數量

因此在圖 5–1 之例子下，該國政府的關稅收入為 20,000 元 (= (9,000– 8,000) × (60–40))，亦即 c 之面積。

再過來我們來探討關稅所產生的**重分配效果** (redistribution effect)。所謂重分配效果是指，關稅的課徵使得原來是屬於國內消費者的消費者剩餘，移轉為國內進口競爭產業之部分。在關稅之下，國內消費者將從國內的生產者以 9,000 元之價格購買 40 單位，因此國內消費者汽車購買之總花費為 360,000 元 (= 9,000 × 40)。而要是在自由貿易之價格 8,000 元下，國內消費者只須花費 320,000 元 (= 8,000 × 40) 即可購買 40 單位之汽車。故關稅之課徵使得國內之生產者多增加 40,000 元 (= 360,000 – 320,000) 之收入，也就是 a + b 之面積。由於關稅之課徵，使得國內生產者之生產量由 20 單位增為 40 單位，因此國內生產者所多增加之 40,000 元收入其實有一部分是要付因產量增加所須多負擔之生產成本，這個多增加的生產成本為 b 之面積（= 10,000 元）。因此關稅的課徵使得國內生產者多增加了 30,000 元 (= 40,000 – 10,000) 之利潤，也就是 a 之面積。因此 a 為關稅課徵所產生之所得重分配效果，亦即實質所得由消費者增加消費負擔而移轉給生產者的部分。

至於圖 5–1 的面積 b 則稱之為關稅所產生的**效率效果** (efficiency

effect)。所謂效率效果，是指由於關稅的保護使得國內一些較無效率的生產者增加生產，因而增加了每單位之生產成本或資源的浪費。換言之，由於關稅的課徵，使得國內的生產資源產生了不當的配置，因為如果沒有關稅，國內生產者多增加之 20 單位汽車，其實可從國外低成本之生產者購買。亦即關稅之課徵使得國內較無效率之生產者取代國外較有效率之生產者，因此產生了資源之浪費。這 20 單位之汽車如果由國外較有效率之生產者生產，僅須 160,000 元，但是若由國內較無效率之生產者生產，則需多增加面積 b 之成本。故面積 b 代表關稅所產生之效率效果。

從以上之分析可知，消費者剩餘之損失（面積 a+b+c+d）有一部分變為政府之稅收（面積 c)，一部分移轉為生產者之剩餘（面積 a)，另一部分則是國內生產資源之浪費（面積 b)，至於面積 d 則代表**消費效果** (consumption effect)。

消費效果來自於關稅的課徵，使得每部車在國內的價格提高為 9,000 元，如此將使得國內消費者減少購買 20 單位，這是因為在 8,000 元之車價下國內消費者將購買 80 單位，而在 9,000 元之車價下國內消費者將只購買 60 單位。因此消費效果所產生之福利損失，來自於較高的汽車價格及較少的汽車消費量。

效率效果與消費效果兩者之和稱為關稅所帶來的福利損失，又稱之為課徵關稅所肇致的社會**無謂損失** (deadweight loss)。其所以稱之為無謂損失的原因，是因為消費者剩餘之損失中，有一部分變為政府之稅收（面積 c)，一部分變為生產者之剩餘（面積 a)，因此，就整個國家福利之角度而言，a 與 c 只是代表關稅之課徵產生所得重分配之效果，因為社會一部門的損失移轉為另一部門的利得。但是消費者剩餘損失中之面積 b 及面積 d 則純粹是因為關稅產生國內生產資源的浪費及消費損失，而這兩個部門之損失並無社會上其他部門可獲得益處，因此稱之為社會的無謂損失或社會的淨損失。

綜合以上之討論，我們現在將小國家課徵關稅對該國各部門所產生之福利效果做如下之摘要整理：

表 5–2　小國家課徵關稅之福利效果

	自由貿易下	課徵關稅下	淨利得（或淨損失）
消費者	a+b+c+d+e+f+g	e+f+g	−(a+b+c+d)
生產者	h	h+a	a
政府稅收	0	c	c
整個國家	a+b+c+d+e+f+g+h	a+c+e+f+g+h	−(b+d)

註：消費者剩餘損失：a+b+c+d
稅收效果：c
重分配效果：a
效率效果：b
消費效果：d
無謂損失：b+d

以上我們假設課徵進口關稅的國家為一小國家，因此關稅的課徵將對該國整體福利產生淨損失。因為在「小國家」之假設下，該國課徵關稅並無法影響世界價格或進口價格，亦即關稅並無法轉嫁給國外的出口商，反而將全部轉嫁給國內的消費者。在此小國的假設下，關稅的課徵雖然對國內的生產者有多的生產者剩餘及增加政府的稅收，然而這兩個部門之利得之和仍然小於消費者剩餘的全部損失。因此，就靜態分析之觀點而言，一個小國家課徵進口關稅將減少該國整個國家之福利。

但是，如果一個國家課徵進口關稅後能夠改善該國之貿易條件或進口價格，則關稅有可能帶給該國較高的福利。當然，其前提是該國的進口量大到能夠影響世界的價格，亦即該國能將部分的關稅轉嫁給出口國。在下一節，我們將探討在這種條件下，關稅帶來的福利效果。

案例討論

若臺灣對進口椰子課較高關稅，請問這對臺灣的椰農、椰子消費者、政府稅收及臺灣整體福利有何影響？

第四節　進口大國課徵關稅之福利效果

所謂大國是指一個國家的進口量佔全世界供給量相當大的比例，因此該國能夠影響世界的價格或進口的貿易條件（或價格）。故大國與小國之主要差異在於大國可以影響貿易條件，而小國則否。在上一節的分析中，所得的結論是小國課徵進口關稅會降低該國的整體福利。但是在大國的假設條件下，關稅的課徵是有可能增進該國整體福利的。至於在什麼情形下，大國課徵關稅可增進該國的福利，這就是本節要討論之主要課題。

從個體經濟學中我們知道，一個獨佔性的廠商可透過減少生產量以提高價格，進而增進利潤。這個概念和一個大國如何透過課徵關稅以增進該國的貿易利得類似。一個大國課徵關稅以降低進口量，在這同時該國也將減少其付給國外之進口價格，如此將使得該國的貿易條件改善，進而增進該國之貿易利得。

但是要注意的一點是，一個獨佔性廠商並無法永遠透過提高價格、降低產量來增加利潤，因為如果價格提得太高，則高價格所帶來的收益可能無法彌補低銷售量所帶來的損失。一個廠商如果想從提高價格來增加**總收入** (total revenue)，其先決條件是該廠商所面對的需求彈性之絕對值小於 1。因為在此條件下，廠商提高價格對銷售量的影響便會比較小，換言之，提高價格所帶來之價格收益才會大於銷售量減少的數量損失。同樣的道理，一個大國也並非一定能從關稅課徵中增進該國福利。因為如果關稅課徵所帶來進口量減少之負效果大於貿易條件改善（或進口價格降低）所帶來之正效果，則關稅課徵將減少該國之整體福利。

就理論上而言，大國課徵關稅是否能增加該國福利視被課徵關稅產品之供給曲線及需求曲線的斜率而定。如果供給曲線彈性愈大（亦即愈趨向於水平線），則其代表關稅很難轉嫁到國外的生產者所提供的供給價格上，關稅課徵降低該國福利的可能性愈大。如果供給曲線彈性為無窮大（即供給曲線呈現為一條水平線)，則關稅將完全轉嫁至國內消費者所購買之汽車價格上而無法影響到國外的供給價格，換言之，關稅課徵將勢必降低該國的福利，這就是屬於上一節所討論小國的情形。

相反的，如果供給曲線的彈性愈小，其代表該國的進口量能對供給價格作重大的影響，因此關稅轉嫁到國外的生產者的可能性愈大，在此情形下 e 的面積將愈大，亦即關稅課徵增進該國整體福利之可能性愈大。至於國內消費者對該產品需求曲線的彈性也同樣的將影響該國的福利效果。如果需求曲線的彈性愈大 (即愈接近於水平線)，其代表該國國內消費者對產品價格的上升非常在意或敏感，因此關稅能轉嫁至消費者所購買之價格的可能性愈低。換言之，如果需求彈性愈大，則關稅課徵所能增進該國的整體福利水準的可能性愈大。歸納言之，關稅課徵是否能增進該國的整體福利水準，將視該國的需求曲線與所面對的整體供給曲線之相對彈性而定。

第五節　關稅福利效果之實例

在前兩節中，我們從理論之觀點探討關稅所可能對一國福利的影響。現在，我們將舉一個實際例子來說明關稅的福利效果。

1970 年代至 1980 年代初期，石油輸出國家組織由於控制了全世界大部分之石油供給，因此其一直能以此來控制油價及抬高油價。然而，到了 1982 年，由於世界經濟的不景氣使得石油的需求大幅減少，能源被大幅的節約使用，替代石油的能源也被廣泛的使用，另外墨西哥、北海及阿拉斯加的石油生產也大幅增加，造成國際油價大幅的下跌。因此，美國國內又有人擔心是否國際油價下跌又會造成節約能源的努力減少及能源的消耗增加。這個問題也給美國帶來是否應繼續限制石油進口之困擾。

雖然自 1982 年國際油價下跌後美國沒有繼續對石油限制進口，但是取而代之的是每桶石油進口課徵 5 美元之關稅。對進口石油課徵關稅之目的，在使美國國內生產的油有能力和進口石油競爭。石油關稅提高了美國國內之油品價格，一方面鼓勵國內石油之生產以減輕對進口石油之依賴，另一方面則鼓勵美國的工業界往節省能源、促進能源效率方面投資，此外，其收入亦可減輕美國政府的預算赤字。

但是，因為石油是工業中最基本且重要的原料，石油關稅導致美國國內的油價升高，也促使了美國的物價上漲及降低經濟成長。例如像鋼鐵業這種能源密集產業，能源的成本佔其總生產成本 15～20% 之高，容易被高油價影響。由於石油關稅使得美國的油價上漲，造成美國各產業的能源成本增加，進而使得美國各產業在國際上之競爭能力也被削弱了。

第六節　關稅報復與貿易戰爭

由本章第四節的分析，瞭解到一國課徵關稅對該國的整體福利而言，有可能增加亦有可能減少。依據第四節的分析，如果一個國家課徵關稅所能帶來的貿易條件效果大過資源浪費（效率效果）及消費效果之損失，則關稅的課徵將增進該國的整體福利。不過第四節之分析，基本上是建立在一國課徵關稅並不會造成其貿易對手國採取報復措施之假設上。而這個假設其實是頗值得懷疑的。

一個大國課徵關稅能改善該國的貿易條件，進而有可能增進該國的整體福利。但是這個進口國家貿易條件之改善其實就代表另一個出口國（或其他出口國）貿易條件的惡化，因此這個進口國福利之增進其實是以其他出口國福利之損失為代價的。故從全世界的角度來看，關稅的課徵絕對無法增進全世界福利的，其反而將降低全世界的福利水準。這是因為全世界的貿易量將因關稅的課徵而減少。就個別國家而言，一國或許可能因為不滿意全世界貿易利得的分配不均，因而決定課徵進口關稅。但是，在這個國與國之間互相依賴的世界中，每個國家都應該瞭解到，課徵關稅的措施是不受到其他貿易夥伴國歡迎的。一國片面的課徵關稅，很有可能引起其他國家採取同樣的報復措施。也由於這種報復的可能性，因此一國在決定是否實施關稅前通常會

（也應該）作慎重的考慮。要是一國實施關稅，而其他國家也採取同樣的報復措施，則這對每一個國家及全世界的福利都是不利的。這就是所謂關稅引發的**貿易戰爭** (trade war)。

關稅引發貿易戰爭最典型的例子便是 1930 年美國政府所實施的**斯姆特一霍利** (Smoot-Hawley) 關稅。此關稅實施之最初目的在於提供美國農人一些紓解。然而，來自美國一些工業州的參議員接著也運用同樣技巧投票贊成增加工業產品之進口關稅，其結果是美國增加了 1,000 項產品之關稅，這些被保護產品之平均名目關稅高達 53%。由於此關稅之實施阻礙其他國家之出口及就業機會，因此造成世界上十二個國家立刻決定採取提高對美國關稅之報復措施。1930～1933 年之間，美國的農產品出口和以前相較因而降低了 1/3，而美國的整個出口額約降低了 65%。雖然當時由於美國正好碰上了世界**經濟大恐慌** (Great Depression)，但是斯姆特一霍利關稅實施對整個經濟所造成心理上之效果，實不可忽視之。貿易戰近年又再度成為世界焦點，自 2018 年初起，時任美國總統川普 (Donald Trump) 宣布將對中國大陸多項商品課徵懲罰性關稅，不意外地也引發了中方進行報復性的關稅課徵，後續發展值得讀者們持續關注。

第七節　進口關稅對國內出口產業之影響

至目前為止，我們對於關稅為社會所帶來之益處與成本，都是站在關稅所帶來之直接效果的角度來探討。就如同我們先前所分析的，關稅的課徵將使得國內的進口替代產業及其所僱用的工人增加銷售量、利潤、就業機會及工資。另一方面，關稅的課徵將提高國內消費者所需支付的價格及減少消費者剩餘。就小國而言，關稅的課徵將降低整個國家的淨福利，因為並非所有消費者剩餘之減少都可轉化為生產者的利潤及政府的關稅收入。

除此之外，進口關稅的課徵其實也將影響到國內的出口產業。進口關稅雖然保護了國內的進口替代產業，但其亦將間接的使得該國的出口減少。**保**

護主義 (protectionism) 的結果將使得該國的進出口皆減少，從而走向自給自足的經濟。就該國國內的工人而言，進口替代產業就業機會的增加，其實是以該國其他出口部門就業機會的減少為代價的。雖然關稅幫助了國內的進口替代產業，但是卻傷害了出口產業。因此，就全國福利而言，出口產業之出口及就業減少所造成的福利損失將可能大過進口替代產業所增加的福利。

由於關稅是對進口品課稅，因此將先由進口商負擔繳給政府。但是一般而言，進口商會試圖將關稅轉嫁給國內的消費者，進而增加消費者購買成本或價格。而進口品價格的增加如何傷害到國內其他出口產業，可從以下三方面來加以說明：

⑴一般而言，出口廠商生產所需要的原料零組件往往是從國外進口而來，因此進口關稅的課徵往往會提高出口廠商的生產成本，從而使得出口廠商的對外報價減少了競爭力及降低了出口量。

⑵關稅提高了進口品之價格，進而帶動了物價上漲及生活成本的提高。由於物價的上漲，工人將要求更高的工資，如此將提高出口廠商的成本。再者，進口關稅雖然提高了國內進口替代產業之產量，但同時也將促使進口替代產業的勞力需求增加及工資上漲。而進口替代產業的工資上漲將帶動出口產業之工資水準，如此將會導致出口廠商的生產成本提高，進而降低其在國際市場上的競爭力。

⑶進口關稅將產生**國外迴響效果** (foreign repercussion effect)，從而降低了本國的出口。所謂國外迴響效果是指因為進口關稅將降低外國的出口，使得外國的國民所得下降，進而削弱外國向本國進口的能力，因此本國的出口將減少。換言之，透過國外迴響的效果，進口關稅將會降低本國的出口量及出口產業的就業機會。

接下來我們要問，進口關稅會對出口產業的生產成本造成何種影響？有若干的實證曾對這個問題作出估計。表 5–3 為克萊門斯 (Kenneth W. Clements) 及薩斯塔德 (Larry A. Sjaastad) 兩位學者探討七個國家的進口關稅對該國出口產業生產成本之影響的估計，結果顯示，至少有一半以上的進口名目關稅為該國的出口廠商所負擔，亦即一國政府以課徵進口關稅來保護國內的進口替代產業，其實也將對該國的出口產業造成傷害。

然而，既然進口關稅會傷害到國內的出口廠商，那麼國內的出口廠商為何不採取積極的抗議？其主要原因有二：

(1)進口關稅對出口廠商生產成本的影響，通常不是直接或即刻發生，且很難察覺。

(2)影響的程度沒有大到讓出口廠商覺得有採取政治抗爭的必要。

表 5–3　進口關稅由國內出口產業負擔之比例

單位：%

國　家	期　間	比　例
智　利	1959～1970	55
烏拉圭	1966～1979	53
阿根廷	1935～1979	57
薩爾瓦多	1962～1977	70
澳　洲	1950～1980	70
巴　西	1950～1978	70
哥倫比亞	1970～1978	95
平均值		66

資料來源：Kenneth W. Clements and Larry A. Sjaastad, *How Protection Taxes Exporters* (London : Trade Policy Research Centre, 1984), pp. 25 – 27.

第八節　是否應限制貿易及設貿易障礙之爭論

自由貿易一直被大多數的經濟學者認為是最好的貿易政策。因為在自由貿易之下，每一個國家根據其比較利益或相對價格的不同，生產其所最應該生產的，如此一來，每個國家都可享受到更高的生產量、更低的消費價格，及更高的國民所得及福利。尤其在一個動態的世界中，由於技術、生產力、工資以及品味偏好隨時在改變，使得一國比較利益的產品或所在也隨時都在改變，而在自由貿易之下，由於整個世界各種產品的相對價格可隨時因應這些改變及調整，因此將使得整個世界的生產資源隨時都得到最佳的配置與利用。

雖然自由貿易被大多數經濟學者所讚揚，但是事實上，在實際的國際社會裡往往有許多貿易障礙存在，限制自由貿易的進行。全世界幾乎每一個國家都有對財貨、勞務或資本在國際間之移動或多或少地作出一些限制。自由貿易在理論上完美無缺，但在現實世界中，限制貿易反而是一種常態。因此，接下來我們要來探討，到底有哪些原因使得世界各國或多或少都設有貿易障礙？以下我們就一些限制貿易的原因及論點作一番介紹與批評。

一、保護就業論

保護國內的就業機會一直是促使政府對進口品實施貿易管制的重要原因，尤其是在國內經濟蕭條的時候，國內的工人通常會怪罪國外廉價的進口品打擊了國內的產業，因而使其喪失了工作機會。因此，持**保護就業論** (job protection argument) 的人認為基於保護本國工人的就業機會，政府應該以關稅或其他非關稅貿易障礙來限制進口品的入侵。

這種以限制貿易來保護國內就業機會的論點似乎言之成理，然而其事實上有如下之缺失：

(1)一個國家的出口與進口是相關聯的。一國之所以要出口，其目的是在於該國欲從其他國家進口。如果臺灣從國外的進口增加，此乃代表其他國家的出口增加，這將增加其他國家的國民所得及對臺灣產品的購買能力，因此臺灣的出口量將會增加，臺灣出口產業的就業機會也將會提高。是故，限制貿易雖然會增加國內進口替代產業的就業機會，但是其將減少國內其他出口產業的就業機會。因此，由於國外迴響的效果，一國限制貿易的措施是否一定能增進該國全國的就業機會，這是值得懷疑的。

(2)一國限制貿易的措施通常將會引起其他國家亦採取相對的報復措施，進而導致貿易戰的擴大及國際貿易的萎縮。因此，試圖以限制貿易來保護國內就業機會，若引起其他國家的報復，則該國的出口勢必減少而出口產業的就業機會亦將減少，終其結果，限制貿易反而可能減少該國的就業量。

(3)限制貿易雖然有助於國內進口替代產業的就業機會增加，但其將傷害到國內的出口產業。其只是使勞工由出口產業移轉到受保護的進口替代產業，而這種移轉代表社會資源使用效率與福利水準的下降。故若真的要提高本國的就業水準，實施財政政策或貨幣政策可能會遠較限制貿易的政策來得有效。

(4)限制貿易措施將提高國內的物價水準，其一方面降低了國內消費者福利，造成了所得的重分配，另一方面則增加了國內的生產成本，降低了該國出口品在國際市場上的競爭能力，從而使得出口減少及就業水準降低。

二、對抗國外的廉價勞力

保護主義另一個常持的論點是，國外勞力過於低廉，因此為了保護國內的工人權益，政府應該實施關稅等貿易障礙，否則本國產品將無法和以低工資所生產出來的進口品競爭。以表 5–4 為例，在 1970～1980 年代美國工人的工資比日本、英國、臺灣等國皆高出許多。基於此，美國一些保護主義者常認為，除非透過保護措施，否則美國的產品實在很難與這些國家的產品競爭。雖然這個論點常被保護主義者拿來作訴求，但也受到如下的批評：

(1)雖然國內的工資比國外高，但是如果國內工人比國外工人更具生產力，則國內的勞動成本不見得會高於國外。因為決定勞動成本除了工資外，生產力的高低亦是一大因素。假如與國外相較，國內工人高生產力的優勢大過高工資的劣勢，則國內產品的勞動成本將仍比國外產品來得低。

(2)國外的工資低僅代表國外對生產勞力密集的產品具有比較利益，而並非國外對所有產品皆具比較利益。決定生產成本的，除了工資外，尚包括原料價格、土地成本、資金成本及生產力等。因此，工資只是生產成本其中之一因素而非全部。一個高工資的國家雖然對勞力密集產品沒有比較利益，但其仍可根據比較利益之所在，輸出一些非勞力密集的產品。因此，試圖以限制貿易來對抗國外的低工資，其實是完全違背比較利益原則。這種開自由貿易之倒車的作法，不僅使得該國的資源不能達到最有效之配置，亦將降低該國的福利水準。

⑶根據要素價格均等化定理，透過自由貿易的進行，世界各國的工資有趨於一致的趨勢。因此，從長期或動態的角度來看，工資水準並不會永遠維持不變。從表 5–4 中可發現，近年來，日本、新加坡及韓國的工資趨於一致，英國的工資也從 1975 年時期是加拿大工資的一半提升到近年來的相差無幾。若刻意以限制貿易措施來對抗國外的低工資，則國外的低工資將持續存在。以美國與臺灣之間的貿易為例，在早期，臺灣的平均工資水準比美國低很多，因此臺灣能對美國輸出大量勞力密集的產品。但是隨著貿易的進行及要素價格均等化的原理，臺灣的一些勞力密集產品漸漸失去了低工資之優勢，如紡織業、鞋業、玩具業等也不得不漸漸移到東南亞、中國大陸去設廠。

三、維持國內的生活水準

贊成保護就業論另一常見的論點是，關稅對維持國內的就業、所得及生活水準是一個有效的工具。持此論點者認為，關稅將降低對國外產品的需求及增加對國內產品的需求，而對國內需求產品的增加有助於提高本國的所得及生活水準。

這個論點表面看起來似乎言之成理，但仔細探討後，仍然有所缺失。因為關稅可提高本國所得及生活水準的論點，通常是建立在只有本國實施關稅而外國不實施關稅之假設上。但是，實際上，一國關稅的實施通常會遭致他國的報復，如此一來，一國想透過關稅來提高自身的生活水準之美夢也將泡湯。國際貿易應站在互利的觀點，而非犧牲他國照亮本國的短視、狹窄心態上。這種以犧牲他國生活水準來提高本國生活水準的作法，稱之為**以鄰為壑** (beggar-thy-neighbor)。

表 5–4　各國製造業工人每小時工資

單位：美元

國家	1975	1980	1985	1990	1995	2000	2005	2010	2012	2013	2014	2015
美國	6.36	9.87	13.01	14.91	17.19	19.72	23.41	26.27	35.70	36.49	37.04	37.71
加拿大	5.96	8.67	10.95	15.95	16.10	16.05	21.58	27.64	36.91	36.63	34.56	30.94
德國	6.29	12.21	9.50	21.81	31.60	24.01	29.52	34.24	45.40	48.29	49.47	42.42
英國	3.37	7.56	6.27	12.70	13.78	16.45	25.43	25.05	30.90	31.01	33.01	31.44
臺灣	0.38	1.02	1.49	3.90	5.85	5.85	6.90	7.13	9.40	9.41	9.49	9.51
韓國	0.32	0.96	1.23	3.71	7.29	8.48	12.50	16.36	20.44	22.09	23.77	22.68
日本	3.00	5.52	6.34	12.80	23.82	22.00	25.23	31.75	35.25	28.85	26.94	23.60
新加坡	0.84	1.49	2.47	3.78	7.33	7.42	11.36	18.02	24.42	25.78	26.82	25.41

資料來源：U.S. Department of Labor, Bureau of Labor Statistics.、中華民國勞動部國際勞動統計。

四、幼稚產業論

在所有保護主義之論點，比較能被普遍接受的則為**幼稚產業**論 (infant-industry argument)。幼稚產業論基本上並非反對自由貿易理論之觀點，但是其認為為了使本國的幼稚產業能有生存發展的機會，應以關稅或非其他非關稅貿易障礙，暫時保護其免於受到國外高效率產業的競爭，直到本國這些幼稚產業發展成熟至能與國外競爭為止。要是一國不對其幼稚產業加以保護的話，則其將永遠無法與國外競爭，該國的產業將永遠無法發展。

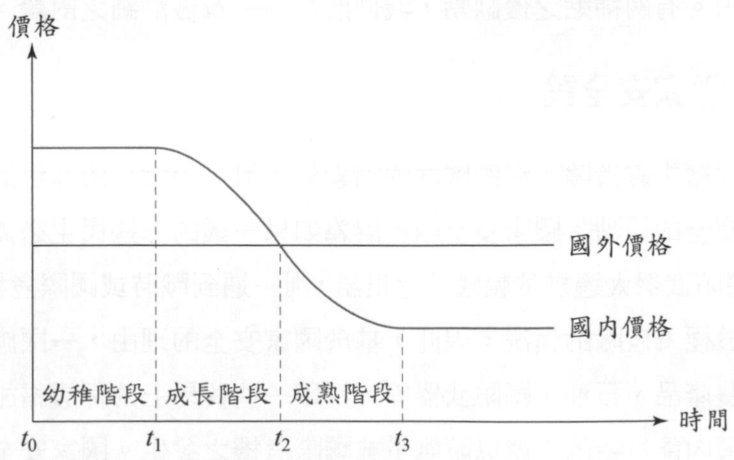

圖 5–2　幼稚產業論

圖 5–2 說明幼稚產業論所持之論點。$t_0 - t_1$ 代表國內某一新產業的幼稚階段。在此階段，此幼稚產業由於經濟規模過小及生產技術尚未成熟，因此生產成本較國外為高，故產品價格也無法與國外競爭。但是如果能藉由限制貿易之保護，則產業將可逐漸成長，進而達到與國外產業競爭的地步。$t_1 - t_2$ 代表該幼稚產業進入成長階段，$t_2 - t_3$ 代表該產業開始進入成熟且能和國外競爭之階段。

幼稚產業論雖然頗具道理，但是仍有以下幾點值得注意：

(1)保護性關稅或措施一經實施後，將形成這些被保護產業的既得利益，即使後來這些原來的幼稚產業已經發展成熟，通常也很難取消原有的保護性關稅或措施。

(2)一國內的那些產業具有發展潛力及值得被保護，通常極易引起爭議或很難下決定。

(3)幼稚產業論不太適用在一些先進國家（如美國、德國、日本等）。

(4)被保護的產業可能成為溫室的花朵，永遠不求成長。

(5)如果真的有需要或值得被保護的產業，則採取直接補貼將會是較好的方式。因為與關稅相較，補貼具有不會提高消費者價格及降低消費者福利之優點。

不過就稅收之角度而言，關稅可增加政府收入，而補貼則需增加政府支出。有關補貼之優缺點，我們將在下一章做詳細之討論。

五、國家安全論

贊成保護主義者除了經濟層面的因素外，另一項常見的非經濟因素便是基於國家安全的觀點。國家安全論者認為如果一國的一些民生必需品（如農產品）或國防武器太過於依賴國外之供給，則一遇到戰時或國際危機的時候，該國將處於極為危險的情況。因此，基於國家安全的理由，一國應對一些重要物資如農產品、石油、國防武器等，採取一些貿易上的保護措施，使得這些物資在國內能持續的生產以防戰爭或國際危機之發生。國家安全論之觀點在 1973 年中東危機時，最為突顯。當時阿拉伯國家以石油禁運作為籌碼，換取進口石油的西方國家支持阿拉伯國家對抗以色列，在此時，國家安全論因此被普遍的重視與接受。國家安全論似乎亦頗有道理，然而其仍受到如下的批評：

(1)廣義來說，幾乎每一產業皆與國家安全有關，那麼到底哪一個產業應受到保護？什麼物資才叫重要物資？而什麼產業才是與國家安全有關的產業？光是界定這些問題即可能在國內引起很大的爭議。

(2)如果戰爭或國際危機皆沒有發生，則將導致該國資源配置的扭曲及消費者福利的損失。

六、社會文化的論點

另一個贊成限制貿易的非經濟原因，則是基於社會文化的考量。例如有些國家對毒品、槍枝、色情刊物或用品之進口加以限制，其原因就是為了保護國內善良的社會風氣。類似這些具有產生社會**負面的外部性** (negative externality) 的產品，便不能單純從產品價格層面或經濟層面來考量了。

七、幼稚政府論

幼稚政府論 (infant-government argument) 的觀點認為，由於一個開發中國家政府缺乏稅收來源，因此該國可藉由課徵關稅來增加政府的收入。就如我們在先前所述，一些開發中國家確實以關稅作為其政府稅收之主要來源。不過，在此值得注意的是，一國並不可能無限制的提高關稅來增加關稅收入，因為關稅的稅率或稅額如果太高將會使得進口量大幅減少，則該國的關稅收入可能反而減少。是故，試圖以關稅作為取得政府收入的主要來源，往往是一種殺雞取卵的短視心態，一國應以健全租稅制度來促進經濟成長，才是增加政府收入的長期且根本之道。環視各國的政府稅收結構，一般而言，愈先進的國家其關稅收入佔政府總收入的比重也愈低。

八、愛用國貨論

愛用國貨論者之觀點認為，購買及使用國貨是一種愛國的表現，如果一國國內市場充斥著外國產品，乃是一種被外國文化侵略的表徵，因此一個國家若欲保有自有文化，限制外國產品之進口是一種必要的措施。這種愛用國貨的情節，除了民族自尊心外，往往是基於一種非理性的判斷，因為「愛用國貨」的作法是與自由貿易之精神背道而馳的。

九、改善國際收支

當一國對外的國際收支呈現鉅額逆差時，有人主張以關稅或限制進口，以達到迅速改善國際收支的目的。但是這種作法通常只能達到短期的效用。因為，影響國際收支的因素除了進口外，尚包括出口，而一國以保護手段減少進口可能引起國外報復或導致國外進口能力減少，亦有可能導致出口產業生產成本的增加，從而使得本國的出口減少。是故，欲以關稅或限制進口來改善國際收支，並非根本之道。舉例來說，我國對日本貿易歷年來皆呈現鉅額逆差，因為我國國內產業的一些重要技術及零組件仍高度依賴日本，若限制日貨進口只是增加我出口產業之成本，從而降低我國對外之出口能力。欲解決我對日貿易逆差，其根本之道仍在於加速產業升級以減少對日本之依賴。

十、改善貿易條件

就如本章第四節所述，大國可透過課徵進口關稅來改善貿易條件，進而使該國福利水準的提升。不過，如同前項改善國際收支之論述，此論點基本上需建立在外國不會採取報復措施之假設上，要是外國採取報復措施，則本國所面對的貿易不僅無法改善，甚至可能更加惡化。再者，縱使外國不採取相對報復措施，課徵關稅所造成的福利損失也有可能大於貿易條件改善所造成的福利增加，如此之下，課徵關稅的結果仍然造成該國整體淨福利的減少。

第九節　臺灣的關稅制度

本章在前面幾節中已對關稅理論及其對貿易之影響等等問題做了詳盡的介紹，接下來本節將對臺灣的關稅制度作一簡介。

一、臺灣的關稅稅率制度之沿革及現況

世界各國的關稅稅率制度常因為各國所處的政治經濟之不同，或因為時代的演進或變遷而有所差異。目前世界各國所採取的關稅稅率制度不外乎下列兩種：

1. 單一稅則制

所謂單一稅則，即是對於來自任何國家或地區之同一產品，皆課以同一稅率的關稅，而沒有差別待遇。但此一稅則通常較適用於經濟政治較為單純的國家，而無法適用於當前複雜的國際環境。

2. 複式稅則制

所謂複式稅則，即是在一個國家內，因貿易國不同而同時實施兩種或兩種以上之關稅稅率；亦即對自不同的國家進口的同一種貨物，分別制訂不同之進口稅率。

我國於 1947 年 10 月 30 日關稅暨貿易總協定 (GATT) 締約時，是以締約國名義加入而成為創始會員國，當時的內容主要是與各主要貿易國達成關稅減讓協定，由於我國亦為締約國之一，故當時的關稅稅率制度便採行複式稅率制度。

1949 年由於中國大陸淪陷，中華民國政府無法履行協定所定之互惠義務，便於 1950 年自動退出 GATT，此後關稅改採單一稅則制度。

隨著 GATT 第六回合（又稱甘迺迪回合）及第七回合（又稱東京回合）的談判結束，GATT 會員國已達成廣泛的關稅及非關稅減讓協定，而由於我國非其會員國，所以未能享受其優惠待遇。故為爭取優惠稅率，遂於 1978 年

與美國進行雙邊貿易談判達成雙邊關稅減讓協議。但因當時我國仍採單一稅則制，故必須對其他與我國有貿易來往的國家或地區課徵與美國談判後降低的稅率，如此一來便失去公平合理之原則，且對我方不利。故為因應當時的國際情勢，增強我國對外關稅及貿易談判力量，於民國 69 年立法修正我國稅制為複式稅則制。

民國 69 年 8 月修正海關進口稅則時，將我國的進口關稅稅率制度改採兩欄式之「複式稅率制度」。但後來兩欄式稅率已無法滿足當時的需求，遂於民國 93 年起改採三欄式稅率制度，說明如下：

1. 第一欄

第一欄的稅率適用於與我國有互惠待遇的國家或地區之進口貨物。在臺灣加入 WTO 之後，凡是 WTO 會員且臺灣未對其援引排除條款，均自動適用海關進口稅則第一欄稅率。至 2018 年 3 月止共有一百六十三個 WTO 會員國（參見表 5–5）及二十九個非 WTO 會員國適用第一欄互惠稅率（參見表 5–6）。

表 5–5　適用第一欄稅率 WTO 會員國名單

編　號	代　碼	中　文	英　文
1	AF	阿富汗	Afghanistan
2	AL	阿爾巴尼亞	Albania
3	AO	安哥拉	Angola
4	AG	安地卡及巴布達	Antigua and Barbuda
5	AM	亞美尼亞	Armenia
6	AR	阿根廷	Argentina
7	AU	澳洲	Australia
8	AT	奧地利	Austria
9	BH	巴林	Bahrain
10	BD	孟加拉	Bangladesh
11	BB	巴貝多	Barbados
12	BE	比利時	Belgium
13	BZ	貝里斯	Belize
14	BJ	貝南	Benin
15	BO	玻利維亞	Bolivia

16	BW	波札那	Botswana
17	BR	巴西	Brazil
18	BN	汶萊	Brunei Darussalam
19	BG	保加利亞	Bulgaria
20	BF	布吉納法索	Burkina Faso
21	BI	蒲隆地	Burundi
22	KH	柬埔寨	Cambodia, Kingdom of
23	CM	喀麥隆	Cameroon
24	CA	加拿大	Canada
25	CV	維德角共和國	Cape Verde
26	CF	中非	Central African Republic
27	TD	查德	Chad
28	CL	智利	Chile
29	CN	中國大陸	China
30	CO	哥倫比亞	Colombia
31	CG	剛果	Congo
32	CD	剛果民主共和國	Democratic Republic of the Congo
33	CR	哥斯大黎加	Costa Rica
34	CI	象牙海岸	Cote d'Ivoire
35	HR	克羅埃西亞	Croatia
36	CU	古巴	Cuba
37	CY	賽普勒斯	Cyprus
38	CZ	捷克	Czech Republic
39	DK	丹麥	Denmark
40	DJ	吉布地	Djibouti
41	DM	多米尼克	Dominica
42	DO	多明尼加共和國	Dominican Republic
43	EC	厄瓜多	Ecuador
44	EG	埃及	Egypt
45	SV	薩爾瓦多	El Salvador
46	EE	愛沙尼亞	Estonia
47	EU	歐洲經濟共同體	European Communities
48	FJ	斐濟	Fiji
49	FI	芬蘭	Finland
50	FR	法國	France
51	GA	加彭	Gabon

52	GE	喬治亞	Georgia
53	DE	德國	Germany
54	GH	迦納	Ghana
55	GR	希臘	Greece
56	GD	格瑞那達	Grenada
57	GT	瓜地馬拉	Guatemala
58	GN	幾內亞	Guinea
59	GW	幾內亞比索	Guinea Bissau
60	GY	蓋亞那	Guyana
61	HT	海地	Haiti
62	HN	宏都拉斯	Honduras
63	HK	香港	Hong Kong
64	HU	匈牙利	Hungary
65	IS	冰島	Iceland
66	IN	印度	India
67	ID	印尼	Indonesia
68	IE	愛爾蘭	Ireland
69	IL	以色列	Israel
70	IT	義大利	Italy
71	JM	牙買加	Jamaica
72	JP	日本	Japan
73	JO	約旦	Jordan
74	KZ	哈薩克斯坦共和國	Kazakhstan
75	KE	肯亞	Kenya
76	KR	韓國	Korea
77	KW	科威特	Kuwait
78	LA	寮國	Lao People's Democratic Republic
79	LV	拉脫維亞	Latvia
80	LS	賴索托	Lesotho
81	LR	賴比瑞亞	Liberia
82	LI	列支敦斯登	Liechtenstein
83	LT	立陶宛	Lithuania
84	LU	盧森堡	Luxembourg
85	MO	澳門	Macau, China
86	MK	馬其頓	Macedonia
87	MG	馬達加斯加	Madagascar

88	MW	馬拉威	Malawi
89	MY	馬來西亞	Malaysia
90	MV	馬爾地夫	Maldives
91	ML	馬利	Mali
92	MT	馬爾他	Malta
93	MR	茅利塔尼亞	Mauritania
94	MU	模里西斯	Mauritius
95	MX	墨西哥	Mexico
96	MD	摩爾多瓦	Moldova
97	MN	蒙古	Mongolia
98	ME	蒙特內哥羅	Montenegro
99	MA	摩洛哥	Morocco
100	MZ	莫三比克	Mozambique
101	MM	緬甸	Myanmar
102	NA	納米比亞	Namibia
103	NP	尼泊爾	Nepal
104	NL	荷蘭	Netherlands
105	NZ	紐西蘭	New Zealand
106	NI	尼加拉瓜	Nicaragua
107	NE	尼日	Niger
108	NG	奈及利亞	Nigeria
109	NO	挪威	Norway
110	OM	阿曼	Oman
111	PK	巴基斯坦	Pakistan
112	PA	巴拿馬	Panama
113	PG	巴布亞紐幾內亞	Papua New Guinea
114	PY	巴拉圭	Paraguay
115	PE	祕魯	Peru
116	PH	菲律賓	Philippines
117	PL	波蘭	Poland
118	PT	葡萄牙	Portugal
119	QA	卡達	Qatar
120	RO	羅馬尼亞	Romania
121	RU	俄羅斯聯邦	Russia Federation
122	RW	盧安達	Rwanda
123	KN	聖克里斯多福及尼維斯	Saint Kitts and Nevis

124	LC	聖露西亞	Saint Lucia
125	VC	聖文森及格瑞那丁	Saint Vincent and the Grenadines
126	WS	西薩摩亞	Samoa
127	SA	沙烏地阿拉伯共和國	Saudi Arabia, Kingdom of
128	SN	塞內加爾	Senegal
129	SC	塞席爾	Seychelles
130	SL	獅子山	Sierra Leone
131	SG	新加坡	Singapore
132	SK	斯洛伐克共和國	Slovak Republic
133	SI	斯洛維尼亞	Slovenia
134	SB	索羅門群島	Solomon Islands
135	ZA	南非	South Africa
136	ES	西班牙	Spain
137	LK	斯里蘭卡	Sri Lanka
138	SR	蘇利南	Suriname
139	SZ	史瓦濟蘭	Swaziland
140	SE	瑞典	Sweden
141	CH	瑞士	Switzerland
142	TJ	塔吉克斯坦	Tajikistan
143	TZ	坦尚尼亞	Tanzania
144	TH	泰國	Thailand
145	TO	東加	Tonga
146	GM	甘比亞	The Gambia
147	KG	吉爾吉斯	The Kyrgyz Republic
148	TG	多哥	Togo
149	TT	千里達與托貝哥	Trinidad and Tobago
150	TN	突尼西亞	Tunisia
151	TR	土耳其	Turkey
152	UG	烏干達	Uganda
153	UA	烏克蘭	Ukraine
154	AE	阿拉伯聯合大公國	United Arab Emirates
155	GB	英國	United Kingdom
156	US	美國	United States of America
157	UY	烏拉圭	Uruguay
158	VU	萬那杜	Vanuatu
159	VE	委內瑞拉	Venezuela

160	VN	越南	Vietnam
161	YE	葉門共合國	Yemen
162	ZM	尚比亞	Zambia
163	ZW	辛巴威	Zimbabwe

資料來源：財政部關稅署。

表 5–6　適用第一欄稅率 WTO 會員國以外與我互惠之國或地區名單

編　號	代　碼	中　文	英　文
1	AS	美屬薩摩亞	American Samoa
2	AI	安圭拉	Anguilla
3	AZ	亞塞拜然共和國	Azerbaijan
4	BS	巴哈馬	Bahamas, commonwealth of the
5	ET	衣索比亞	Federal Democratic Republic of Ethiopia
6	VA	教廷	Holy See
7	IR	伊朗	Iran
8	IQ	伊拉克	Iraq
9	LB	黎巴嫩	Lebanon
10	LY	利比亞	Libyan Arab Jamahiriya, Socialist people’s
11	MH	馬紹爾群島	Marshall Islands
12	MC	摩納哥	Monaco, Principality of
13	MS	門索雷特	Montserrat
14	NR	諾魯	Nauru
15	NC	紐加多里加	New Caledonia
16	PR	波多黎哥	Puerto Rica
17	XA	琉球	Ryukyu Islands
18	SO	索馬利亞	Somali Democratic Republic
19	ER	厄利垂亞	State of Eritrea
20	SD	蘇丹	Sudan the
21	SY	敘利亞	Syrian Arab Republic
22	XC	大溪地	Tahiti
23	GQ	赤道幾內亞	The Republic of Equatorial Guinea
24	KI	吉里巴斯	The Republic of Kiribati
25	PW	帛琉	The Republic of Palau
26	ST	聖多美普林西比	The Republic of Sao Tome and Principe
27	TV	吐瓦魯	Tuvalu

28	KM	葛摩	Union of Comoros
29	DZ	阿爾及利亞	The Democratic People's Republic of Algeria

資料來源：財政部關稅署。

2. 第二欄

第二欄的稅率適用於特定低度開發、開發中國家或地區之特定進口貨物，或與我簽署自由貿易協定或經濟合作協議之國家或地區之特定進口貨物（參見表 5–7）。

表 5–7　適用第二欄稅率之國家或地區名單

編號	代碼	中文	英文	說明
1	PA	巴拿馬共和國	Panama	自民國 93 年 1 月 1 日正式生效
2	GT	瓜地馬拉共和國	Guatemala	自民國 95 年 7 月 1 日正式生效
3	NI	尼加拉瓜共和國	Nicaragua	自民國 97 年 1 月 1 日正式生效
4	SV	薩爾瓦多共和國	El Salvador	自民國 97 年 3 月 1 日正式生效
5	HN	宏都拉斯共和國	Honduras	自民國 97 年 7 月 15 日正式生效
6	CN	中華人民共和國	China	自民國 100 年 1 月 1 日正式生效（僅適用 ECFA 早收清單之貨品）
7	NZ	紐西蘭	New Zealand	自民國 102 年 12 月 1 日正式生效
8	SG	新加坡	Singapore	自民國 103 年 4 月 19 日正式生效
9	LDCS	低度開發國家	Least Developed Countries	低度開發國家認定準則及清單業經立法院民國 94 年 12 月 9 日審議通過，自該日起即有適用

資料來源：財政部關稅署。

3. 第三欄

不適用第一欄及第二欄稅率之進口貨物。

二、我國對於進口品的關稅分類

一國政府要課徵關稅，首先必須將進口貨品予以有系統分類，並分別訂定最適當之進口稅率，目前我國對進口品關稅的分類乃是依據**世界關務組織** (World Customs Organization, WCO) 制訂之**國際商品統一分類制度** (The Harmonized Commodity Description and Coding System, H.S.) 2017 年版，分為二十一類、九十七章（其中第七十七章列為空章，國際間保留該章以備將來使用）、1,222 節（四位碼）及 5,387 目（六位碼）。我國海關進口稅率依八位碼貨品配置，稱為稅則號別，在 H.S. 2017 年版之架構下分為 9,128 款；貿易管理及統計則採用十位碼分類，計 11,945 項。另於十位碼之後加一位檢查號碼，廠商申請輸出入許可證及報關時，均須在申請書及報單上填列十一位碼之貨品分類號列。我國加入 WTO 後，為實施關稅配額制度，自民國 91 年起，於 H.S. 六位碼分類架構外，另增訂第九十八章「關稅配額之貨品」，該章分為 32 款（八位碼）及 93 項（十位碼）。

在此要向讀者說明的一點是，每個國家針對自己的需要，有時會在國際商品統一分類制度下再加上二至四碼，以對貨物作更細的分類。

三、我國現行關稅制度之其他重要規定

如果要對我國現行關稅制度作詳盡介紹，以一本書來專門介紹可能亦無法盡其功。為節省篇幅起見，以下僅對我國現行關稅制度之其他重要規定作一扼要性之介紹。

1.與關稅制度相關之重要法規

我國現行有關關稅制度之重要法規最主要有《關稅法》及《關稅法施行細則》，其他尚有《保稅倉庫設立及管理辦法》、《免稅商店設置管理辦法》等。茲簡要敘述如下：

(1)《關稅法》：我國現行有關關稅制度的法規即是《關稅法》，現行《關稅法》共分七章，第一章為總則，規定此法之立法意旨、課稅範圍以及課稅對象；第二章為通關程序，內容有報關及查驗、完稅價格、納稅期限及行政救濟；第三章為稅款之優待，包括免稅、保稅及退稅；第四章特別關稅；第五章為罰則；第六章為執行；第七章為附則。

(2)《關稅法施行細則》：計有七章，依序為總則、通關程序、稅款之優待、特別關稅、罰則、執行、附則。

(3)《保稅倉庫設立及管理辦法》：保稅倉庫分為①普通保稅倉庫。②專用保稅倉庫，其設立除政府機關、公營事業及經財政部專案核准者外，

應以實收資本額在新臺幣2,000萬元以上之股份有限公司組織為限。

(4)《免稅商店設置管理辦法》：免稅商店分為①機場、港口免稅商店：設在國際機場、港口管制區內；經海關核准者，並得在市區內設置預售中心。②市區免稅商店：設在國際機場或港口鄰近之都市區內，或經海關核准之區域內。

2.出口沖退稅制度

政府為鼓勵產品加工外銷，減輕出口成本，增強我國產品在國際市場競爭能力，對外銷品所需進口原料，准予加工製成成品出口沖退原料進口稅捐，內銷原料仍應課稅，以發展我國加工產品出口貿易，創造國內就業機會，提高國民所得。

此種出口沖退稅制度規定加工品外銷後，准許退還其使用原料已繳之稅捐。加工原料應徵之稅捐，如進口時係繳現者，外銷後准予退現，稱之為退稅；如係記帳者，外銷後准予沖銷，稱之為沖稅。

依據《外銷品沖退原料稅辦法》規定，可申請沖退稅的廠商有：

(1)原料進口商。

(2)成品出口商。

(3)加工製造商。

可申請沖退的原料進口稅捐：

(1)關稅。

(2)貨物稅。

(3)營業稅。

出口沖退稅制度有如出口保護政策，目前我國在國際間已被視為已開發國家，此項制度未來勢必要有所改變。

3.保稅制度 (bonded system)

依《關稅法》第五十八條規定，進口貨物於提領前得申請海關存入保稅倉庫。在規定存倉期間內，原貨出口或重整後出口者，免稅。而依《關稅法》第五十九條規定，外銷品製造廠商，得經海關核准登記為海關管理保稅工廠，其進口原料存入保稅工廠製造或加工產品外銷者，得免徵關稅。

而其之所以被稱為保稅制度之因，乃是因為我政府對未經海關放行的進口貨品或經貨物驗封待運出口或轉運出口的貨物，及其他應受海關監管的貨物，如保稅工廠、加工出口區、科學工業園區等之進出口未稅貨品，應置於海關監管之下，以免未稅貨品流入課稅區之謂。各國《關稅法》對自國外進口貨物，均有課徵進口關稅之規定，該貨不論為應稅品或免稅品，在未確定為應稅或免稅前，均屬關稅課徵課體，具有「保稅」之特性，故稱保稅制度。

4. 關稅估價制度

我國為配合國際貿易發展需要，已於民國 75 年 7 月 1 日起改採「東京回合國際多邊貿易談判」所達成之「新關稅估價規約」，以進口貨物實付或應付**交易價格** (transaction value) 為估價中心之新關稅估價制度。

依我國《關稅法》第二十九條之規定：從價課徵關稅之進口貨物，其完稅價格以該進口貨物之交易價格作為計算依據。而所謂「交易價格」係指進口貨物由輸出國銷售至中華民國實付或應付之價格。因《關稅法》第二十九條之規定，完稅價格含買方負擔之佣金、手續費、容器及包裝費用、專利權及特許權之權利金或報酬、運費、裝卸費、搬運費及保險費等。

5. 平衡稅

我國《關稅法》中之特別關稅包括「平衡稅」及「反傾銷稅」。依《關稅法》第六十七條之規定，平衡稅之課徵原因為：進口貨物在輸出或產製國家之製造、生產、銷售、運輸過程，直接或間接領受財務補助或其他型式之補貼，致損害中華民國產業者，除依海關進口稅則徵收關稅外，得另徵適當的平衡稅。

6. 反傾銷稅

依我國《關稅法》第六十八條規定，反傾銷稅之課徵原因為：進口貨物以低於同類貨物之正常價格輸入，致損害中華民國產業者，除依海關進口稅則徵收關稅外，得另徵適當之反傾銷稅。

7. 報復關稅

依我國《關稅法》第七十條規定，輸入國家對中華民國輸出之貨物或運輸工具所裝載之貨物，給予差別待遇，使中華民國貨物或運輸工具所裝載之貨物較其他國家在該國市場處於不利情況者，該國輸出之貨物或運輸工具所裝載之貨物，運入中華民國時，除依海關進口稅則徵收關稅外，財政部得決定另徵適當的報復關稅。

第十節　臺灣的關稅收入與關稅稅率

一、臺灣的關稅收入

圖 5–3 為近年我國關稅佔政府稅收的比率。由圖中可知，我國關稅收入佔政府稅收的比率雖然有逐年遞減的趨勢，但若與其他已開發國家（通常是指 OECD 成員）相較則仍偏高。

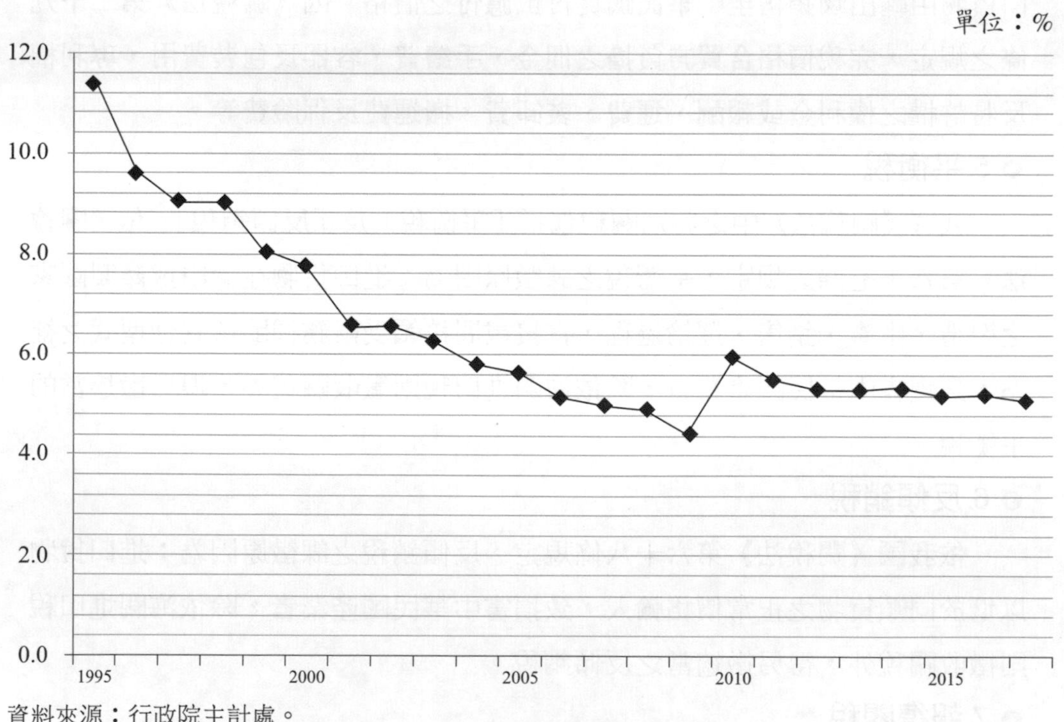

資料來源：行政院主計處。

圖 5–3　臺灣關稅佔政府稅收的比例

二、臺灣的關稅稅率

1. 1995 年 6 月以前

臺灣的關稅稅率在 1995 年及 2002 年各發生一次重大的變革。表 5–8 顯示了臺灣的關稅稅率在 1995 年 6 月前與其他先進國家地區之比較，在此要向讀者說明的是：

(1)觀察工業部門各產品平均名目關稅結構可發現，我國關稅結構的特徵是一種階梯式的結構，反映了我國出口導向政策是以輸入原料或中間財再加工後出口之基本特色。

(2)無論在平均名目關稅稅率或平均有效保護率，美國為保護最少、最自由、貿易最開放的國家。但實際上，仍另訂有特種關稅之徵收。

(3)日本的有效保護率最高。日本由於資源極為貧乏，對於其必需之食糧，原料之輸入或免稅，或稅率極輕。而對於奢侈品及非生活必需品，則稅率重。

(4)歐洲經濟共同體為一集團，在貿易協商時多半握有較多談判的籌碼，更能透過非關稅的障礙，保護集團內的產業。

表 5–8　1995 年 6 月以前臺灣與日本、美國及歐洲經濟共同體之關稅稅率

單位：%

項目／經濟體	平均名目關稅稅率	平均有效保護率
臺　灣	8.89	不詳
日　本	6.1	10.0
美　國	4.7	7.8
歐洲經濟共同體	6.1	8.7

2. 1995 年 6 月～2001 年 10 月

為因應我國申請加入 WTO、配合我國發展成亞太營運中心的計畫，以及遵守烏拉圭回合談判結果，財政部開展第一波降低關稅計畫。1995 年 6 月 23 日，我國的立法院院會三讀通過《海關進口稅則修正案》，共修正 758 項進口

貨品關稅，修正後全部貨品平均名目稅率由目前的 8.89%，降為 8.64%，降幅為 2.81%；平均實質稅率降至 4.69%，降幅為 6.01%，國庫年稅收損失約新臺幣 25 億元。

1995 年 6 月 23 日所修正的海關進口稅則的修正要點如下：

(1)大幅降低民生必需品及消費品關稅，包括家電用品、化妝品、食品。

(2)大幅降低農工原料及農用資材進口稅率。

(3)因應國際價格變動，適度調整部分從量稅額，如不鏽鋼板片等項從量稅額調整。

(4)顧及農民及消費者福祉，降低病患相關醫藥品的進口稅率及農業機械稅率。

(5)執行貿易自由化國際化政策，合理檢討調整原料、半成品、成品之間稅率結構。

(6)繼續大幅取消退稅項目，減少退稅商品。

(7)配合產業或環保政策，修訂或增訂相關增註內容；並將目前實施機動關稅稅率者，修正為正式稅率。

3. 2001 年 10 月至今

臺灣關稅稅率第二次重大修改為因應我國加入 WTO 組織。2001 年 10 月 31 日，經立法院三讀通過《海關進口稅則修正案》，共修正 5,301 項進口貨品關稅，此次修正大幅調降了農產品及工業產品之稅率，並將紅豆、花生等 22 項農產品及小汽車採取關稅配額制度。關稅修正後，我國平均實質關稅由 8.1% 降至 7.1%，包括與民生息息相關的汽車工業產品、烈酒等都會在我國加入 WTO 的第一年內降稅，一般認為降稅後可有效提升進口產品之競爭力，且消費者亦可享受更低廉的進口品。然而此波的關稅調降之後，勢必相對會造成關稅損失。

近年來，我國在經濟自由化、國際政策下，關稅更是大幅下降，許多零課稅的商品在 2012 年的稅則中已改為無關稅。另外，電子商務的崛起使民眾透過網路購買國際貨物的頻率大幅提升，政府為了保護國內相關產業，2016 年修正《關稅法》，海外網路購物在半年進口次數逾六次者，將不適用進口貨物小額免稅規定。同時，為了避免稅基流失，並解決國內外業者不公平競爭，我國政府自 2018 年起再度調低進口貨物免稅額度以讓本國勞務得以與外國勞務接軌。

摘要

1. 雖然自由貿易之論點在理論上完美無缺，然而在實際的國際經濟社會裡，貿易障礙卻普遍存在。貿易障礙可分為(1)關稅的貿易障礙，以及(2)非關稅的貿易障礙。
2. 依課徵方式之不同關稅可分為(1)從量關稅，以及(2)從價關稅兩種。從量關稅是對每 1 單位的進口品課徵一定金額之關稅。從價關稅則是按進口品的價格課徵一定百分比之關稅。
3. 從價關稅課徵時所需之商品價格的估算方法，各國並不一致。進口關稅在有些國家是以商品離岸之價格 (F.O.B) 來課徵，有些則是以商品到岸之價格 (C.I.F) 來課徵。
4. 當國內的進口替代產業生產所需的投入是來自國外進口時，則有效保護率與名目關稅稅率將很可能有所不同。先進國家的關稅結構通常會有有效保護率比名目關稅率高出許多倍的情形，此點一直為開發中國家所抱怨。
5. 關稅所產生的福利效果可分為(1)效率效果，(2)消費效果，(3)重分配效果，(4)稅收效果，及(5)貿易條件效果。
6. 一個小國課徵關稅後，該國的整體福利一定下降，而其福利的淨損失稱為無謂損失。小國課徵關稅的無謂損失等於效率效果與消費效果兩者之和。
7. 所謂大國是指一國進口量佔全世界供給量的一大比例，因此其能影響到貿易條件。大國可藉由關稅的課徵來影響貿易條件，進而增進該國的福利。大國是否一定能透過關稅的課徵來增進該國的福利，須視需求彈性及供給彈性而定。
8. 即使一個大國能透過關稅課徵來增進該國福利，但這通常是以犧牲他國福利為代價。一國課徵關稅很可能引起其他國家的關稅報復，要是因此產生戰爭，則全世界的貿易量將會減少，福利水準也會降低。推動世界貿易自由化之目的在於促進國際市場的更自由化，使得世界貿易量增大以嘉惠各國，以及生產因素的國際分工專業化。

9. 關稅的實施通常會傷害到國內的出口產業，及減少本國出口產品的國外競爭能力。因此實施關稅雖然能使國內的進口替代產業獲得益處，但這是以犧牲國內消費者及出口產業者之福利為代價。

10. 主張一國應限制貿易之原因及論點很多，惟這些論點大致而言，皆有不少值得批評的地方。

11. 所謂單一稅則制，即是對於來自任何國家或地區之同一產品，皆課以同一稅率的關稅，而沒有差別待遇。我國在民國69年以前採此種制度。

12. 所謂複式稅則制，即是在一個國家內，因貿易國不同而有別同時實施兩種或兩種以上之關稅稅率；亦即對同一種貨物但進口自不同的國家，分別制訂不同之進口稅率。

13. 目前我國對於進口品的關稅的分類乃是依據世界關務組織所制訂之「國際商品統一分類制度」，簡稱H.S.，將我國之進口商品分成二十一類。

14. 我國關稅收入佔政府稅收的比率雖然有逐年遞減的趨勢，但若與其他已開發國家相較則目前仍偏高。

習　題

選擇題

( ) 1.從價關稅是按何者的價格來課徵一定比例之關稅？
(A)出口品或進口品　(B)各地同類型商品的平均價格　(C)當地同類型的商品　(D)同類型進口品的平均價格

( ) 2.下列關於從價關稅之敘述，何者錯誤？
(A)關稅高低與商品價值成正比　(B)可以配合商品價值的差異課徵關稅　(C)很容易決定課稅標準　(D)能對國內進口替代品之生產者，維持固定的保護效果

( ) 3.下列何者不是關稅所產生的福利效果？
(A)消費效果　(B)重分配效果　(C)稅收效果　(D)負外部性效果

( ) 4.小國課徵關稅的無謂損失等於哪兩種效果之和？
(A)效率效果與消費效果　(B)效率效果與稅收效果　(C)消費效果與重分配效果　(D)稅收效果與貿易條件效果

( ) 5.大國是否能透過關稅的課徵來影響貿易條件，必須視何種彈性而定？
(A)需求彈性　(B)供給彈性　(C)兩者皆是　(D)兩者皆非

( ) 6.下列何者為推動貿易自由化的目的？
(A)生產因素的國際分工專業化　(B)增加世界貿易量　(C)國際市場自由化　(D)以上皆是

( ) 7.實施關稅制度雖能使國內的進口替代產業獲得益處，但會犧牲下列何者的福利？
(A)國內生產者　(B)出口產業者　(C)進口產業者　(D)國外生產者

( ) 8.對同一貨品但進口自不同國家分別制訂進口稅率，屬於下列何種稅制？
(A)綜合稅制　(B)分類稅制　(C)單一稅則制　(D)複式稅則制

( ) 9.對於來自任何國家或地區之同一產品，皆課以同一稅率的關稅，而沒有差別待遇，屬於下列何種稅制？
(A)綜合稅制　(B)分類稅制　(C)單一稅則制　(D)複式稅則制

( ) 10.我國目前採取何種稅制？

(A)單一稅則制　(B)複式稅則制　(C)三欄式稅率制　(D)混合稅制

(　) 11.依關稅課徵之目的，主要可以分為保護關稅與收入關稅，下列敘述何者錯誤？

(A)保護關稅主要是為了保護國內生產者免於受到國外進口品的競爭　(B)保護關稅之稅率若高到外國產品無法進口，則稱為禁止性關稅　(C)收入關稅指的是政府為了增加稅收而對進出口商品所課徵的關稅　(D)經濟條件較好的國家，政府總稅收中關稅所佔比例愈高

(　) 12.下列何者商品較適合課徵從量關稅？

(A)同一商品中品質差異較大的商品　(B)產品的規格種類較多者　(C)價格不易發生變動的商品　(D)商品價值較為公認且不易引起爭議性

(　) 13.關於有效保護率的計算公式，下列敘述何者錯誤？

(A)國內生產中所帶來的附加價值愈低，則有效保護率愈低　(B)進口原料零組件的名目關稅稅率愈低，則有效保護率愈低　(C)最終產品的名目關稅稅率愈低，則有效保護率愈低　(D)對進口原料零組件課徵的關稅高於對最終產品課徵的關稅，則有效保護率低

(　) 14.小國課徵關稅後的消費者剩餘損失，不包含下列那一種效果？

(A)貿易條件效果　(B)重分配效果　(C)效率效果　(D)稅收效果

(　) 15.我國目前針對未援引排除條款的 WTO 會員，採取下列那一欄稅率？

(A)第一欄稅率　(B)第二欄稅率　(C)第三欄稅率　(D)三欄稅率皆可適用

問答題

1. 何謂從價關稅？何謂從量關稅？試比較這兩種關稅制度之優缺點。
2. 請問海關估算進口商品之價值的方法有那些？
3. 請問在那些情況下，有效保護率會大於名目關稅稅率？
4. 何謂關稅所產生的重分配效果？為何國內的進口替代產業會偏好進口關稅的實施？
5. 請解釋為何課徵關稅會造成國內生產資源之配置受到扭曲？
6. 何謂幼稚產業論？幼稚產業論之論點有那些值得批評的地方？
7. 試述進口關稅之課徵如何影響國內的出口產業？
8. 在何種情形下，一國課徵關稅比較有可能改善該國之貿易條件？

第6章 非關稅貿易障礙

學習目標

1. 說明何謂進口配額。
2. 描述有秩序銷售協定與出口自動設限的影響。
3. 解釋何謂補貼。
4. 解釋何謂傾銷。
5. 瞭解臺灣的非關稅貿易障礙。

有些國際貿易之障礙是自然造成的（例如國與國間之距離產生了運輸成本），有些是人為所造成的。而人為的貿易障礙又可分為關稅與非關稅之貿易障礙。自 1960 年代開始，非關稅貿易障礙的重要性與日俱增，在各國不斷研商減讓關稅的同時，非關稅貿易障礙的實施卻日漸增加，因而抵銷了關稅減讓的效果，因此有關非關稅貿易障礙之討論也成為多邊貿易談判之重要議題。

非關稅貿易障礙包括進口配額、有秩序銷售協定與出口自動設限、補貼、傾銷、政府採購政策及一些安全、環保標準等。本章之目的即在探討這些非關稅貿易障礙對貿易之影響及效果。

案例討論

假設臺灣政府決定開放美國牛肉進口，將對從澳洲與紐西蘭進口牛肉的臺灣進口商產生何種影響？

第一節　進口配額

關稅雖然是最常見的貿易障礙，然而其並非唯一的貿易障礙。另一種在國際社會中常見的貿易障礙則為配額。配額所產生之效果與關稅有點類似，但是配額比關稅更具限制性且更具選擇性。

所謂**進口配額** (import quota) 是指一國政府對某一種商品之進口採取數量上之限制。一般而言，一國實施配額之主要原因在保護國內之產業，但有時候實施進口配額的原因亦有可能為了改善一國國際收支之赤字或增加國內的就業量。就行政上而言，進口配額牽涉到一國政府如何核發**進口許可證** (import license) 給國內的進口商。

一、進口配額所產生之福利效果

進口配額的實施方式有如下幾種，而不同的實施方式亦各有其利弊得失。茲分述如下：

1.進口許可證制度

進口許可證制度 (import licenses system) 為將進口商品分為若干類，按商品類別直接限制進口之數量，再以公開競爭價格或以先到先獲得的方式取得進口許可證，以進口一定數量的產品。進口許可證可能只依商品類別規定進口數量，但亦可能同時規定進口地區。進口許可證的分配方式將影響到該國的福利分配水準。一般而言，進口許可證之分配有如下幾種方式：

(1)**拍賣**：亦即在市場上公開拍賣或銷售進口許可證，價高者得。理論上而言，進口許可證拍賣的最高價格為該產品之進口成本與其國內銷售所得的差額。在此情形下，進口許可證拍賣所得的收入與進口對等數量的關稅收入相同，且兩者的福利效果亦將相同。拍賣又可分為公開拍賣及議價兩種方式，公開拍賣的競爭性較大，流弊較少；而議價方式則容易產生官商勾結或人情包圍、舞弊等情事。

(2)**申請**：即進口商向政府申請進口許可證，其又可分為依先申請先獲得及依據產量多寡來分配進口許可證之數額兩種方式。採先申請先獲得的方式，表面上似乎較為公平，但其缺點則是進口商將耗費排隊等待的時間成本。而依產量多寡來分配之方式亦有其缺點，此缺點為廠商為增加取得進口許可證之機率，可能會盲目地擴大產量，造成資源浪費之現象。

(3)**特許制**：即政府將進口許可證分配給實施限額之進口商或分配給特定

的進口商，而不經任何的競爭、拍賣、議價或申請的程序。此方式將使得能得到進口配額之進口商坐享其利，而政府將喪失了拍賣進口許可證所可能得到之收入，因此將形成不公平的所得重分配。所以，此方式也極易形成官商勾結或造成特權階級之流弊。

2. 進口配額制

在此制度下，其須先決定一定期間之進口總量，再決定由每一國家的進口量及國內進口商或外國出口商之分配量。一般而言，進口總量之決定，係依據本國的消費需求量與本國的生產供給量兩者之差額。進口配額制又可分下列數種：

⑴**全球配額制** (global quota) 即政府只規定每種產品在一段期間內的進口總量，於進口額滿時即停止進口，而無輸入地區來源之限制及亦無由誰進口之限制。此制度之優點為，其對進口品來源之國家及進口商均無限制，具有自由競爭之優點。而此制度之缺點為：⑴將造成爭先恐後，競相進口之情形，耗費進口商大量的貯藏成本；⑵易產生進口品價格的波動，因為爭相搶先進口的情形將造成供給量大幅波動，進而使進口品之國內售價大幅波動；⑶鄰近國家憑地利，運輸方便，捷足先登，將造成分配的不均。

⑵**區域配額制** (regional quota) 即先決定一段期間之進口總量後，再分別分配於特定國家之進口數量，有時亦保留部分，給予未分配之國家自由競爭輸入。與全球配額制相較，此制度之優點在於其分配較公允，缺點則為不符實際，可能發生此國配額太多，而另一國配額不足。

3. 雙邊配額制 (bilateral quota)

此制度乃是以出口實績作為核定進口許可之依據，亦即須先有出口，然後方能進口。此制度具有鼓勵出口之優點，但缺點為新設之貿易商因未有出口實績，因此無法獲得進口許可證，造成分配不公的現象。

二、進口配額與關稅之比較

從前面的分析中可知，進口配額與關稅所造成的福利效果有所不同。在關稅制度下，政府將一定有關稅收入。但是在進口配額制度下，其原應屬於政府收入的部分可能變為國內進口商之利潤，甚至成為國外出口商之收入。因此，就福利分配之公平性而言，關稅制是優於進口配額制的，因為關稅收入歸於政府將為全體國民所共享，而不是只由國內進口商或國外出口商所獨自享有。

進口配額與關稅這兩種政策，不只在福利分配效果有所不同外，其對貿易量之影響亦有所差異。

相較之下，同樣是面對國內需求的增加，關稅是以增加進口量來滿足需求的增加，而配額則是以國內價格的上漲，進而誘使國內生產者增產以滿足需求。

從以上之分析可知，在面對國內需求持續成長之時，進口配額制比對等的關稅制更具有保護國內進口替代產業之效果，造成更強的貿易障礙。在進口配額制，政府限制了進口數量，因此即使需求增加，進口數量仍受到配額之限制。而在關稅制下，由於進口數量不受限制，因此需求的增加只是造成進口的增加，國內的生產者並不能因為需求增加而調高價格。以汽車市場為例，在進口配額制下，縱使消費者對於進口車的需求大於市場供給，進口商仍因受限於法令而無法無限制的進口車輛，有汽車需求的消費者可能會轉而購買國產車，此時國產車製造商可以合理調漲價格以獲取更高的利潤；但在關稅制度下，只要消費者有需求且願意負擔進口車的售價（即汽車的供給價格加上關稅），進口商便樂意進口市場需求的數量，此時國產車製造商面臨較為激烈的競爭，亦不可能任意調漲價格。

從本節的分析可知，進口配額與關稅不僅在福利分配效果有所不同，兩者對國內價格及貿易量亦將產生不同的影響。簡要言之，進口配額由於只對進口數量做限制，因此與關稅相較，簡單且容易執行，行政成本亦較低。但是，進口配額除非是以拍賣方式執行，否則其與關稅相較之下便少了一筆政府的關稅收入。

第二節　有秩序銷售協定與出口自動設限

一、有秩序銷售協定

除了關稅與進口限額這兩種貿易障礙外，近年來，另一種保護政策也在國際間興起。這種保護政策稱之為**有秩序銷售協定** (orderly marketing agreement, OMA)。所謂有秩序銷售協定是指進出口國家為了緩和彼此之間商品競爭，而對某些商品之出口進行有計畫的安排，其最主要目的在保護某一國國內較缺乏效率的生產者，使得其能在國外產品的競爭下生存。有秩序的銷售協定通常牽涉到一些勞力密集的工業產品之進出口國間的貿易協商。

由於有秩序銷售協定是透過進出口間的協商而達成，因此表面上看來，其似乎較關稅或進口配額這種片面決定的方式來得公允。然而，實際上，所謂由協商達成或片面決定之間的區別是很模糊的。因為有秩序銷售協定通常是在出口國擔心進口國可能會採取更嚴格的貿易保護措施下所達成的協商。換言之，出口國之所以願意作有秩序銷售之協商，是擔心貿易戰爭或關稅報復所帶來更高的損失。

有秩序銷售協定如果涉及國家較多，通常先在多邊的基礎上商定進出口國家所應共同遵守的主要條款，然後各國根據這項多邊協定的條款分別簽訂**自限協定** (self-restraint agreement)。例如 1973 年四十二個紡織品進出口國家或地區簽訂了一項**「國際紡織品貿易協定」** (Arrangement Regarding International Trade in Textiles)，然後，美國作為紡織品進口國，又據此與日本、巴基斯坦、印度等國家或地區分別簽訂「自限協定」。

在 1980 年代，有秩序銷售協定所涵蓋的商品包含電視機、鋼鐵、鞋類、紡織品、計算機、收音機及船艇等工業產品。其包含的條款有出口自動設限、進口設限、抑制價格競爭及出口年成長率之限制等。

二、出口自動設限

出口自動設限 (voluntary export restraints, VER) 即為最典型的有秩序銷售協定。例如日本對輸出歐洲的鋼鐵設定限額，或臺灣對輸往美國的鞋類設定限額，這便是出口自動設限。出口自動設限之主要目的在避免進口國國內的進口替代產業遭受國外的競爭而喪失市場。

出口自動設限之特性是，通常只是以最重要的出口國為協定之對象，這個正好與進口關稅及進口配額相反。當某一最主要出口國採取出口自動設限時，其通常使得其他出口國家有機可乘而增加出口。例如日本在 1950 年代對出口美國的紡織品自動設限，以及在 1970 年代對出口美國的電視機自動設限，其他國家便立刻增加出口以填補空缺，香港的紡織品便因此而取代了日本紡織品在美國的市場，而臺灣及韓國的電視機亦因此而取代了日本電視機在美國的市場。

第三節　補　貼

一國政府若想保護國內產業，其亦可採補貼國內生產者的方式以增加其在價格上的國際競爭能力。補貼包含兩種，一種是為了保護國內進口替代品之生產者，稱為**國內補貼** (domestic subsidy)；另一種則是為了保護國內出口廠商，稱為**出口補貼** (export subsidy)。不管是出口補貼或國內補貼，其目的皆是在保護國內較缺乏效率的生產者能夠與國外較有效率的生產者競爭。透過補貼的實施，國內的廠商便得以較其實際成本來得低之產品價格在國內市場或國際市場上行銷。而另一方面，透過補貼也可使國內的產業更能夠生存、發展及壯大。

政府實施補貼的方式可有很多種，而最簡單的實施方式便是政府在國內出口廠商出口後直接給予現金補貼。至於付款方式則可根據出口廠商實際成本與所收到之收入兩者之間的差距，或是對每一單位的出口給予一定的金額來補貼。以上之補貼方式屬於一種直接性的補貼，而由於這種出口直接補貼往往造成國際上產品不公平的競爭，因此 WTO 便禁止工業產品的出口採取直接補貼。一些工業化國家為避免違反規定，往往採行一些「間接補貼」的方式，以達成保護國內產業之目的。

間接補貼的方式如政府賦予出口廠商租稅、保險、低利貸款等特權，或是政府將過剩的物資以低價出售給出口廠商。美國政府保護國內農業的方式之一則是，以高價購買國內的農產品，再以低價在國外市場賣出。直接出口補貼與間接出口補貼雖然在實施方式有所不同，但其目的同樣是在增進國內出口廠商在國際市場上的競爭能力。

不管是出口補貼或國內補貼，其對受補貼的國內廠商而言，皆有如是一種負的稅賦 (negative tax)，因為國內生產者所收到的價格為消費者所付的價格加上補貼的金額，如此當然會增加國內生產者的價格競爭力及銷售量。以下我們將分別探討國內補貼及出口補貼對貿易及福利所產生之效果。

一、國內補貼

所謂**國內補貼** (domestic subsidy) 是指一國政府為保護國內進口替代產業所實施之補貼。一般而言，一國若要保護該國的進口替代產業，可課徵進口關稅或實施進口配額。但是關稅與進口配額這兩個政策與實施對等的國內補貼相較之下，前兩者對國家福利將造成更大之損失。因為在關稅或進口配額之下，其不只造成國內生產資源的浪費 (即效率效果)，亦將由於使得國內消費者之消費量減少而產生消費效果之損失。而在政府補貼之下，只有效率效果之損失，而無消費效果之損失。因此從國家福利之角度而言，國內補貼所產生之無謂損失小於關稅或配額所產生之無謂損失。

雖然從福利的角度來看，補貼優於關稅或進口配額，但是，補貼的最大問題是，補貼的經費來自於全國大眾所繳之稅收，這等於是犧牲大多數人之稅收來造福國內的進口替代產業，故補貼的政策會讓人產生所得分配不公的疑問。再者，到底國內那些產業值得被保護或應該被補貼，亦是一個頗具爭議之問題。

二、出口補貼

所謂**出口補貼** (export subsidy) 是指，一國政府為了鼓勵或增加該國出口廠商在國際市場上之競爭能力，而給予該國出口廠商直接性的金錢補貼，或間接性的減免賦稅或低利融資貸款。

出口補貼的實施將對該國經濟產生如下兩個直接效果：(1)貿易條件效果，及(2)**出口收入** (export revenue) 效果。首先就貿易條件效果而言，由於出口補貼將使得該國的出口品價格降低，如此將使得該國的貿易條件惡化；就出口收入效果而言，由於出口補貼將使得該國的出口品價格降低，而一般而言（根據需求法則），出口價格降低將增加該國的出口量及出口收入（假設出口品之價格彈性的絕對值大於 1）。

出口補貼除了直接補貼之方式外，間接補貼的方式在世界各國亦頗為常見。例如**出口信用補貼** (export credit subsidy) 便是屬於一種間接補貼之方式。所謂出口信用補貼是指一國政府為促進該國的出口，而對國外顧客給予貸款上之優惠。這種貸款上之優惠包括給予國外進口商較一般私人銀行寬鬆的貸款條件，或較低的貸款利率。就所得重分配之效果而言，出口信用補貼等於將國內納稅人的稅收移轉給國內的出口產業，或國外的購買者，或兩者兼具。

另外，我們也可從其他角度來評論出口信用補貼。從一國貿易帳收支的角度而言，出口信用補貼將增加該國的出口，因此有助於該國貿易收支的順差。就保護出口產業之角度而言，出口信用補貼有助於出口產業之出口量，增加出口產業的就業機會及克服國內出口產業較國外無效率而無法出口之問題。另外，由於出口信用補貼也有助於一些開發中國家之進口國的債務負擔，因此從此角度而言，出口信用補貼無異於對外援助。

由於 WTO 禁止會員國對工業性產品採取出口補貼政策，並允許會員國對採取出口補貼的貿易對手國課徵**進口平衡稅** (countervailing import duties) 或**反傾銷關稅** (antidumping duties)。然而，事實上，就前所述，出口補貼有各種不同的方式，如直接補貼、出口信用補貼、租稅減讓、低利貸款及政府對出口品保險、船運、廣告促銷等。因此，對於出口補貼的認定，往往成為各國限制貿易與關稅談判爭論之所在。

出口補貼亦有可能帶來不良的影響。除了將引起貿易對手國之反對與報復、增加國家財政上之負擔、造成所得分配不公等缺點外，其亦可能養成國內出口業者之依賴心理而不求長進。

第四節　傾　銷

所謂**傾銷** (dumping) 是指商品以低於國內市場之售價在國外市場上銷售之行為，換言之，即國際價格歧視之行為。當然，商品在國外市場之價格是否低於國內價格，亦須考慮到運費及關稅等因素。因此，所謂傾銷，一般的定義是當商品的國外市場價格減去運費及關稅等因素後低於國內市場的售價。

一、傾銷的類別

一般而言，傾銷就其採用之動機與時間的長短可分為下列三種：

1. 偶發性傾銷

偶發性傾銷 (sporatic dumping) 通常是由於國內存貨過多，在國內市場已不易再賣出去時，為了處理這些多餘的存貨，而以低於國內市場的價格賣至國外市場。此類傾銷之所以發生的原因，通常是因為生產前未對需求作一預測而盲目生產，或是因為整個需求或供給條件突然間重大改變，以致生產過剩。這種偶發性的傾銷，進口國之消費者雖然可以因此而受惠，然而對進口國的進口競爭產品的生產者而言，將造成短期銷售量的減少及造成損失。進口國之政府若欲減少偶發性傾銷對國內生產者所造成的損害，則可對這些產品的進口課徵短期或臨時的關稅，以保護國內廠商。不過，由於偶發性傾銷只是一種短期的現象，既非為了建立國外市場的獨佔力量，亦非為了追求更大的利潤為目的，而只是出口國之廠商為了出清存貨所採行的一種暫時性的措施，其對進口國所造成的傷害並不會太深遠，因此，一般而言，進口國通常不會對此類傾銷採取關稅的保護。

2. 掠奪性傾銷

所謂**掠奪性傾銷** (predatory dumping)，是指一國的生產者暫時對國外市場採低價傾銷策略，等到國外的生產者無法生存之後，再提高產品價格以獲取長期更大的國際獨佔利潤。換言之，此類傾銷之所以暫時對國外市場採低價策略之目的，在於企圖取得國際市場的獨佔地位，一旦其取得獨佔地位後再提高價格以賺取更大或更長期之利潤。一個廠商要實行掠奪性傾銷前，當然要先自信其有足夠能力透過低價策略將國外的競爭廠商趕出市場，以進而取得獨佔地位。掠奪性傾銷是一種最不公平，也最為各國政府所反對及擔心的傾銷活動，因此進口國政府通常會對這種傾銷的產品採取課徵反傾銷關稅的報復行動，以消除這種國際間的價格歧視。

3. 持續性傾銷

所謂**持續性傾銷** (persistent dumping)，顧名思義，是一種產品持續的以低於國內市場的價格銷售於國際市場中，又稱為**系統性傾銷** (systematic dumping)。而一個廠商之所以願意持續性以低於國內市場的價格銷售於國際市場上，其目的仍是在追求最大的利潤。至於持續性傾銷所根據的原理及其成功的要件，我們將在下一小節「國際價格歧視」中作詳細之說明。

二、國際價格歧視

假設國內某一廠商在國內市場具有相當的獨佔力量，而在國外市場則面對國外生產者高度的競爭，亦即該廠商所生產之產品，在國內市場上的需求彈性較小，而在國外市場上的需求彈性較大。換言之，即該廠商在國內市場上較具獨佔的力量，因此國內的消費者較無選擇，故產品價格的變動不太會影響到需求量 (或需求彈性較小)，而在國外市場上因競爭廠商較多，因此國外的消費者選擇性較多，故消費者對價格的變動較為敏感，亦即價格的變動會影響需求量較大 (或需求彈性較大)。

當一個追求利潤極大化的廠商面對不同需求彈性的國內市場與國際市場時，其應如何做定價決策以使總利潤達到最大呢？其答案是該廠商應對需求彈性較小的國內市場訂定較高的銷售價格，而對需求彈性較大的國外市場訂定較低的國際價格，如此將可使該廠商在國內市場與國際市場兩者的利潤之和達到最大，而這種訂價策略則稱為**國際價格歧視** (international price discrimination)。

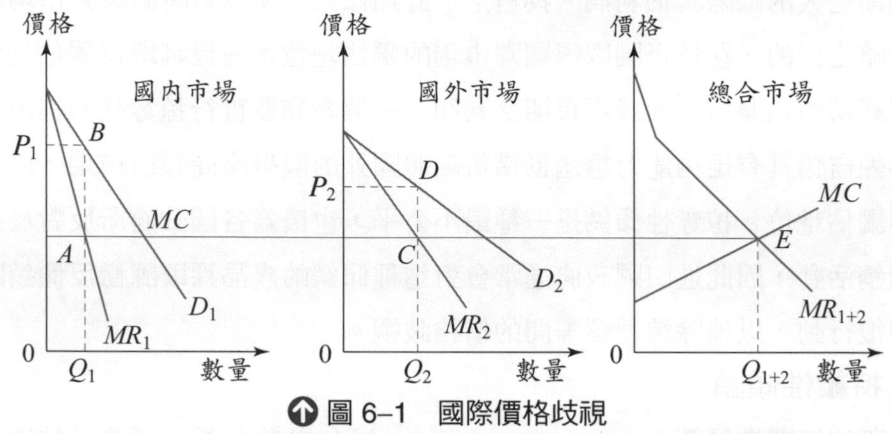

圖 6–1 國際價格歧視

再過來我們要問，為什麼這種國際價格歧視的訂價策略能使該廠商的利潤達到最大呢？圖 6–1 說明了其中的道理。令 D_1 代表該廠商所面對的國內市場之需求曲線；D_2 代表該廠商所面對的國外市場之需求曲線。MR_1 代表國內市場的邊際收益曲線；MR_2 代表國外市場的邊際收益曲線；MR_{1+2} 代表 MR_1 與 MR_2 的水平加總。同時假設該廠商所生產產品的邊際成本保持固定，等於 MC（因為邊際成本固定，亦即邊際成本不因產量多寡仍保持一樣，所以 MC 為一水平線）。

一個利潤極大化之廠商面對不同需求彈性的兩個市場時，應如何決定每一市場的價格及銷售量，而使得利潤達到最大呢？其答案仍不外乎大家所熟悉的 MR = MC 之原則，不過由於該廠商面對不同的市場，而不同的市場又有不同的邊際收益曲線，因此利潤極大化之條件應為如下：

$$MR_1 = MC \quad 且 \quad MR_2 = MC$$

$$亦即 \quad MR_1 = MR_2 = MC$$

$$或 \quad MR_{1+2} = MC$$

換言之，該廠商對國內市場與國外市場最適價格與銷售量應使得國內市場的邊際收益等於邊際成本，且國外市場的邊際收益等於邊際成本。再過來我們要問，為什麼一定要 $MR_1 = MC$ 且 $MR_2 = MC$ 時利潤才會最大呢？因為假如 $MR_1 > MC$，其代表該廠商如果在國內市場多增加 1 單位的銷量，則該廠商還有增加國內市場利潤之機會，因此該廠商當然應該在國內市場上降低一些價格以增加銷售量，進而增加國內市場之利潤，直到 $MR_1 = MC$ 為止。

同理，假如 $MR_2 > MC$ 的話，該廠商當然也應該在國外市場上降低一些價格以增加銷售量，進而增加國外市場之利潤，直到 $MR_2 = MC$ 為止。因此，當 $MR_1 = MC$ 且 $MR_2 = MC$ 時，該廠商在國內外市場的利潤總和才會達到最大。而 $MR_1 = MC$ 且 $MR_2 = MC$ 即代表 $MR_1 = MR_2 = MC$。再者，所謂邊際收益是指每增加 1 單位的銷售量所能增加總收益的金額，其所強調的是最後增加的那 1 單位，因此 $MR_1 = MR_2 = MC$ 即代表 $MR_{1+2} = MC$。

要特別提醒讀者的是，MR_{1+2} 在此所代表的是該廠商每增加 1 單位的銷售量（不管是在國內市場或國際市場）所能增加的總收益，而非代表該廠商同時在國外市場或國內市場都增加 1 單位的銷售量，因為所謂「邊際」所強調的是最後 1 單位，而這最後 1 單位當然只能在國內或國外其中的一個市場出售，如果要同時在國內外市場都增加 1 單位，則其總共便需 2 單位了，那麼它便不代表是「邊際」了。

再過來讀者或許要問，假如 $MR_1 < MC$ 而 $MR_2 > MC$，則廠商應如何作才能使總利潤達到最大呢？在此情形下，由於該廠商在國外市場的邊際收益大於邊際成本，而在國內市場的邊際收益小於邊際成本，因此該廠商應增加國外市場的銷售量，同時降低國內市場的銷售量，而根據需求法則，要增加國外市場的銷售量當然要降低國外市場的價格，而要減少國內市場的銷售量，其便應該提高國內市場之價格，如此作為將使得 $MR_1 = MC$ 且 $MR_2 = MC$，而廠商的總和利潤將可達到最大。

根據 $MR_1 = MR_2 = MC$ 利潤極大化之法則，該廠商在國內市場上應以每單位 P_1 之價格銷售 Q_1 之數量，同時在國外市場上以每單位 P_2 之價格銷售 Q_2 之數量，總共銷售 Q_{1+2} 之數量，如此總利潤便可達到最大。在此讀者要注意的一點是，由於國內需求彈性較小，因此應訂定較高的價格 (P_1)，而國外需求彈性較大，因此應訂定較低之價格 (P_2)。而之所以要如此的原因，簡單而言就是，在邊際成本保持固定下，既然國內需求彈性較小，其代表國內的需求量不太會受價格的影響，因此該廠商大可提高國內價格；而國外需求彈性較大，其代表國外的需求量較易受價格的影響，因此該廠商應當降低價格以增加國外市場之收益，如此而為，該廠商的總利潤便可最大。

國際價格歧視的策略要成功，基本上需滿足如下之條件：

(1)國內市場與國外市場需具備有不同的需求彈性，因為只有在需求彈性有所不同時，該廠商才值得採差別定價或價格歧視。

(2)該廠商有能力區別這兩個市場，換言之，該廠商有辦法防止他人從低價國購買後再轉售到高價國。因為如果有這些轉售行為發生，則無人會願意在高價國購買較高價的產品，大家便都只到低價的市場去購買同樣的產品，如此價格歧視便毫無意義，亦即不可能成功。然而，由於國際間產品的移動先天上就比國內產品移動需負擔更多的交通成本，因此國際間的價格歧視通常比國內的價格歧視較易成功。

三、傾銷與被閒置的生產資源之利用

對被傾銷國或進口國之消費者而言，傾銷可使其享受較低的價格，但是對進口國之生產者將產生生產資源閒置之浪費，進而導致該產業之萎縮及引起失業問題。以日本為例，由於該國的勞力通常受到僱主終身工作之保障，因此如果其他國家對日本傾銷，日本很多產業將發生勞力資源之閒置。日本的公司不管銷售量、獲利率或生產量有多少，通常對付給勞工固定的薪資，而這對廠商而言便是一種固定成本。因此管理階層通常對增加銷售量具有極大興趣，如此便可多賺或少賠一些。

現在我們舉個例子來進一步說明上一段之道理。假設有一公司發覺該公司的生產能量遠超過國內市場需求，則該公司為了滿足生產能量當然會想辦法增加國外市場之銷售量，而降低國外市場之售價便是最快速而有效的方法，就該公司而言，雖然降低國外市場之售價可能降低每單位之利潤，但是這總比將該公司的生產資源完全閒置來得划算。

四、傾銷對傾銷國與被傾銷國之影響

1.對傾銷國之影響

一般而言，傾銷政策之運用，對實施傾銷之國家會有如下之影響：

(1)造成實施傾銷國國內物價之上揚，因為對國外傾銷將減少國內的供給量，因而使國內物價上揚，損害國內消費者的福利。不過，有些學者並不贊成這種說法，理由是實施傾銷之企業，事先已確定國內市場的銷售量，傾銷係為謀求國外額外之銷售量及利潤，因此並不會影響國內之供給量及國內穩定之物價。有些學者甚至認為因為大量生產的結果，將使得生產成本降低，傾銷可降低國內物價。亦有學者認為，傾銷對國內物價之影響，係隨傾銷商品邊際生產成本之升降而決定，假如邊際生產成本漸減，則傾銷造成大量生產的結果，可使國內物價降低，假如邊際成本漸增時，則傾銷造成大量生產的結果，將使得國內售價上升及國內物價上揚。一般而言，這種學說較符合經濟理論。

(2)假設傾銷政策之運用不會引起被傾銷國的報復，則對實施傾銷國家之生產者而言，一方面將可享受大量生產降低生產成本之益處，另一方面將可增加銷售量減少資源閒置之浪費，故整體而言可增加利潤，並增加實施傾銷國之就業機會。

(3)假如傾銷政策之實施不被外國報復，則可增加實施傾銷國之出口，進而改善其國際收支。

2.對被傾銷國之影響

相反的，一般而言，傾銷政策之運用對被傾銷之國家會有如下的影響：

(1)對被傾銷國家之消費者而言，短期之內，可享有較低的價格，其福利水準因而可提高。但若以長期來分析，被傾銷之國家，因為長期處於物美價廉之國際商品壓力下，部分廠商無法與之競爭而宣布倒閉，進而使得消費者面臨失業的增加或所得的降低。尤其當國外廠商採用掠奪性傾銷時，一旦國外生產者取得獨佔地位的話，其終將提高價格，因此就長期而言，消費者可能需付出更高的價格。

⑵不管傾銷屬於何種類別，都將打擊國內的產業，造成國內生產事業無法發展，失業率提升，及國民所得的降低。尤其是掠奪性或長期性的傾銷將使得國內產業永無出頭之日。

⑶傾銷的實施將使得被傾銷國進口增加及國際收支更形惡化。

五、反傾銷之措施

從上所述，雖然傾銷大致而言可使被傾銷國之消費者享受較低之價格，但是對被傾銷國之生產者將造成產業萎縮，進而引起失業，因此被傾銷國通常會對傾銷的產品採取課徵關稅或其他各種報復手段。WTO 便允許當一國家的生產者遭受到其他國家的傾銷傷害時，得以對傾銷的進口品課徵反傾銷關稅或進口平衡稅。此種進口關稅的課徵如同其他進口限制，在於保護國內生產者免於遭受國外生產者不公平的競爭，以提高他們的銷售量、利潤或生存發展之機會。

至於要達到怎樣的程度才構成傾銷呢？傾銷的認定至今仍是一大難題且頗多爭議，但是各國政府往往只要認定外國廠商對其市場進行傾銷，而使其本國產業遭受不公平競爭時，便立即採取報復手段對抗之。以美國為例，當美國廠商認為遭受傾銷傷害時，便可向**商業部** (Department of Commerce) 提出控訴，並提供傾銷產品在其本國的市場價格、製造成本及輸往美國的到岸價格等資料，以證明傾銷活動確實發生，而希望美國政府採取關稅報復措施。而當美國商業部收到有關傾銷之控訴時，首先便需調查是否確實有傾銷情事發生。由於外國廠商的成本資料往往不易得到，因此一有傾銷的控訴發生時，美國商業部便被授權重新估算外國產品的成本，根據估算的結果再決定外國產品的**公平市場價值** (fair-market value)，凡對美國的出口價值低於公平市場價值之產品，該產品即被視為傾銷。

一旦該事件被視為傾銷，則傾銷的控訴案便被送至**國際貿易委員會** (International Trade Commission)，該委員會將進而調查決定美國國內廠商是否受到傾銷的傷害，等其確定美國國內廠商確實遭受到傾銷的傷害之後，再提請總統決定是否根據國外進口品在美國的售價與其在本國國內的售價的差額來課徵反傾銷關稅。

以上這種反傾銷的對策，由於美國國內廠商反傾銷的控訴既花錢又費時，更何況在許多情形下是不可能勝訴的，再加上反傾銷法令執行的程序遲緩，過程中需花費很多時間，因此 1978 年，當時的美國總統卡特便應保護主義者（尤其是鋼鐵業者）之要求建立了引發價格機能或**制傾價格機能** (trigger price mechanism, TPM)，以有效保護美國國內的鋼鐵業者免於遭受不公平的國外進口競爭。

在 TPM 制度下，美國對進口的鋼鐵設定一最低的價格，此一價格稱之為**參考價格** (reference price)，而此一參考價格實際上是針對全世界鋼鐵生產效率最高的日本而設，但是這個最低價格適用於所有輸出鋼鐵到美國的國家。在此 TPM 的參考價格制度下，只要外國輸往美國的鋼鐵價格低於參考價格，則美國的商業部將主動展開傾銷是否屬實的調查，以決定是否採取進口平衡關稅之報復措施。參考價格制度的實行結果，無論在時效上與技巧上，顯然都比公平市場價值制度來得更有效率得多了。直到 1982 年，美國政府與所有鋼鐵輸往美國的國家商定自動出口設限後，TPM 的參考價格制度才被取消。

第五節　其他非關稅貿易障礙

非關稅之貿易障礙除了本章前四節所述外，還包括一些較不明顯或較不易被察覺到的貿易障礙，例如政府採購政策及一國政府對進口品在技術上或管理上之規定，這些其實也是形成貿易障礙或一國貿易政策中相當重要的一部分。

一、政府採購政策

所謂**政府採購政策** (government procurement policy) 是指，一國政府制訂法令，規定本國政府機構在採購貨物時要優先購買本國產品。這實際上是歧視性的政府採購政策。有的國家對於政府機構優先採購本國貨有明文規定，有的國家雖無明文規定，但認為在採購貨物時優先購買本國貨已成慣例或視為理所當然。像這種優先購買本國貨政策，其實就是限制商品進口的一種非關稅貿易障礙。例如臺灣早期曾規定中華民國之公務員出國須搭乘或優先搭乘中華航空公司之班機，這便是屬於政府採購政策之一種。

在完全自由貿易的精神下，一國政府的採購，理應向全世界生產成本最低的國家採購或進口。然大多數國家的政府通常會對國產品較有偏好，這也就是為什麼對大多數國家而言，進口品佔民間部門購買總支出的比例會大大高過於佔政府部門購買總支出的比例。

在政府採購政策下，政府機關購買產品時便排除或減少了從其他較低成本或最低成本之生產國進口之機會，這固然會讓較缺乏生產效率之國內廠商也有機會生產，但同時也將造成國內生產資源的浪費或效率的損失。從整個國家的福利角度而言，政府採購政策使得政府須付出較高的採購成本，另外也造成該國的福利淨損失（這個福利淨損失如同我們在第五章所說的關稅所造成的效率損失效果及消費效果兩者之和）。

以美國為例，1933 年美國政府為解救當時的經濟大蕭條所造成的失業問題，因此通過了《**購買美國貨法案**》(Buy American Act)。這個法案便明文規定，除非美國貨的價格高得不合理或不買外國貨就會損害美國利益，否則美國聯邦政府應購買美國製造或用美國原料製造的貨物。美國政府這種優先購買美國貨的法案限制了外國商品出口至美國的作法，引起了其他國家的抱怨。2009 年，美國通過《**美國復甦與再投資法**》(American Recovery and Reinvestment Act of 2009, ARRA)，其中亦包含具保護主義色彩的《買美國貨條款》(Buy American Provision)，規定政府工程之鋼鐵、工業原料需使用美國製造的產品，不得對外購買。從 2014 年到 2017 年，美國新增了超過四百項貿易保護措施。而在 2018 年 3 月，美國總統川普發布文告將對進口鋼鋁課徵懲罰性關稅。以上皆為美國採用的政府採購政策。

二、對進口品的規定

在今天的世界各國中，普遍存在著對進口品的一些技術上、健康上、環保上或管理上之規定，雖然這些規定設立之目的並不一定是為了限制貿易，但就其實際效果而言，其與一些貿易障礙並無兩樣。以下舉幾個例子說明：

一些國家對進口產品標示及包裝上所訂立的標準，便可能產生限制進口的效果。例如，有些國家對酒精含量高於標準的啤酒，禁止以啤酒 (beer) 的標示來行銷或出售。

其他像有些國家政府在安全、健康及環保上的標準，其實也構成了國際貿易之障礙。例如從 2014 年開始，歐盟針對新車更新其**排放標準規定** (European Emission Standard)，稱為**第六期管制** (Euro 6)，而在 2017 年更添加了較嚴格的**實際行駛排氣規範** (Real Driving Emissions, RDE)，除非車輛檢驗符合規定，否則便不得在歐盟國家販售。類似這些標準或規定，其實也都構成了國際貿易之障礙。

三、自製率規定

所謂**自製率規定** (local-content regulations) 是指，一國政府對某一項產品的製造投入中規定某一特定比例的製造投入（或原料零組件）必須在本國生產，或是對某一產品規定其價值（或價格）的某一特定比例必須在本國生產。很多開發中國家為了發展國內的進口替代產業或原料零組件產業，而有自製率的規定。

自製率規定之所以被視為非關稅貿易障礙，乃是因為在自由貿易精神下，一國的廠商若要購買任何製造投入或原料零組件會從全世界能提供最低價格（或最低成本）的地方來購買，而不會侷限在國內，如此一來，全世界的資源將會得到最有效率之配置。而在自製率之規定下，若國內原料零組件廠商提供之價格較國外為高，不僅使得國內原料零組件的購買者須付出較高的成本，也扭曲了全世界資源之配置。

例如，在未加入 WTO 前，臺灣對國產汽車有 50% 自製率之規定；在機車方面，則規定外國機車廠來臺設廠需達 90% 自製率。在加入 WTO 之後，關於自製率的規定全數取消。

案例討論

請問若臺灣政府實施更嚴格的汽車排煙量管制，將對臺灣汽車廠商、進口車廠商有何影響？在此情況下，汽車價格及空氣污染程度會有什麼改變？

四、外銷比例的規定

所謂外銷比例的規定是指，一個**地主國政府** (host government) 規定來本國投資的國外廠商必須將其產品的一定比例外銷。很多開發中國家都有此種外銷比例的規定，其目的通常有如下數點：

⑴防止國外廠商只將產品出售給本國人民，賺取本國人民的錢。

⑵防止國外廠商打擊到本國原有的競爭產業或進口替代產業。

⑶促使國外廠商以國外為目標市場，達到為本國創造外匯之目的。

外銷比例規定之所以違反自由貿易精神及被視為非關稅貿易障礙之一的原因是，在外銷比例規定下，一些至地主國投資的外國廠商為了符合外銷比例規定，往往在外銷明顯無利可圖下，以內銷賺取的利潤來彌補外銷損失，而造成「流血輸出」之現象，如此一來便違反了自由貿易的精神，及降低了全球資源配置之效率。WTO 亦規定各會員國不得施行此項規定。

五、對服務業貿易的非關稅貿易障礙

所謂的**服務業** (services) 包括空運、海運、銀行、保險、廣告、會計、法律、工程、建築、連鎖業、觀光、教育、健康、商業服務、不動產及電信等。由於**服務業貿易** (service trade) 並非是以有形的商品做為標的，因此有時又被稱為「**無形的貿易**」(invisible trade)。

近年來，服務業貿易雖然快速的成長，但各國卻仍對服務業貿易有嚴重的非關稅貿易障礙，茲舉例說明如下：

1. 管制經營資格

例如印尼政府要求進口廠商對於國外進口至印尼當地的農產品必須取得印尼農業部的「推薦」(recommendation) 資格才得以申請其他相關進口文件，不配合者將禁止從事農產品進口貿易。

2. 限定物流渠道

部份國家為管制特定產品或是增加國外進口貨品的境內運輸成本，經常限制特定貨品的通關港口以及運輸方式，例如農產品進口至印尼只能經由蘇加諾—哈達國際機場、勿拉灣港、望加錫港、丹戎佩拉克港等四個指定地點通關。

3. 強制取得產品認證

為保障國內相關產業的發展，部份國家針對特定貨品建立認證機制，輸入時必須通過相關認證或是符合產品規格方可輸入貨品或是經營特定行業。例如在中國大陸，若要輸入家用和類似用途設備、機動車輛及安全附件、安全玻璃、醫療器械產品、電線電纜等十九大類共一百三十二種產品等電子產品時，須通過中國國家質檢總局發佈的《強制性產品認證管理規定》(簡稱 CCC 認證)。

服務業貿易的非關稅貿易障礙阻礙了全球服務業的自由移動，也增加了全球服務業貿易的成本。因此，其與商品貿易的非關稅貿易障礙一樣，皆會降低全球的資源配置效率。

第六節　臺灣的非關稅貿易障礙

自 2002 年臺灣成為 WTO 會員國至今，進口品的管制已陸續取消，目前僅剩約 1% 的產品限制進口，而這些規定多是基於國民健康及國家安全的考量而制訂。

1. 實施關稅配額

為保護臺灣農漁畜產品，臺灣加入 WTO 前曾禁止或限制四十二項農漁產品進口。然為配合 WTO 的規定，2002 年起，稻米由限量進口改採關稅配額，2005 年起，陸續取消雞肉、禽肉內臟、豬腹肉及內臟、糖、柿子、鯖魚、竹筴魚、沙丁魚等產品的關稅配額限制。目前尚實施關稅配額限制的農產品有食米、鹿茸、東方梨、香蕉、紅豆、液態乳、花生、大蒜、乾香菇、乾金針、椰子、檳榔、鳳梨、芒果、柚子、桂圓肉。

2. 法令規定限制

2007 年以前，我國法規未開放重型機車申請牌照且不得在臺灣上路，直至後來交通部才開放 550 cc 以上之重型機車可行駛於部分快速道路；在考量道路車流量及道路特性後，於 2012 年以後，有條件開放重型機車行駛高速公路。

3. 稅率標準不一

臺灣對國產酒與進口烈酒課稅方式在國際上一直具有爭議。基於我國習慣在飲食中加入調味用酒，2010 年修改《菸酒稅法》，列「料理米酒」稅項，規定酒精濃度不得超過 20%，並標示「專供烹調用」，品項包括米酒和國產蒸餾酒，稅率調降為每公升 9 元，與其他蒸餾酒每公升每度 2.5 元。此項規定引起相關國家的強烈不滿，並希望臺灣採取相關措施，以確保國內米酒與相似進口酒不具競爭及替代效果，且進口酒之稅率不會高於相似國產酒。

要

1. 隨著近年來進口關稅在世界各國所扮演的角色日趨不重要，一些非關稅的貿易障礙即在各國的保護主義中扮演更重要的角色。本章所探討的非關稅貿易障礙包括(1)進口配額，(2)有秩序的銷售協定及出口自動設限，(3)國內補貼，(4)出口補貼，(5)傾銷，(6)政府採購政策，(7)對進口品的一些技術上或安全或環保標準之規定。
2. 進口配額為一最主要的非關稅貿易障礙。所謂進口配額，是指一國對某種產品進口規定一個數量上之限制。進口配額在經濟效果上與關稅頗多類似之處，但是從對貿易量之限制而言，進口配額比關稅更具限制性。
3. 所謂有秩序之銷售協定，是指進出口國家為了緩和彼此之間的商品競爭，而對某些商品之出口進行有計畫之安排或協定。出口自動設限即為最典型的有秩序銷售協定。有秩序銷售協定通常是在出口國擔心進口國可能會採取更嚴格的貿易保護措施下而達成的協商。贊成有秩序銷售協定者之觀點認為，有秩序銷售協定為雙邊或多邊共同協定的，因此比關稅或進口配額的這種一國片面決定來得佳。
4. 補貼可分國內補貼與出口補貼，國內補貼旨在保護國內的進口替代產業免於受到國外進口品之競爭，出口補貼之目的則在加強本國出口品在國際市場上之競爭能力。
5. 補貼依實施之方式又可分為直接補貼及間接補貼。直接補貼指政府對國內的出口廠商之出口直接給予現金之補貼。間接補貼之方式則有政府賦予出口廠商在租稅、保險或低利貸款等之特權，或出口國之政府對國外進口廠商給予信用上之優惠。一國對其國內之進口替代產業之補貼所造成的福利淨損失小於因實施關稅或進口配額所造成的福利淨損失。出口補貼之實施將對出口國之經濟產生貿易條件效果與出口收入效果。
6. 傾銷被視為一種國際價格歧視的行為，其是指一種商品以低於國內市場之售價在國外市場銷售之行為。傾銷就其採用的動機與時間的長短可分為偶發性傾銷、掠奪性傾銷與持久性傾銷三種。一個廠商之所以實施傾銷策略有可能是為了充分利用被閒置的生產資源。傾銷通常會打擊到被傾銷國國內之產業，因此各國政府通常會對傾銷之進口產品課以反傾銷稅之報復措施。
7. 政府採購政策及對進口品在技術上、安全上、環保上或管理上之規定，其實也構成了國際貿易之障礙。

8. 所謂自製率規定是指一國政府對某一項產品的製造投入中規定某一特定比例的製造投入（或原料零組件）必須在本國生產，或是對某一產品規定其價值（或價格）的某一特定比例必須在本國生產。由於自製率規定違反自由貿易精神，故其亦被視為非關稅貿易障礙的一種。

9. 所謂外銷比例的規定是指一個地主國政府規定來本國投資的國外廠商必須將其產品的一定比例外銷出去。

10. 各國對於服務業貿易的非關稅貿易障礙如管制經營資格、限定物流渠道、強制取得產品認證等。

11. 臺灣的非關稅貿易障礙有實施關稅配額、法令規定限制、稅率標準不一等。

習 題

選擇題

( ) 1.依採用的動機與時間的長短可將傾銷分為三種類型，但不包括下列何者？
(A)偶發性傾銷 (B)掠奪性傾銷 (C)協調性傾銷 (D)持久性傾銷

( ) 2.下列何者非本章所探討的非關稅貿易障礙？
(A)關稅壁壘 (B)傾銷 (C)進口配額 (D)出口補貼

( ) 3.從對貿易量之限制而言，進口配額與關稅何者更具限制性？
(A)進口關稅 (B)進口配額 (C)兩者限制性相同 (D)兩者皆無限制性

( ) 4.下列何者是有秩序的銷售協定最典型的代表？
(A)進口自動設限 (B)出口自動設限 (C)進出口自動設限 (D)以上皆非

( ) 5.補貼的種類主要可分為出口補貼與下列何者？
(A)間接補貼 (B)國內補貼 (C)消費者補貼 (D)進口補貼

( ) 6.出口補貼的實施會對出口國的經濟產生下列何種效果？
(A)進口收入效果 (B)進口支出效果 (C)出口支出效果 (D)出口收入效果

( ) 7.下列何者不屬於政府採購政策及對進口品之相關規定？
(A)安全 (B)環保 (C)價格 (D)管理

( ) 8.一國政府對某一項產品的製造投入中規定，某一特定比例的製造投入必須在本國生產，此比例稱為？
(A)保護率 (B)投入率 (C)原料率 (D)自製率

( ) 9.一國地主國政府規定本國投資的國外廠商必須將其產品的一定比例外銷之規定，稱為？
(A)外銷比例 (B)貿易比例 (C)內銷比例 (D)投資比例

( ) 10.制傾價格機能 (TPM) 是為保護美國國內的哪一產業免於遭受不公平的國外進口競爭？
(A)紡織業 (B)鋼鐵業 (C)電子業 (D)農業

( ) 11.一般而言，假設被傾銷國不會實施關稅報復，則下列何者非屬傾銷政策對實施國家之影響？
(A)國內物價上揚 (B)減少國內就業機會 (C)出口增加 (D)降低生產成本

(　) 12.下列何者不屬於間接補貼？

⑷出口信用補貼　⑻出口獎勵　⑹出口減稅　⑺出口低利貸款

(　) 13.下列關於進口配額與進口關稅之說明，何者正確？

⑷在面對國內需求持續成長時，進口配額制比進口關稅制更具有保護國內進口替代產業之效果　⑻以福利分配的公平性而言，進口配額制是優於進口關稅制　⑹進口配額下，原屬於政府收入的部份可能變為國內出口商之利潤　⑺進口配額下，原屬政府收入的部份可能變為國外進口商之收入

(　) 14.下列關於補貼之敘述，何者錯誤？

⑷補貼目的是在保護國內較缺乏效率的生產者能夠與國外較有效率的生產者競爭　⑻補貼方式只有現金補貼一種　⑹國內補貼是政府為了保護國內進口替代產業所實施的補貼　⑺出口補貼主要是給予出口廠商直接性或間接性的補貼

(　) 15.下列關於傾銷之敘述，何者錯誤？

⑷傾銷是指商品以低於國外市場之售價在國內市場銷售之行為　⑻偶發性傾銷通常是為了處理過多存貨所採取的手段　⑹掠奪式傾銷指的是生產者暫時對國外市場採取低價策略，等到競爭者無法生存後，再提高價格以獲取更大利潤　⑺持續性傾銷又稱為系統性傾銷

問答題

1. 近年來，非關稅貿易障礙在保護主義措施中，扮演愈來愈重要的角色。請問非關稅貿易障礙大致來說可分為幾種？
2. 就收入效果而言，進口配額與關稅有何不同？
3. 補貼有那些不同的實施方式？
4. 何謂出口自動設限？
5. 偶發性傾銷、掠奪性傾銷及持久性傾銷三者之間的區別何在？
6. 試比較國內補貼與關稅或進口配額所造成的福利效果。
7. 國際價格歧視之實施其成功的條件有那些？
8. 何謂自製率規定？為何自製率規定被視為非關稅貿易障礙的一種？
9. 何謂外銷比例規定？為何外銷比例規定被視為非關稅貿易障礙的一種？

第7章

貿易自由化、關稅暨貿易總協定與世界貿易組織

1. 何謂關稅暨貿易總協定 (GATT)。
2. 認識世界貿易組織 (WTO)。
3. 分析我國重新加入 WTO 所需面對的問題及利弊得失。

就理論而言，自由貿易的進行能使得各國及全世界的資源使用效率提高、產出增加、消費水準提高、社會福利水準改善，以及實質國民所得水準提升，這也是經濟學者普遍倡導自由貿易的原因。然而在實際的國際經濟社會中，各國基於經濟與非經濟因素之考慮，仍多採行各種的關稅及非關稅貿易障礙來阻礙國際間自由貿易的進行。這一方面是由於在現實社會中，完全自由競爭的生產要素與產品市場並不存在，而完全競爭的市場若不存在的話，則自由貿易的進行，即無法保證達到理想的貿易利得，因此很多國家便覺得有必要透過關稅及非關稅貿易障礙來維護本國之利益。另一方面則是有些國家基於狹隘的本位主義，例如一國通常為保護幼稚產業之發展，採關稅及非關稅之保護措施，犧牲本國國民短期之消費利益，以換取本國幼稚產業之成長及本國國民長期物美價廉之消費。因此，國際間貿易障礙成為事實之常態，而自由貿易反成為理論上之理想而已。

雖然各國不斷採行各種不同的關稅及非關稅貿易障礙，但自由貿易的理想及其所將帶來的好處仍為各國所普遍公認，推動各國朝向貿易自由化的目標努力也一直未曾中斷。自第二次世界大戰以來，主張自由貿易之國家均運用各種國際性之組織，以及簽訂條約或協定之方式以推動貿易自由化之實現。二次大戰以來，對推動全球貿易自由化最重要的機構，便是在美國鼓吹下所成立的**關稅暨貿易總協定** (GATT)，及其轉化而成的**世界貿易組織** (WTO)。本章之主旨即在討論 WTO 的設立目標、成效及我國重返 WTO 所面對的問題以及探討我國重返 WTO 的利弊得失。

第一節　關稅暨貿易總協定 (GATT)

一、GATT 之成立背景與目標

「關稅暨貿易總協定」(General Agreement on Tariffs and Trade, GATT) 於 1947 年 10 月由中國、美國、英國、法國等二十三國在瑞士日內瓦完成簽署，其總部設於瑞士日內瓦。GATT 為一國際間的協議而非組織，因此參與國之間為契約而非會員的關係，惟為了方便起見，吾人對於參加 GATT 的國家仍以會員國稱之。我國乃是 GATT 成立時的二十三個簽署國之一，後因國共內戰，政局混亂導致對外貿易幾乎停頓，故國民政府遷臺後，於 1950 年主動退出 GATT，一直至 2001 至 2002 年中國大陸及臺灣才先後加入 WTO。

GATT 的宗旨乃是通過實施無條件的最惠國待遇，削減乃至取消關稅和其他貿易壁壘，促進貿易自由化，以便充分利用世界資源和擴大商品的生產與交換。GATT 的參與國同意以下三個基本原則：

1. 無歧視且無條件的最惠國待遇

所謂**最惠國待遇** (most-favored-nation treatment) 是指，締約國一方現在或將來給予任何第三國的一切減讓、優惠和特權必須同樣給予締約國的另一方，又可分為下列兩種類型：

(1)有條件的最惠國待遇指締約國一方現在或將來給予第三國的減讓、優惠和特權，必須由締約國另一方提供同樣的補償，才能享受這些待遇。

(2)無條件的最惠國待遇指締約國一方現在或將來給予第三國的減讓、優惠和特權應立即無條件地、無補償地、自動地適用於締約國的另一方。

2. 透過多邊協商以降低關稅

GATT 的會員國應運用互惠的精神，在 GATT 所安排的架構下，進行多邊的關稅減讓談判與貿易糾紛的協調，以使貿易障礙降至最低程度。

3.唯關稅保護原則

GATT 會員國如為保護其國內工業，以關稅保護方式為限，而不得以限額或其他管制為之。但是，有兩種重要的例外情形：

⑴為了保護本國的農業，准許以配額方式來保護。

⑵為了解決本國的國際收支困境，准許以非關稅手段——如進口配額、補貼、外匯管制達到保護的目的。

案例討論

隨著各國加入 WTO 後，世界逐步全球化，請問這對各國產業及廠商造成什麼影響呢？

第二節　世界貿易組織 (WTO)

一、世界貿易組織的成立

GATT 自 1947 年成立以來，雖然歷經了四十多年，但由於其仍為一暫時適用的協定，缺乏適當的組織架構，以及其不具備國際組織之法人地位等諸多因素，因此在 1993 年 12 月 15 日烏拉圭回合談判的落幕之際，各工業先進國家本著世界自由貿易的精神，掃除國際貿易障礙，繼續促進經濟的成長，因而擬議成立一個後續性的**世界貿易組織** (World Trade Organization, WTO)，而 WTO 從 1995 年 1 月 1 日取代 GATT。

世界貿易組織 (WTO) 是依烏拉圭回合協定而設立，與**國際貨幣基金** (International Monetary Fund, IMF) 及**世界銀行** (World Bank) 鼎足成為國際經濟架構的三大支柱，而被取代的 GATT 則在為期一年的過渡期間逐漸淡出，最後功成身退。所有 GATT 的會員國將自然成為 WTO 的會員。

二、WTO 成立的原因及其特色

GATT 雖然設有秘書處，得以和其他國家簽約，並且透過締約國大會的決議拘束會員國；設有理事會作為締約國大會決議的監督與執行機構；且成立許多委員和工作小組以審查貿易體制的發展並提出建議。不過，GATT 在其組織架構上存有如下之問題：

⑴東京回合達成許多協定，其中有的用以解釋和補充現行 GATT 條文，有的則完全是新規定，但各協定簽署國數不一。

⑵ GATT 條文與前述片面協定的關係模糊，其雖有秘書處為各協定提供服務，但仍缺乏得以確保有效管理各協定的組織架構。

⑶ GATT 爭端解決程序散見於總協定各個別協定中，難以形成具備全盤性監督機構，得以確保規範的有效施行，導致任一國政府一旦採行違法措施，勢為其他國家創下採取類似措施的先例。

⑷ GATT 僅是過渡性及臨時性之國際協定，不具備國際組織之法人地位，亦缺乏適當的組織架構，無法如同法庭一樣對違法者施以實際有效之制裁。換言之，GATT 並無仲裁權，其僅能扮演協調之角色。

⑸在議事效率方面，GATT 採共識決，須所有會員在某項議題達成共識才能作出決議，使得議事效率不佳。

⑹ GATT 的涵蓋範圍只限於商品貿易，無法配合全球服務業貿易激增之實況。

有鑑於 GATT 有如上之缺點，WTO 便基於改善以上問題而成立。其功能與特色包括如下：

⑴ WTO 具備國際組織之法人地位，其乃是一個永久性之組織，而非如 GATT 只是臨時性之過渡性組織。

⑵在加強議事效率方面，WTO 採多數決，使議事程序增快及國際經貿事務之決策速度加快。

⑶強化 WTO 協定、多邊貿易協定和複邊貿易協定之執行、管理與運作。

⑷作為會員國間多邊貿易關係諮商的論壇及執行部長級決議的架構。

(5)掌理爭端解決規則及程序的諒解備忘錄。

(6)掌理貿易政策檢討機制 (Trade Policy Review Mechanism, TPRM)。

(7)適時地與國際貨幣基金 (IMF)、世界銀行 (World Bank) 及其附屬機構密切合作，以使全球經濟政策趨於一致。

(8) WTO 擁有較 GATT 更大的權力，藉以規範世界貿易，並擁有更大的貿易警察和貿易爭議仲裁權，以取代「臨時性」的 GATT。換言之，WTO 擁有仲裁權，其能扮演有如「國際貿易仲裁法庭」的角色。

(9) WTO 所涵蓋範圍，除了商品貿易外，亦擴及與商品有關之運輸、金融等服務業，以及投資及智慧財產權等領域。

三、WTO 的會員資格

WTO 的會員可以分成三類：

1.創始會員 (founder members)

在 1995 年 1 月 1 日 WTO 正式成立之際，原 GATT 締約成員國自動成為 WTO 會員。

2.初始會員 (original members)

1994 年 4 月之後，WTO 正式成立前加入 GATT 並參與烏拉圭回合談判者，並於 WTO 成立後正式加入者。

3.於 1995 年後申請加入並成為正式會員者

四、WTO 的組織架構

WTO 的組織架構最高決策之機構為「部長會議」，於部長會議之下，設有「總理事會」、「爭端解決機構」及「貿易政策檢討機構」。而在總理事會下另設有「貨品貿易理事會」、「服務貿易理事會」、以及「與貿易有關智慧財產權理事會」。另設有「秘書處」。單位簡介如下：

1.部長會議

由會員國代表組成，每兩年至少開會一次，執行 WTO 各項功能，對多邊貿易協定的任何事務具有決策權，並具有任命世界貿易組織秘書長之權利。

2. 總理事會

由所有會員國代表組成，視需要召開會議，在部長會議休會期間代為執行其職權，監督商品貿易理事會、服務貿易理事會及與貿易有關之智慧財產權理事會之運作。另設有貿易與環境、貿易與發展、區域貿易協定、收支平衡措施、預算、財務與行政等委員會。

3. 爭端解決機構

每年排定十次例會，負責處理爭端案件之訴訟程序，採認爭端解決小組及上訴機構之裁決報告，以及監督裁決案件之執行情形。

4. 貿易政策檢討機構

藉由集體檢討方式，評估各會員之貿易政策與措施及其對多邊貿易體系之影響，使各會員之貿易政策與措施更趨透明化且易瞭解。

5. 貨品貿易理事會

設有市場開放、農業、食品衛生檢驗與動植物檢疫措施、與貿易有關投資措施、原產地規則、技術性貿易障礙、補貼及平衡措施、反傾銷、輸入許可發證、關稅估價、防衛措施等十一個委員會。另有國營貿易事業與裝運前檢驗等兩個工作小組，以及一個紡品監督機構。

6. 服務貿易理事會

設有特定承諾、金融服務業等兩個委員會，另設有專業服務、GATS 規則等兩個工作小組。

7. 與貿易有關智慧財產權理事會

本理事會係在總理事會指導下運作，並監督與貿易有關智慧財產權協定之執行情形，包括審查已開發國家與新入會國家相關智慧財產權法規、各國法規異動所提出的通知之審查等相關業務。

8. 秘書處

由部長會議任命，其功能在執行世界貿易組織部長會議決議事項，負責處理世界貿易組織日常行政事務，可說是 WTO 運作之靈魂。

第三節　臺灣加入 WTO

歷經長達十餘年的努力與談判，2001 年年底中國大陸以開發中國家的身分正式加入 WTO，而臺灣則在 2002 年 1 月以「臺澎金馬個別關稅領域」的名稱、已開發國家的身分正式成為 WTO 的第一百四十四個會員。根據 WTO 協定，不同開發程度的國家與不同商品別之貿易障礙撤除的標準不一，達到預定的減稅年限也不同。一般而言，已開發國家須在六年之內達到預定標準，而開發中國家則有十年的期限。由於加入當時臺灣的所得與技術水準等與先進國家之間的差距尚大，但卻必須接受相同的減讓待遇，就此點來說，臺灣各產業所面臨的國際競爭環境更為激烈。

1. 農業

在農業方面，臺灣加入 WTO 後，除了關稅減讓及削除非關稅保護等市場開放措施外，尚包括削減境內農產品價格支持及出口補貼等方面。有關削減境內支持及出口補貼，臺灣當局已同意依 WTO 農業協定之減讓標準作出承諾，削減補貼金額的 20%。由於土地面積小，臺灣農漁牧業的經營缺乏規模經濟，在加入 WTO 後，臺灣相關產品的進口量將大幅增加。因此，面對臺灣加入 WTO，臺灣的農漁牧業者，必須轉型成資本密集、技術密集或觀光及休閒產業的方式來經營。

2. 服務業

在服務業方面，臺灣的服務業產值佔國內生產毛額比率自 1989 年起已經高達 50% 以上，1995 年起更高達 60% 以上，同年起服務業就業人口也開始佔總就業人口 50% 以上，顯見無論在金額亦或成長率上，服務業的地位愈來愈重要。一般認為西方先進國家在服務業方面挾其資金、經營管理、技術等各方面優勢在服務業方面有比較利益，而臺灣在加入 WTO 後便必須接受「**服務業貿易總協定**」(General Agreement on Trade in Services, GATS) 之規範。而所謂 GATS 之意義及由來乃是起自於服務業貿易對世界經濟成長與發展之重要性與日遽增，GATT 烏拉圭回合談判乃正式將服務業貿易納入多邊談判架構，並制訂 GATS，希望以漸進自由化之方式，促進服務業貿易發展，進而帶動全球經濟成長。不過由於過去各界對於服務業商品的內涵認知不同，所以 GATS 首先處理服務及服務業貿易之定義問題。這也是多邊國際貿易體制下第一個與服務貿易有關之法律文件。

而臺灣在接受 GATS 規範後，服務業相關措施就必須符合最惠國待遇、公開化、市場開放以及國民待遇 (national treatment) 等原則，原先只對少數特定國家開放之服務業，必須無條件開放給所有 WTO 會員；一切有關服務業貿易之措施必須公開化、透明化；服務業市場更加開放；本國業者及外國業者必須適用同一套標準。在這些基本原則的規範之下，不可否認地，短期間國內業者勢將面臨外來競爭之衝擊，特別是西方先進國最感興趣的一些行業，如電信、金融、保險及陸運、空運、海運等運輸服務業。

茲簡述臺灣加入 WTO 所作的入會減讓承諾如下：

一、降低進口關稅

1.農產品

加入 WTO 前（2001 年），臺灣農產品的平均進口關稅稅率為 20.02%，加入 WTO 的第一年（2002 年）降至 14.01%，降幅約為 30%；並逐年調降至 2011 年的 12.86%。

2.工業產品

加入 WTO 前（2001 年），臺灣工業產品的平均進口關稅稅率為 6.03%，加入 WTO 的第一年（2002 年）降至 5.78%，降幅約為 4.2%；並逐年調降至 2011 年的 4.15%。

二、減少農工產品之非關稅貿易障礙

在減少農工產品之非關稅貿易障礙方面，最主要有：

(1)加入 WTO 前臺灣的小汽車及貨車（未超過 3.5 噸者）進口採地區限制，加入 WTO 後改採關稅配額制度，逐步開放進口。機車進口地區限制亦於加入 WTO 後取消。

⑵取消汽、機車自製率及零組件國內產製規定。

⑶開放 150 cc 以上機車與柴油小客車之進口。

⑷調降汽車貨物稅；並取消國人自行設計汽機車車身、引擎、底盤分別有 3% 之貨物稅抵減。

⑸在農產品方面，臺灣在加入 WTO 前採取管制進口或限地區進口之四十一種農產品，入會後除稻米採限量進口外，其餘產品分別採關稅配額措施或開放自由進口，但十四項敏感農產品可採行特別防衛措施，以減少持續受到不利衝擊。

⑹購置國內外自動化機器設備之投資抵減率（抵減當年度應納營利事業所得稅）修正為一致。

⑺開放菸酒市場，廢止菸酒專賣制度，菸酒關稅維持即有之從價徵收，並依烏拉圭回合分期調降方式調降關稅。

三、開放服務業市場

服務業市場包括律師、會計師等專業服務、金融、保險、證券期貨、電信、運輸、教育、電影等，我國在加入 WTO 前已逐步開放服務業市場。加入 WTO 後之服務業市場開放之項目主要包括：

⑴有限度允許外國律師來臺執行業務。

⑵取消外人投資航空貨運承攬業及航空貨物集散站經營業之外資比例限制。

⑶取消電影院映演國產電影片比率。

四、開放政府採購市場

簽署政府採購協定，協定中規定每年的採購市場必須開放給其他簽署政府採購協定國之廠商。

五、遵守智慧財產權之規定

臺灣加入 WTO 後必須施行「與貿易有關之智慧財產權協定」(Agreement on Trade Related Aspects of Intellectual Property Right, TRIPs)。

除以上之外，臺灣加入 WTO 後必須停徵商港建設費，改依使用者付費原則收取商港服務費。

第四節　臺灣加入 WTO 之衝擊及影響

我國加入 WTO 已超過十五年，由這段時間的經濟表現與產業結構來看，名目 GDP 由 2001 年新臺幣 99,303.9 億元上升到 2017 年新臺幣 174,311.6 億元；其中農、工、服務業分別比重由 2001 年的 1.9%、29.6%、68.5% 轉變為 2017 年 1.8%、33.7%、64.5%。加入 WTO 後，可以享有成為會員的好處，特別是可無阻礙地進入其他 WTO 會員國市場，朝向貿易自由化及國際化之路邁進；但相對地，也會因為入會減讓承諾及開放市場對國內產業帶來衝擊。

1.製造業

製造業雖為臺商之強項，然除電子零組件、電腦／電子產品及光學製品等項目外，其他項目均大量在國外設廠投資，面臨歐美需求不振、受制於中國大陸和其他新興市場政府法規或他國間已簽訂自由貿易協定、對手削價競爭而利潤減少等，困境亦愈來愈難以突破。過去臺灣製造業追尋規模經濟以降低生產成本之模式，在競爭力上已趨近上限，業者不得不著眼研發、創新、品牌定位和專利授權等，增加公司的競爭力以維持生存。

於此同時，部分製造業者展開對服務業的投入，如鋼鐵業走入醫療、教育、休閒娛樂等產業，營建業和航空業進入旅館業；有些企業進行垂直和水平的整合，將製造業或服務業都納入集團之中，增加本身內容的廣度、深度，以創造利潤和減少流血競爭。

2.服務業

我國服務業在中國大陸以外之市場僅專注金融業，而進入中國大陸市場時間則太慢，使國內企業、臺商與國際連接不足。除此之外，我國服務業多為中小型企業，在加入 WTO 以前，多是以專注在某種特定服務項目的方式經營，但在經貿自由化後，跨國型企業進入臺灣市場，提供全方位解決方案，使得我國企業面對非常激烈的競爭挑戰。

有鑑於此，企業除了應積極開發國內內需市場外，具備技術和資金者亦須把握機會向國外拓展。

案例討論

臺灣電子業廠商欲經由墨西哥將商品出口至美國， 藉此降低進口關稅。假設墨西哥政府對臺灣電子業廠商設置更嚴格的原產地規定，將造成何種影響？

摘要

1. 就理論上而言，自由貿易能使世界各國的福利水準提高。然而，在實際的國際經濟社會裡，各國或多或少皆採取關稅與非關稅的貿易障礙來限制自由貿易的進行。
2. 自二次大戰至今，推動全球貿易自由化的最重要機構便是關稅暨貿易總協定(GATT)。
3. GATT 各項條款所根據的三個基本原則為：(1)無歧視且無條件的最惠國待遇(2)透過多邊協商以降低關稅(3)唯關稅保護原則。
4. 世界貿易組織 (WTO) 是依烏拉圭回合協定而設立，且將取代 GATT 的組織。WTO 成立後，所有 GATT 的會員將自然成為 WTO 的會員，而 GATT 將逐步被取代，且新的 WTO 將擁有比現行 GATT 更多的權力以仲裁和解決全球貿易的紛爭。
5. 中國大陸於 2001 年年底正式成為 WTO 之會員國，而臺灣則於 2002 年年初正式成為 WTO 之會員國。
6. 臺灣加入 WTO 已過十五年，除產業結構改變外，也因生產模式與環境變化而面臨諸多新問題與挑戰。

習 題

選擇題

( ) 1.理論上來說，自由貿易會使各國的何種水準增加？

(A)通貨膨脹 (B)存放款利率 (C)福利 (D)失業率

( ) 2.下列何者是自第二次世界大戰後推動全球貿易自由化的最重要機構？

(A)北美自由貿易協定 (B)世界貿易中心協會 (C)世界貿易組織 (D)關稅暨貿易總協定

( ) 3.下列何者非 GATT 的三個基本原則？

(A)無歧視最惠國待遇 (B)保護各國國內傳統產業 (C)多邊協商降低關稅 (D)唯關稅保護原則

( ) 4.中國大陸於那一年加入 WTO？

(A) 1999 年 (B) 2000 年 (C) 2001 年 (D) 2002 年

( ) 5.近年來，下列那個產業佔我國之 GDP 比重最重？

(A)農業 (B)工業 (C)服務業 (D)製造業

( ) 6.下列何者不是國際經濟架構的三大支柱？

(A) IMF (B) OECD (C) WTO (D) World Bank

( ) 7.下列關於 GATT 與 WTO 的比較，何者正確？

(A) GATT 具備國際組織之法人地位，WTO 僅為臨時性過渡組織 (B) WTO 擁有的權力較 GATT 大 (C) GATT 有仲裁權，WTO 則無 (D) GATT 規範的為商品貿易與服務業貿易，WTO 則僅規範商品貿易

( ) 8. WTO 中，何者對於多邊貿易協定的事務有決策權？

(A)總理事會 (B)部長會議 (C)秘書處 (D)貨品貿易理事會

( ) 9. GATS 所規範的是下列何種產業的貿易？

(A)農業 (B)畜牧業 (C)工業 (D)服務業

( ) 10.下列關於臺灣加入 WTO 後所作的入會減讓承諾，何者有誤？

(A)降低進口關稅 (B)開放服務業市場 (C)開放領海漁權 (D)開放政府採購市場

(　) 11.臺灣的製造業主要依循下列何種方式與其他企業競爭？
(A)規模經濟　(B)寡佔經濟　(C)外包生產　(D)垂直整合

(　) 12.下列關於加入 WTO 後臺灣所作的入會減讓承諾，何者敘述錯誤？
(A)農產品競爭減少　(B)降低關稅　(C)減少非關稅貿易障礙　(D)開放服務業市場

(　) 13.臺灣是以下列何種名義加入 WTO？
(A)中華民國　(B)中華臺北　(C)中國臺北　(D)臺澎金馬個別關稅領域

(　) 14. WTO 的組織架構，並不包含下列何者？
(A)部長會議　(B)常任理事會議　(C)總理事會　(D)秘書處

(　) 15. WTO 是在 GATT 哪一回合設立的？
(A)甘迺迪回合　(B)東京回合　(C)烏拉圭回合　(D)華盛頓回合

問答題

1. 關稅暨貿易總協定的基本精神（或基本原則）為何？
2. 何謂最惠國待遇？何謂無歧視的最惠國待遇？
3. WTO 目前及未來所須解決的主要問題為何？
4. 我國申請加入 WTO 所遭遇到的問題有那些？
5. 請分析我國加入 WTO 有那些利弊得失。
6. WTO 成立的原因及特色為何？請簡單扼要的說明之。
7. GATT 與 WTO 在組織架構及功能特色上有何不同？請加以比較之。
8. 何謂 GATS？其與服務業貿易有何關係？

第8章 開發中國家的貿易政策

1. 解釋開發中國家的貿易特性與問題。
2. 瞭解何謂聯合國貿易和發展會議。
3. 描述國際商品協定之成效與限制。
4. 說明開發中國家其他之貿易策略。
5. 描述石油輸出國家組織與國際卡特爾對世界帶來的影響。

通常以實質國民所得將全世界的國家分成已開發國家（或先進國家）及開發中國家。如果依此來分類的話，則美國、加拿大、西歐諸國、澳洲、紐西蘭及日本等國屬於已開發國家，而其他大部分的國家則屬於開發中國家或**低度開發國家** (least-developed countries, LDCS)。就地理位置而言，開發中國家大致位於非洲、亞洲、拉丁美洲及中東等區域。

根據國際貿易理論，自由貿易的進行將使得貿易參與國的生產、消費及福利達到更高的水準。但是有些學者及開發中國家的政府卻不如此認為，他們認為國際貿易所帶來的好處大部分為已開發國家（或先進國家）所得到，開發中國家並未從國際貿易中得到什麼益處，他們認為傳統的比較利益理論並不適用於開發中國家。

本章之目的即在解釋為何開發中國家無法從原有的世界貿易體系中獲得好處，以及開發中國家如何採取不同的經濟政策及貿易策略來促進其經濟之發展。

第一節　開發中國家的貿易特性

開發中國家的貿易具有以下兩種特性：

1. 對外貿易高度依賴已開發國家

開發中國家之對外貿易高度地依賴已開發國家，亦即開發中國家對已開發國家的貿易依存度很高。過去的統計數字顯示，開發中國家的總出口額中約有 75% 是出口到先進國家，而開發中國家的總進口額中約有 70% 是自先進國家進口，至於開發中國家彼此間的貿易反而不多。

● 2. 出口商品結構以初級性產品為主

開發中國家的對外貿易之第二個特性，則是其出口的商品結構大部分集中在**初級性產品** (primary product) 方面，例如食物、農產品及燃料等。就如圖 8–1 大部分發展中的地區其燃料佔總出口額一定比例以上。再者，開發中國家所出口的工業產品亦大部分是屬於勞力密集的產品，通常不需具備精密的生產技術。

然而，在經濟發展過程中，工業產品在開發中國家出口額的比例增加，像是工業製品佔東亞與太平洋地區的開發中國家總出口額比例最大值（見圖 8–1）。但是，如果與世界的先進國家相較，工業產品佔開發中國家總出口額之比例仍嫌偏低。在此值得注意的一點是，工業產品的出口成長率在開發中國家有頗大的差距，例如在臺灣、韓國及香港等國家，工業產品的出口成長率便相當高。

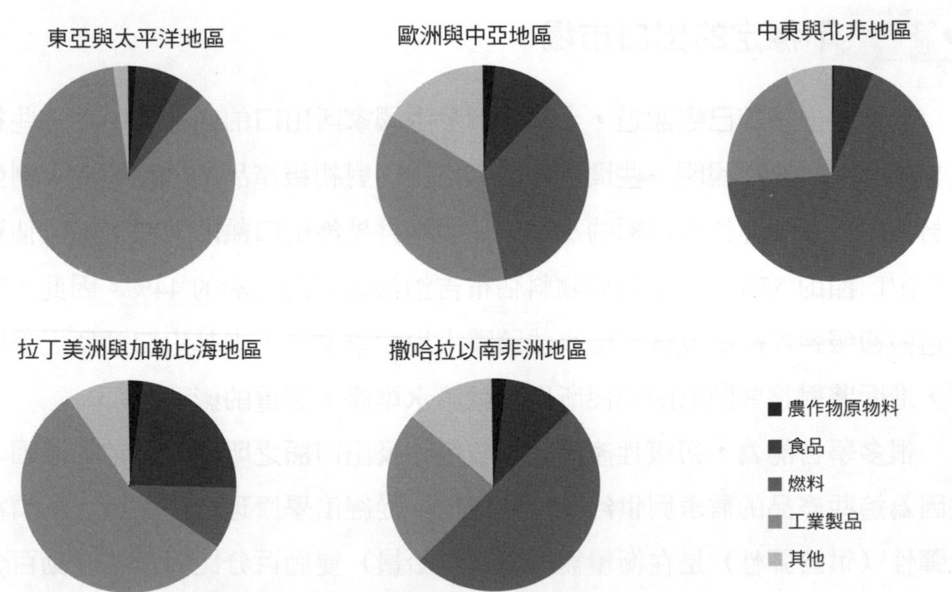

資料來源：World Bank, *World Development Indicators*, 2018.

圖 8–1　2018 年開發中國家出口的商品結構（佔總出口額的比例）

第二節　開發中國家的貿易問題

根據比較利益原則，透過自由貿易的進行，每個國家將專業化生產並出口其具有比較利益的產品以交換或進口其不具比較利益的產品，如此之下，全世界的生產量將會增加且增進世界各國的福利。就美國及大部分的先進國家而言，大致認為目前國際間的貿易體系確實發揮了比較利益原則及帶給世界各國更高的福利。

開發中國家認為，先進國家的貿易保護政策使得很多開發中國家無法達成工業化，大部分利益均為先進國家所獲得。職是之故，開發中國家便尋求建立國際貿易的新秩序，以祈先進國家能給予開發中國家貿易上之優惠，進而使得開發中國家的產品能更容易出口至先進國家之市場。

一些開發中國家對國際貿易最常抱怨的兩大重點是，其初級性產品的出口市場不穩定以及貿易條件的惡化。茲分述如下：

一、不穩定的出口市場

我們在上一節已經說過，大部分開發中國家所出口的商品集中在一些初級性產品。表 8–1 說明一些開發中國家之出口對初級產品的依賴程度，例如燃料佔阿爾及利亞總出口額的 95%；佔亞塞拜然總出口額的 90%，礦砂佔智利總出口額的 55%，農作物原物料佔布吉納法索總出口額的 44%。因此，如果這些初級性產品的收穫量減少或國際市場需求減少，則其出口額便大受影響，進而將對這些國家的國民所得及就業水準產生嚴重的影響。

很多學者認為，初級性產品之國際價格及出口額之所以不穩定的原因，是因為這些產品的需求與供給彈性皆很低。從經濟學原理我們知道，所謂需求彈性（供給彈性）是在衡量需求量（供給量）變動百分比對價格變動百分比的敏感程度。假如需求與供給彈性是屬於無彈性的（即彈性小於 1），其代表價格變動的百分比大於需求量（供給量）變動的百分比，因此，只要需求或供給曲線稍微的移動，則出口的價格及收入將會有重大的變動。

表 8–1　2017 年開發中國家對初級性產品的依賴程度

單位：%

國　家	主要出口產品	主要出口產品佔總出口額比例
阿爾及利亞	燃料	95
亞塞拜然	燃料	90
布吉納法索	農作物原物料	44
巴　林	燃料	55
馬　利	農作物原物料	39
智　利	礦砂	55

資料來源：World Bank, *World Development Indicators*, 2018.

二、貿易條件的惡化

國際貿易的利得如何在貿易參與國間分配，一直是引起激烈爭論的問題，尤其是初級性產品的貿易利得如何分配更是引起爭論。出口初級性產品的開發中國家通常認為，國際貿易的利得大部分歸先進國家所有。開發中國家一直抱怨其貿易條件愈來愈惡化，亦即其出口產品的價格相對於其進口產品的價格是愈來愈低；且過去 GATT 的歷次談判，皆未將初級性產品列在談判之內，因此，開發中國家便以此拒絕參與「東京回合」的多邊貿易談判。此外，開發中國家認為這些談判的目標乃是朝向貿易更自由，而貿易更自由化的結果，將使得開發中國家的貿易條件更加惡化。職是之故，開發中國家乃轉而要求先進國家在貿易上給予其優惠待遇。

一些國際經濟的觀察家認為，由於先進國家對工業產品的獨佔力量，使得工業產品的國際價格持續上升，至於工業產品的生產力提高，則只是使得先進國家賺取更多的出口收入而不是價格的降低。這些觀察家更進一步認為，開發中國家所出口的初級性產品則毫無獨佔力量，其出口價格是由競爭性很強之市場所決定，其出口價格極易受到波動，而即使初級性產品生產力提高或供給增加，受惠的也只是先進國家的消費者。因此，開發中國家認為，市場的力量使得其所支付的進口價格速度遠超過其出口價格，因此貿易條件日趨惡化。

事實上，很難對開發中國家的貿易條件到底是更惡化或有改善下結論。因為實際上在計算貿易條件時，基期（或比較期）的選擇、新貿易商品的加入、技術及生產力的改變、品質的改變以及進出口品價值衡量的方法等，都會影響到計算的結果。

在國際上，WTO 會員若受到任何一個國家出口之負面影響，可採取下列兩種救濟方式：

⑴透過 WTO 的爭端解決程序進行救濟。

⑵在經過規定的調查程序後，自行徵收反補貼稅的救濟。

以中國大陸為例，美國即透過 WTO 的爭端解決程序對其提出控訴，內容主要包括反傾銷案件、補貼及平衡稅案件、中國大陸加入 WTO 承諾的協議開放程度多寡、知識財產權的保護及人民幣升值等。其中反傾銷案件方面，根據 WTO 發布 1995 年 1 月至 2016 年年底的資料，印度控訴全球國家反傾銷調查案件數累積高達 839 件，位居全球之冠；美國控訴全球國家反傾銷調查案件數達 606 件，為全球第二名。另一方面，被實施反傾銷調查案件數最高的國家為中國大陸，其自 1995 年至 2016 年累計之案件數高達 1,217 件。除了透過 WTO 的爭端解決程序進行救濟外，美國亦自行對中國大陸徵收反補貼稅。在其他國家如加拿大則採取自行課徵反補貼稅之措施。

2017 年，儘管各國針對中國大陸提出的貿易救濟案件數量和金額有所下降，與 2016 年相比，案件數量和金額分別下降了 37% 和 23%。其原因一方面是因為全球經濟情勢有改善，另一方面則是由於 2016 年基數較高。但整體來說，中國大陸仍是全球貿易救濟調查的最大目標國，依舊面臨複雜嚴峻的貿易摩擦情勢。

第三節　聯合國貿易和發展會議

由於開發中國家對原有的國際貿易體系感到不滿，因此，便集體向已開發國家要求重新建立對開發中國家較為有利的國際貿易體系。開發中國家對國際經濟新秩序的要求，促使了 1964 年**聯合國貿易和發展會議** (United Nations Conference on Trade and Development, UNCTAD) 的召開。

UNCTAD 後來演變成聯合國下之一個常設機構。事實上，在開發中國家的積極創議和推動下，1962 年 12 月，聯合國大會通過了召開聯合國貿易和發展會議的決定。UNCTAD 首屆會議於 1964 年 3 月至 6 月在瑞士日內瓦召開；同年 12 月，聯合國大會決定建立貿易和發展理事會作為會議的執行機構，秘書處設在日內瓦，其任務是制訂有關國際貿易和經濟發展的原則與政策，提出貫徹實施這些原則和政策的建議，促進國際貿易，特別是開發中國家之間以及開發中國家與已開發國家之間的貿易，以加速世界各國的經濟發展。

聯合國貿易發展會議自成立以來，確實達成已開發國家給予開發中國家關稅優惠之減讓，此外，其亦促成了初級性產品價格的穩定，也因為如此，先進國家對開發中國家的經濟援助，到了 1980 年代中期降為僅佔已開發國家 GNP 的 0.3%。

雖然如此，由於聯合國貿易和發展會議所作決議對會員國並無絕對的約束力量，故其成效仍然有其限制。開發中國家普遍認為 UNCTAD 所欲建立的**國際經濟新秩序** (New International Economic Order, NIEO) 頗為公道，但是很多已開發國家卻認為 NIEO 造成全世界所得巨大的重分配，故其並非可行之道。很多已開發國家認為，經濟發展並非一蹴可幾，開發中國家如果要經濟有所發展，應學習先進國家以逐漸的資本形成來推動經濟發展。而這個論點，也往往形成先進國家與開發中國家雙方代表在聯合國貿易和發展會議上對話及爭論的焦點。

第四節　國際商品協定

開發中國家為了穩定其初級性產品的出口市場，一直努力推動**國際商品**

協定 (International Commodity Agreement, ICA) 之締結。所謂國際商品協定，乃是一種商品的主要出口國（生產國）和進口國（消費國）之間，為穩定價格與保證貿易發展所締結的政府間的多邊貿易協定，而國際商品協定的對象，主要是開發中國家所生產的初級性產品。

初級性產品如能有更穩定之市場的話，對生產者（出口國）與消費者（進口國）皆是一件好事。就生產者（出口國）而言，如果初級性產品之價格變動過於激烈，則該國之出口收入與投資意願皆將處於劇烈變動或不確定的狀態下。同樣的，就消費者（進口國）而言，如果價格穩定，其進口支出及消費數量亦比較不會作劇烈的變動。在 1970 年代，阿拉伯國家以石油禁運作為外交武器並大幅提高石油價格，使得初級性產品之消費國對初級性產品的價格變動更為關心，甚至擔心初級性產品之供給是否也會像石油一樣有禁運或大幅提高價格的情事發生。

從 1950 年代至今，達成的國際商品協定有穀物、糖、咖啡、可可、熱帶木材等。表 8–2 列示了近年來所締定之國際商品協定。國際商品協定為了穩定初級性產品之價格，通常採取以下三種方式：

⑴生產及出口管制 (production and export control)。

⑵緩衝庫存 (buffer stocks)。

⑶多邊契約協定 (multilateral contract agreement)。

表 8–2　國際商品協定

協定名稱	參與之會員國	穩定市場之主要工具
國際可可協定	30 個消費國家；21 個生產國家	緩衝庫存；出口限額；多邊契約協定
國際咖啡協定	33 個消費國家；44 個生產國家	出口限額
國際熱帶木材協定	38 個消費國家；35 個生產國家	出口限額
國際糖協定	87 個會員國	緩衝庫存；出口限額
國際穀物協定	18 個消費國家；10 個生產國家	緩衝庫存；出口限額

資料來源：International Cocoa Organization; International Coffee Organization. International Tropical Timber Organization; International Sugar Organization. International Grains Council.

第五節 國際商品協定之成效與限制

1973～1974 年間，**石油輸出國家組織** (Organization of the Petroleum Exporting Countries, OPEC) 將石油價格提高四倍以後，國際間締訂商品協定的行動便更為積極。國際間不同的商品有不同之協定，不過各種不同的國際商品協定通常皆渴望達成如下之目標：

⑴促成商品價格的穩定。

⑵穩定商品出口國之出口收入。

然而這兩個目標往往是互相衝突的，例如當天災使得糖收穫減少時，為避免糖價因供給減少而上揚，商品協定之權利機構便須售出緩衝庫存，如此便將使得糖出口國之出口收入減少 (因為銷售量減少而市場價格又無法提高)。

國際錫協定 (Internaional Tin Agreement, ITA) 被視為國際商品協定中最好的典範。國際錫協定始於 1956 年，此協定乃是以緩衝庫存與出口管制的方式來穩定價格。**國際錫理事會** (International Tin Council, ITC) 乃是國際錫協定的執行機構，定期的決定錫之價格上限與下限，以作為緩衝庫存執行之根據。當執行緩衝庫存仍無法使價格下跌時，則其便採出口管制之方法加以輔助以促使價格下跌。

整體而言，國際商品協定有如下之缺點或限制：

⑴由於參與協定之對象都是屬於勞力密集的產品，因此，若為了維持價格水準而降低生產，將會造成嚴重失業問題，而工人失業問題一向是開發中國家所不願見到的情形。

⑵價格上限與下限很難規定的恰到好處，如果價格下限規定得過高，將造成緩衝庫存過多的現象；如價格下限規定得太低，則將造成緩衝庫存執行機構存貨不足之現象。

⑶農業產品通常極易腐爛且儲藏成本過高，故緩衝庫存不利實施。

(4)如果進口國亦建立倉庫庫存這些商品以應供給不足時之需，則出口國的生產或出口限制便無法提高出口價格及穩定出口收入。

(5)國際商品協定下之商品通常有很多替代品的存在。

第六節　開發中國家其他之貿易策略

開發中國家除了透過國際商品協定來穩定其出口商品之出口價格與出口收入外，其亦採取如下之貿易策略以促進經濟之發展：

一、進口替代

在 1950 及 1960 年代，進口替代的貿易策略在開發中國家（例如阿根廷、巴西及墨西哥等國）頗受歡迎。所謂**進口替代** (import substitution) 是指一個國家因沒有生產某些產品，或所產數量不足以供應國內所需，而必須進口全部或部分的這些產品以應國內需要，但為節省外匯支出，提高本國經濟的自主性和減少對國外的依賴，政府當局採取鼓勵國內生產進口品以替代從國外進口之措施。

開發中國家所實施的進口替代策略通常是限制工業產品的進口，以保護國內生產者的生存空間。以巴西及阿根廷為例，這兩個國家透過進口替代策略的實施，大幅降低進口佔總國民生產毛額的比率。

然而，進口替代策略在實際施行時並非毫無困難，尤其是當開發中國家的工業對國外的機器、設備及零組件高度依賴時。因為當一國之工業對國外的機器及零組件的依賴程度相當高時，則當該國欲增加工業產品的生產，便勢必要增加從國外進口機器及零組件，在此情形下，進口替代策略便很難成功。再者，假如開發中國家所欲保護的進口替代產業並無潛在性之比較利益時，則進口替代策略所造成的社會成本也愈高。其原因是，如果被保護的產業無潛在性之比較利益，則即使這些產業被長期的保護，仍將無法成長，故保護的結果只是扭曲該國的生產資源之分配。

二、出口擴張

由於很多開發中國家對進口替代策略不表樂觀，到了 1970 年代，便逐漸朝向**出口擴張** (export promotion) 之貿易策略。出口擴張的目的是希望透過出口數量的增加，來刺激國內充分利用大量閒置的剩餘資源，以使產出增加，促進經濟發展。開發中國家傳統上是以輸出初級性產品為主，而這些國家採出口擴張的貿易策略，則是希望促進非初級性產品之出口，例如加工後之初級性產品、半工業產品及工業產品等之出口。

開發中國家的出口擴張通常是以和多國公司合作的方式進行，多國公司則是希望利用開發中國家的廉價勞力來生產一些勞力密集或高度使用初級原料的產品。例如香港、臺灣、新加坡、韓國等國都曾大力的採用出口擴張的貿易策略以促進工業化及經濟發展。這些國家由出口擴張策略所發展之產品，例如鞋類、紡織品、衣服及其他消費性產品等，其最主要出口至美國、日本、德國及英國等少數幾個國家。

與進口替代策略相較之下，出口擴張屬於一種市場導向的策略，其強調比較利益所帶來之價格誘因，以作為生產資源分配之準則。開發中國家採取出口擴張之第一步，便是先認定國內何種產業在國際上具有潛在性之比較利益，然後對具有比較利益之產業給予暫時性之出口補貼或其他出口獎勵措施，以期這些產業成長後能和國外產業做激烈之價格競爭。

韓國所採取的出口擴張策略便是一個很好的例子。在 1960 年代，韓國為了促進工業產品之出口，便對出口產品生產過程中所需之原料及零組件之進口關稅及限額等加以廢除，以降低出口品之生產成本及增加出口品在國際市場上之競爭能力。此外，韓國為鼓勵外國企業對韓國出口產業之投資，亦在租稅上給予諸多之優惠，再加上在 1960 年代，韓國並無工會及最低工資之規定，因此，使得韓國能擴張出口並進而帶動韓國的經濟成長。1963～1975 年間，韓國工業部門之就業人口每年平均成長 10.7%。1960 年韓國的出口額僅佔其 GDP 之 3%。但是到了 1977 年韓國的出口額佔其 GDP 之比率增為 36%。從 1970 年至 1973 年間，韓國的經濟成長之 56% 便是由出口成長所造成的。因此，很多學者認為韓國的經濟成長，應歸因於出口擴張的貿易策略。

但是仍有些學者認為，韓國的出口擴張策略並不一定可成功的適用於其他開發中國家，因為並非所有的開發中國家都能像韓國一樣，有能力將工業產品出口至世界市場。另外，有些學者則認為出口擴張的貿易策略要成功，必須先有進口替代的貿易策略為基礎。再者，出口擴張的貿易策略很可能引起進口國家的保護主義及報復措施。

三、普遍化優惠關稅制

開發中國家一直苦於其工業產品無法出口至世界市場上，其原因一方面是由於開發中國家之生產效率低或生產成本高，造成出口品之價格無競爭力，另一方面則是由於已開發國家對開發中國家所出口的初級原料課徵較低的關稅，而對工業產品則課徵較高的關稅，因此，使得開發中國家的工業產品很難出口至已開發國家。

從 1970 年代開始，一些已開發國家為了幫助開發中國家工業產品的出口及促進其工業化，便對開發中國家工業產品給予關稅上之優惠。而所謂的**普遍化優惠關稅制** (generalized system of preferences, GSP)，又稱優惠一般化制度，乃是已開發國家給予開發中國家出口的製成品和半成品普遍的、非歧視的及片面的關稅優惠制度。在 GSP 下，已開發國家對開發中國家大部分的製造業及半製造業產品的出口，完全免除關稅或課徵較其他工業化國家產品為低的關稅。

由於 GSP 乃是已開發國家為幫助開發中國家提高工業產品之出口競爭能力所實施的，因此當開發中國家的出口品的競爭能力達到一定水準後，GSP 的援用便受到相當之限制。例如，以美國為例，自 1987 年 1 月起，GSP 之受益國輸往美國單項產品的金額若超過 2,500 萬美元，或佔該項產品總進口值比例 25% 以上，除非美國總統判定該項產品未具競爭能力，否則將自動喪失免稅待遇，此稱「**個別產品畢業**」。此外，當 GSP 受益國的年均國民所得達 8,500 美元之後，該國即被取消免稅地位，此稱「**國家畢業**」。此一標準將配合美國國民所得增加額每年向上調整一次。臺灣於 1976 年開始享有美國的 GSP，此後臺灣出口品佔美國 GSP 進口之比重一直維持相當高之水準，例如 1988 年，臺灣即為美國 GSP 的最大受益國。不過，1989 年年初，臺灣與其他東亞三小龍便一起自美國的 GSP 畢業了。

然而就現今而言 ，GSP 制度並未能對開發中國家之出口產生重大之幫助。其原因之一是，GSP 只是一種針對關稅上的優惠，但是近年來非關稅貿易障礙的地位及影響卻相當大，而 GSP 並未針對非關稅貿易障礙給予優惠。再者，由於 GSP 是一種片面的，非互惠性的關稅優惠制度，開發中國家是否能持續享有關稅優惠則很難確定，這當然也限制了開發中國家未來之出口及工業化所能達到的程度。

第七節　東亞四小龍經濟發展成功的經驗

韓國、香港、臺灣及新加坡等四個新工業化國家，可說是開發中國家經濟發展成功之典範，這四個國家有時又被稱之為東亞四小龍。東亞四小龍的經濟規模雖然不如日本及其他西方先進國家，但是在過去這三十年來，這四個國家的經濟成長卻廣為世界各國稱羨及讚揚。

東亞這四個國家皆缺乏豐富的天然資源，但是這四個國家的人民普遍工作勤奮，注重教育，再加上貿易導向的政府政策，因而使得這四個國家能建立工業化之基礎。近年來，這四國人民的生活水準大幅提高，失業率亦低。雖然，東亞四小龍在世界市場的佔有率仍無法與日本相比，但是就經濟成長而言，這四國皆能維持高度的經濟成長率。在 1980 年代，東亞四小龍在某些產業上已漸漸能與日本相抗衡，尤其是在鋼鐵及紡織業方面。另外，在汽車產業方面，日本向來是亞洲唯一的汽車出口國，但是韓國近期也出口新車。

表 8–3 列示日本及東亞四小龍五國之出口額佔該國 GDP 之比例 。出口的增加之所以對經濟成長會有很大貢獻是因為：(1)出口增加會使得國內生產因素（例如勞力）的需求增加，及增加國內總需求，因此該國的 GDP 將會提高；(2)出口增加使得外匯供給增加，而一國外匯的增加，將有助於該國從國

外進口資本財，這將有助於國內的工業發展。從表 8–3 可發現臺灣近年來受到新興國家崛起及全球景氣的影響，出口佔 GDP 比例相較於前幾年的出口比例明顯下滑。

表 8–3　日本及東亞四小龍出口佔 GDP 之比例

單位：%

國家	1985	1990	1995	2000	2005	2010	2011	2012	2013	2014	2015	2016	2017
日本	13.9	10.2	9.0	10.6	14.0	15.0	14.9	14.5	15.9	17.5	17.6	16.1	–
韓國	27.3	25.3	25.9	35.0	36.8	49.4	55.7	56.3	53.9	50.3	45.3	42.3	43.1
香港	103.9	117.3	126.2	126.0	177.5	205.3	212.9	215.8	221.6	213.1	195.9	187.0	188.0
新加坡	152.4	177.2	181.2	189.2	226.2	199.7	203.2	197.1	194.1	191.3	177.4	168.2	173.3
臺灣	53.5	45.7	47.0	52.9	62.5	61.6	63.5	60.7	59.7	59.1	53.4	52.8	55.4

資料來源：行政院主計總處、World Bank, *World Development Indicators* 2018。

此外，東亞四小龍因為經濟成長或國民所得增加，使得儲蓄增加，而儲蓄的增加則將導致投資增加。東亞四小龍的比較利益之所在側重在勞力密集之產品，而出口的增加對國內的勞力需求便增加，這就帶動了就業量的提高及工資的提高。

雖然這四國的政府對經濟管制的程度及對出口擴張所採取之政策的深淺度多少有差異。但是大致而言，這四國所採取之鼓勵出口的政策包括：

(1)廢除原料及零組件之進口貿易障礙或免關稅（或降低關稅）。

(2)給予出口產業銀行貸款低利率之優惠，或對出口產業之機器設備的進口給予低利率貸款之優惠。

(3)刻意的貶值本國貨幣以增加本國出口產品在國際市場上的價格競爭能力。

(4)設置工業區、規劃便捷的交通系統、或興建其他基礎設備之設施。

但是，東亞四小龍的快速經濟成長亦帶來了如下之敏感問題：

1. 環境污染的問題

東亞四小龍在出口導向之經濟發展過程中，由於對污染問題的不夠重視，因此對環境產生極大的破壞。也由於污染所造成的外部成本並未構成廠商之生產成本，因此，這些廠商的出口產品能以較低廉的價格在國際市場上競爭。但是隨著國民所得的逐漸提高，這些國家的政府與人民對環境污染的問題也日益重視，環保抗爭此起彼落，政府對廠商的環保要求也日益嚴格，這便造成出口廠商生產成本的增加。

2.國外保護主義的興起

東亞四小龍由於年年的貿易出超，因此刺激了其他國家的保護主義。此現象在美國尤為明顯。例如，臺灣對美國年年的貿易順差及外匯存底的鉅額累積，引起美國政府要求臺灣開放市場、保護智慧財產權、開放農產品進口等。

3.勞工問題

東亞四小龍過去之所以能大量出口的原因之一是充分利用廉價的勞力，但是隨著國民所得的提高，這些國家的勞工對工作環境的改善及工資的要求也日益增加。因此，這些國家之企業最近只好轉至中國大陸甚至是其他東南亞低工資之國家投資。

請討論並比較臺灣與新加坡經濟發展成功的主因有何不同？

第八節　石油輸出國家組織 (OPEC) 與國際卡特爾 (Cartel)

石油輸出國家組織 (OPEC)，乃是由全世界十四個石油生產國（出口國）所組成的。OPEC 的目的乃是在提高其石油輸出之價格，以增加 OPEC 之石油出口的利潤。OPEC 最初乃是由沙烏地阿拉伯、委內瑞拉、伊朗、伊拉克及科威特五個石油生產國家於 1960 年所成立，截至 2018 年 12 月為止，OPEC 會員國的數目陸續增加到十四個國家（其中一度成長為十五國，但卡達於 2018 年 12 月宣布退出)。

但是 OPEC 在 1960 年代的運作並不順利，直到 1973～1974 年中東危機時，OPEC 才真的有能力控制石油的價格。1973 年 10 月，阿拉伯國家對以色列發動六日戰爭，由於美國軍援以色列，而使以色列獲勝，再加上美國國會通過 22 億美元的對以色列經濟援助，因此促使阿拉伯國家對美國實施石油禁運以為報復。石油禁運的結果導致了全世界石油供給量的短缺，石油價格從 1973 年第三季的每桶 3.03 美元上升至 1974 年的平均每桶 12 美元。自此以後，OPEC 會員國更加團結，也更瞭解到如何控制石油產量，以提高石油出口價格及出口收入。

1979 年，由於伊朗革命與兩伊（伊朗與伊拉克）戰爭接著爆發（1980 年 9 月 22 日），而使世界石油價格再度高漲，1980 年 12 月石油價格平均高達每桶 36 美元。1980 年代，由於世界經濟的不景氣及對石油需求的大減，因此石油價格便大幅下跌，1986 年每桶石油的價格僅為 11 美元，1980 年代中期以後，每桶石油價格大致維持在 20 美元以下。

在 OPEC 尚未成立以前，每個石油生產國有如在完全競爭市場下之個別廠商，由於個別國家的石油產量僅佔全世界石油市場的一小部分，因此每個石油生產國並無法影響國際的石油價格。OPEC 組成後，其石油生產量占全世界約 40%，且蘊藏量達全世界的 80% 以上，因此，只要 OPEC 會員國約定共同減產，就可以顯著降低全世界的石油供給並提高石油價格及 OPEC 的石油出口收入。

OPEC 被公認為舉世最成功的國際卡特爾 (Cartel) 組織 。 國際卡特爾與國內卡特爾一樣，皆是由寡佔廠商相勾結，目的也是在減少廠商之間的競爭，提高產品的售價及廠商的利潤。

OPEC 這種以控制產量提高價格的方法，所面對的一個問題是：各會員國之間如何達成配額之協議？而即使生產配額能達成協議，又如何監督個別會員國遵守配額之協議或暗自提高產量及降低價格？沙烏地阿拉伯對 OPEC 產量配額之分配及決定一直扮演著極重要的角色，而其原因是因為沙國擁有最多的石油蘊藏量，但因沙國人口不多，因此，其對石油收入的需求並不像

OPEC 其他會員國那麼飢渴。因此，OPEC 每次內部的會議也是常為這些配額問題爭吵，而會員國之間的衝突仍時有發生。例如在 1982 年時，由於世界的石油供給過剩，因此 OPEC 的其他會員國便對沙烏地阿拉伯施加壓力，要求沙國降低石油的出口以減少世界石油供給過剩的現象，伊朗及利比亞兩國甚至公開的威脅沙國降低石油產量，否則將摧毀沙國的油田。

歷史上的國際卡特爾組織通常壽命不長，因為卡特爾要成功須要具備一些因素，而這些因素卻又通常很難達成或具備。卡特爾要成功所須具備的因素如下：

(1)卡特爾會員國之總產量必須佔全世界市場相當大的份量，且會員國皆能遵守配額的協議。因為要是會員國不遵守配額協議而偷偷生產，則卡特爾企圖以降低產量來提高價格的計畫必將失敗，而組織亦將破裂或瓦解。

(2)非會員國的供給彈性很小，因為非會員國的供給彈性愈小，其代表當卡特爾提高價格時，非會員國所增加的產量或供給將相當有限，如此之下，當然卡特爾就愈有可能透過降低產量來提高價格；反之，如果非會員國的供給彈性很大，其代表當卡特爾降低產量而提高價格時，非會員將乘虛而入大幅增加產量，如此之下，當然卡特爾試圖透過愈低的產量來提高價格的策略就愈不可能成功。

(3)消費國對卡特爾之產品的需求彈性很小。因為需求彈性愈小，其代表當卡特爾大幅提高價格時，需求量並不會降低很多，換言之，卡特爾只要降低一些銷售量便可大幅提高價格。

1970 年代，OPEC 可說是相當成功的增加其會員國之收入，其原因如下：

(1) OPEC 約佔全世界石油生產的 40%，全世界石油蘊藏量的 80%，因此 OPEC 有辦法控制全球的石油市場。

(2)非 OPEC 國家對石油的供給彈性相當小。據一些學者估計，非 OPEC 國家對石油的供給彈性大約僅介於 0.33 至 0.67 之間。換言之，當 OPEC 將價格提高 1%，非 OPEC 國家的石油供給僅增加約 0.5%。

⑶西方國家對石油的需求彈性相當小。以美國為例，該國的石油需求彈性僅為 0.8。

但是，從 1980 年代開始，OPEC 的成就便開始衰退，其原因如下：

⑴由於高油價的結果，使得一些非 OPEC 會員大力探測與開採石油，一些較節省能源的生產技術也相繼被發明或採用。

⑵由於石油價格高漲的結果，使得石油消費國的需求大幅減少，例如省油小汽車替代了耗油的大汽車，煤發電與核子發電替代了石油，及其他一些石油替代品也被廣泛的使用。

⑶ 1981～1983 年世界經濟的不景氣，導致了石油需求的減少。

⑷ 1980 年代初期，OPEC 有些會員國無法遵照協議之配額來生產，這使得 1988 年石油價格降為每桶 12 美元。

1990 年 8 月 2 日，伊拉克出兵佔領了科威特，使得國際油價在數個月間一度暴漲至每桶 40 美元，但隨著 1991 年，以美國為首的多國聯軍擊敗了伊拉克，科威特收復了國土，國際油價亦再次回跌。2003 年 3 月至 4 月美國再度對伊拉克出兵，國際油價又再度上揚，但隨著美軍之勝利及美伊戰爭之結束，國際油價又再回穩。由歷史經驗可知，每次國際油價的大幅上揚皆與中東危機有關，展望未來，中東戰爭再度爆發的可能性仍大，因此，非 OPEC 的石油消費國唯有力行節約能源，提高能源使用效率，以降低對石油的需求，另一方面則須努力尋求石油的替代品，這才是根本解決之道。

案例討論

若全球經濟不景氣，您覺得對石油出口大國的影響較大或對農產品出口大國的影響較大？

摘要

1. 開發中國家對已開發國家有高度的貿易依存度，而開發中國家彼此間之貿易反而不多。
2. 開發中國家認為，國際貿易所帶來的好處大部分為先進國家所得到，開發中國家並無從貿易中得到什麼利益。
3. 一些開發中國家對國際貿易最常抱怨的兩大重點，即其初級性產品的出口市場不穩定以及貿易條件的惡化。
4. 由於開發中國家對原有的國際貿易體系感到不滿，因此，便集體向已開發國家要求重新建立對開發中國家較為有利的國際貿易體系。開發中國家對國際經濟新秩序的要求，促使了 1964 年聯合國貿易和發展會議 (UNCTAD) 的召開。
5. 所謂國際商品協定 (ICA) 乃是一種商品的主要出口國和進口國之間為穩定價格和保證貿易發展所締結的政府間的多邊貿易協定，其主要對象為開發中國家所生產的初級性產品。
6. 所謂普遍化優惠制 (GSP) 又稱優惠一般化制度，乃是已開發國家給予開發中國家出口的製成品和半成品普遍的、非歧視性的及片面的一種關稅優惠制度。
7. 出口對東亞四小龍（臺灣、香港、韓國及新加坡）的經濟成長有很大的貢獻。
8. 石油輸出國家組織 (OPEC) 乃是由全世界十四個石油生產國（出口國）所組成。OPEC 可說是全世界最成功的國際卡特爾組織。
9. OPEC 乃是以控制會員國的石油產量來提高石油出口價格及出口收入。
10. OPEC 這種以控制石油產量以提高石油價格的作法，所面對的一個問題是：各會員國間如何達成配額的協議，以及如何監督各會員國是否遵守配額之協議或暗自提高產量及降低價格。

習題

選擇題

( ) 1. 下列何種類型的國家對已開發國家有高度的依存度，而彼此間貿易往來反而不多？
(A)未開發國家 (B)開發中國家 (C)以上皆是 (D)以上皆非

( ) 2. 下列何者屬於開發中國家對國際貿易所不滿的情況？
(A)初級性產品的進口市場不穩 (B)次級性產品的出口市場不穩 (C)次級性產品的進口市場不穩 (D)初級性產品的出口市場不穩

( ) 3. 開發中國家對國際經濟新秩序的要求，促使下列何種機構的出現？
(A)聯合國貿易和發展會議 (B)國際貿易法委員會 (C)開發計畫署 (D)世界貿易組織

( ) 4. 國際商品協定是指一種商品的主要出口國與進口國之間為穩定和保證貿易發展所締結的政府協定，此協定屬於下列何種型式？
(A)單邊貿易協定 (B)雙邊貿易協定 (C)多邊貿易協定 (D)全球貿易協定

( ) 5. 下列何者是國際商品協定的主要對象？
(A)開發中國家的初級產品 (B)開發中國家的次級產品 (C)已開發國家的初級產品 (D)已開發國家的次級產品

( ) 6. 下列何者不是國際商品協定穩定產品價格的方式？
(A)生產管制 (B)進口管制 (C)緩衝庫存 (D)契約協定

( ) 7. 就特定商品價格規定其上限與下限，當市場價格達到或超過上限時，向市場拋售以防止價格繼續上漲，此方法稱為？
(A)生產管制 (B)進口管制 (C)緩衝庫存 (D)契約協定

( ) 8. 目前世界上最成功的卡特爾組織是？
(A) OPEC (B) WTO (C) NAFTA (D) APEC

( ) 9. 下列何者不是開發中國家促進經濟發展所採取的貿易策略？
(A)國際商品協定 (B)出口替代 (B)出口擴張 (D)向先進國家爭取普遍優惠制

(　) 10.已開發國家給予開發中國家出口的製成品和半成品普遍的、非歧視的及片面的關稅優惠制度，稱為？
(A)單邊優惠制　(B)部分優惠制　(C)特定優惠制　(D)普遍化優惠制

(　) 11.全世界最成功的國際卡特爾組織為何？
(A)世界貿易組織　(B)關稅暨貿易總協定　(C)歐洲經濟共同體　(D)石油輸出國家組織

(　) 12.下列何者不是石油輸出國家組織面臨的問題？
(A)會員資格的審核　(B)各會員國間配額之協議　(C)監督會員國之石油產量　(D)監督會員國之石油價格

(　) 13.下列關於普遍化優惠關稅制的敘述，何者錯誤？
(A)若是受益國輸往美國單項產品的金額超過 2,500 萬美元，通常自動喪失免稅待遇，此情況稱為個別產品畢業　(B)若是受益國的年均國民所得達到 8,500 美元後，即被取消免稅的地位，此情況稱為國家畢業　(C)亞洲四小龍在 1989 年初一起從普遍優惠關稅制度中畢業　(D)已開發國家為了幫助開發中國家的農業產品出口，而給予關稅上之優惠

(　) 14.下列何者不是成功的國際卡特爾組織所須具備的因素？
(A)卡特爾會員國間一致同意生產配額及價格　(B)卡特爾組織對於非會員國的供給彈性很小　(C)消費國對於卡特爾之產品的供給彈性很大　(D)卡特爾的會員國皆能嚴格遵守彼此的協議

(　) 15.東亞四小龍採取鼓勵出口的策略，下列何者並非四國採取之政策？
(A)廢除原料及零組件之進口貿易障礙或免關稅　(B)給予出口產業銀行低利率優惠　(C)刻意讓本國貨幣升值　(D)設置工業區、便捷的交通系統及興建其他基礎設備之設施

問答題

1. 請說明開發中國家的對外貿易有那些特性？
2. 為何開發中國家認為國際貿易所帶來的好處大部分為已開發國家（或先進國家）所獲得，開發中國家並未從貿易中得到什麼好處？
3. 開發中國家對國際貿易最常抱怨的兩大重點為何？

4. 請說明為何開發中國家所出口的初級產品之出口市場會有不穩定之現象？
5. 何謂聯合國貿易和發展會議？其是在何種背景下所成立的？其成效如何？
6. 何謂進口替代策略？進口替代策略在實際實行時有何困難？
7. 何謂出口擴張策略？開發中國家通常採取那些方法來鼓勵該國的出口？

第9章

區域經濟整合

1. 瞭解區域經濟整合之種類及內涵。
2. 分析關稅同盟之福利效果。
3. 描述歐洲聯盟、歐洲自由貿易協會的重要性。
4. 美洲與亞太地區經濟整合所帶來的影響。
5. 馬斯垂克條約與歐洲聯盟的影響。

自第二次世界大戰以後，先進國家皆顯著降低其關稅及貿易障礙，尤其是對工業產品方面更是如此。一般而言，國際間貿易自由化的推動有兩個途徑：

1. 非歧視的原則

例如 WTO 是基於互惠及無歧視的原則，透過多邊貿易談判，來降低全球的關稅與非關稅障礙。在 WTO 的無歧視原則下，任何兩國間的關稅減讓便適用於所有其他會員國。

2. 區域經濟整合（或稱優惠貿易集團）

區域經濟整合為一種有歧視性的貿易自由化，其在追求特定區域內之國家彼此之關稅或非關稅貿易障礙之消除或減讓，在此之下，關稅之減讓只適用於參與的會員國，其不像 WTO 下兩國間的關稅減讓適用於所有 WTO 會員國，因此，區域經濟整合可視為一種有歧視性的貿易自由化。

自第二次世界大戰後，不同型式的區域經濟整合或優惠貿易集團先後在世界各地區出現，本章之目的即是從理論及實際上探討區域經濟整合。

第一節　區域經濟整合之種類及內涵

雖然世界各國普遍設有貿易障礙，但是亦同時渴望自由貿易。自從 1950 年代開始，區域經濟整合這個名詞便為經濟學家所常用。所謂區域經濟整合是指數個國家在經濟或貿易上結合為一體，而朝向廢除或降低彼此間之貿易障礙，及資金或生產因素移動等之限制的過程。一般而言，由於區域經濟整合之會員國彼此間之貿易或生產因素更自由，但是對外則形成共同之貿易壁壘，因此其屬於一種有歧視性的優惠貿易協定，換言之，區域經濟整合可說是自由貿易與保護主義的結合。

區域經濟整合依其整合程度之深淺，可分為以下幾種層次或種類：

一、自由貿易區

所謂**自由貿易區** (free trade area, FTA) 是指數個國家結合在一起，會員國之間商品貿易的關稅或貿易障礙完全去除，但對外仍維持個別之關稅或貿易障礙。近年來，自由貿易區較為有名的例子，則是 1994 年 1 月由美國、加拿大及墨西哥所簽定之**北美自由貿易協定** (North America Free Trade Agreement, NAFTA)。

當數個國家成立自由貿易區後，則很有可能會產生**貿易偏轉** (trade deflection) 的問題。因為在自由貿易區下，各會員國並無共同的對外關稅稅率，因此，非會員國的產品將可能由關稅較低的會員國進口，而後再間接轉運至關稅較高的會員國以逃避較高的進口關稅。舉例來說，假設有 A、B、C 三國，其中 A 與 B 兩國結成自由貿易區，C 國為第三國，且假設 A 國的進口關稅稅率為 60%，B 國的進口關稅稅率則僅為 10%。由於 A 與 B 兩國個別對外的進口關稅之稅率差距極大，而 A 與 B 兩國彼此間的進出口又免關稅，因此 C 國的產品將很有可能先出口至較低關稅的 B 國，然後再間接轉運至關稅較高的 A 國出售，如此便將造成 A 與 B 兩國關稅收入分配不公平的現象。

為了避免上述貿易偏轉的問題，自由貿易區之會員國必須要能有效的區分一種產品到底是在區內製造或在會員國外之第三國所製造，其方法不外乎加強邊境間的檢查，或是要求**原產地證明書** (certificates of origin)。但是，並不是如此簡單便可完全防止貿易偏轉問題，因為第三國的製造商有可能只在區內低關稅的會員國做最後之裝配以取得原產地證明書，然後再轉銷至區內高關稅之國家。

二、關稅同盟

所謂**關稅同盟** (customs union) 是指數個國家結合成一體，會員國間不僅商品貿易的障礙完全廢除，並且對外採取一致的關稅政策。由於在關稅同盟下，會員國間彼此沒有關稅，因此關稅同盟必定是自由貿易區，但是自由貿易區並不一定是關稅同盟。

由於在關稅同盟下各會員國對外採取共同一致的關稅政策，因此與自由貿易區相較，像貿易偏轉的問題並不太會在關稅同盟下發生。

歷史上較為有名的關稅同盟為 1834 年由日耳曼十八個邦國所共同成立的**德意志關稅同盟** (Deutscher Zollverein)。德意志關稅同盟之主要內容為廢除內部關稅，及對外統一關稅等，對後來的德國影響甚大。關稅同盟另一個最有名的例子則是**歐洲共同體** (European Community, EC) 。歐洲共同體有時又稱**歐洲共同市場** (European Common Market)，其乃是 1957 年 3 月根據羅馬條約所成立的，1986 年會員國已達十二國。惟 1993 年 11 月 1 日馬斯垂克條約生效實施後，歐洲共同體被改稱為**歐盟** (EU)，進入經濟同盟之層次。

三、共同市場

所謂**共同市場** (common market) 是指數個國家不僅結為關稅同盟，並且容許資本與勞力等生產因素在會員國間自由移動。因此就整合的程度而言，共同市場較關稅同盟更進一步，共同市場必定是關稅同盟，但關稅同盟則並不一定是共同市場，因為關稅同盟並不包含生產因素在會員國間自由移動。如南方共同市場 (Mercosur) 即是由南美洲的數個開發中國家所共同簽訂的區域貿易協定，成立宗旨為有效利用資源、保護環境、加強經濟互補等。

四、經濟同盟

所謂**經濟同盟** (economic union) 乃是將共同市場再往前更進一步的推展。在經濟同盟下，會員國間不僅成立共同市場，且採行一致的財政、貨幣等經濟政策，通常須成立一個超國家的機構來協調各會員國對內及對外之經濟政策。經濟同盟為區域經濟整合之最高境界，各會員國須放棄一些經濟政策之決策主權以使得超國家之機構得以進行運作或協調。

經濟同盟之最高境界則為各會員國採行單一的貨幣制度及發行共同的通貨。經濟同盟若達到此境界則便包含有**貨幣同盟** (monetary union) 的意味了。

歷史上有關經濟同盟之例子有：1920 年代比利時及盧森堡所成立之經濟同盟，1960 年荷蘭、比利時、盧森堡所成立的經濟同盟。另外，美國由五十個州所組成的聯邦組織，則可視為經濟同盟之典範。**歐盟** (EU) 亦屬經濟同盟之例子。

第二節 關稅同盟之福利效果

就如上節所述，區域經濟整合包含自由貿易區、關稅同盟、共同市場及經濟同盟等不同層次。不同層次的區域經濟整合當然其產生的福利效果亦多少會有所不同，但是鑑於生產因素自由移動與產品自由貿易具有相同經濟效果的特性，故一般在探討區域經濟整合之福利效果時，為簡化分析起見，通常只就關稅同盟進行討論，其結論經過適當的修正，即可適用於各種不同層次的區域經濟整合下所產生之福利效果。

前面第 5 章所討論的關稅理論均假設進口關稅的課徵對象是一般化或**無歧視性的** (nondiscriminatory)，亦即不管從那一個國家進口皆課徵同樣的稅率。但事實上，進口關稅之課徵往往是帶有歧視意味的。在此所謂的「歧視」（或差別待遇）有兩種型式：

(1)**產品歧視** (commodity discrimination)：亦即對不同產品課徵不同稅率之進口關稅，例如對石油的進口關稅為 50%，而相機為 20%。

(2)**國家或地區歧視** (country or geographical discrimination)：亦即對從不同的國家或地區進口的同樣產品，課徵不同稅率或稅額之進口關稅，例如，對從德國進口的相機課徵 10% 之進口關稅，而對日本課徵 60% 的進口關稅。

而關稅同盟便是屬於國家或地區性歧視的關稅課徵，因為在關稅同盟之下，會員國間彼此不課徵進口關稅，但是對外則課徵同樣之關稅，因此，其對會員國與非會員國採取歧視性或差別性之待遇。

關稅同盟後對會員國彼此間之貿易，以及對會員國與非會員國彼此間之貿易，會有何影響呢？再者，關稅同盟對單一會員國的福利，全部會員國的福利，以及非會員國的福利，又將有怎樣的影響呢？這些都是極為重要的問題，也是本節所將探討的問題。本節從以下開始，將首先介紹維納所提出的關稅同盟的理論，然後再探討關稅同盟所產生的靜態福利效果，最後再探討關稅同盟所產生的動態福利效果。

一、維納的關稅同盟理論

首先對關稅同盟的經濟效果提出理論探討的是雅各布維納 (Jacob Viner) 在 1950 年所出版的《關稅同盟理論》(*The Custom Union Issue*)。他認為關稅同盟同時含有自由貿易與保護主義之特色。因為關稅同盟一方面增進區域內會員國之競爭與貿易，因此含有貿易自由化的精神。但是另一方面，關稅同盟又對區域外會員國設置貿易障礙，因此又帶有保護主義之味道。由於關稅同盟的形成，只是排除會員國之間的貿易障礙，促進彼此之間的自由貿易，但是對非會員國的貿易障礙仍然存在，由於完全自由貿易之條件並無法全部滿足，故關稅同盟並不一定能使得會員國之福利水準提高。換言之，關稅同盟的成立，一方面可以增進會員國之間的自由貿易與競爭，使會員國的福利水準提高，另一方面會員國與區外之貿易減少，使得會員國的福利水準下降，故關稅同盟之成立對會員國福利之影響是未定的。

二、關稅同盟之靜態福利效果

圖 9–1，假設全世界由 A、B 及 C 三個國家組成。令 D_A 代表 A 國對某一產品的國內需求曲線，S_A 代表 A 國對同一產品的國內供給曲線。假設 A 國相對於 B 國與 C 國而言為一很小的國家，亦即 A 國對進口價格或貿易條件毫無影響力，因此 A 國所面對的國外供給曲線（S_B 與 S_C）為水平線，其

中 S_B 代表 B 國的出口供給曲線，S_C 代表 C 國的出口供給曲線。

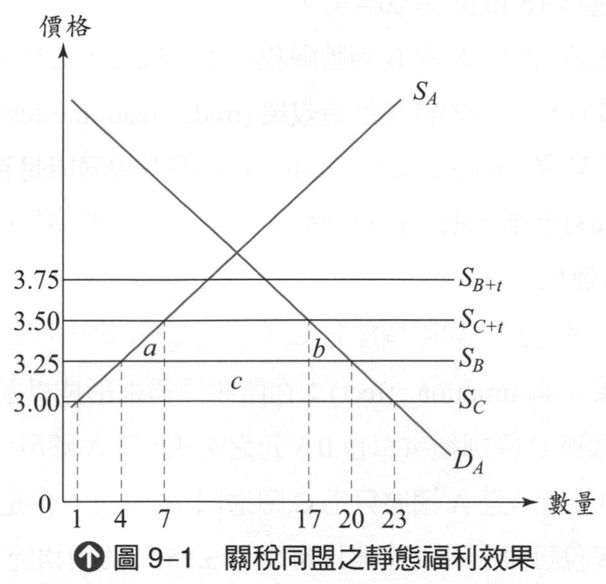

圖 9–1　關稅同盟之靜態福利效果

假設 B 國的出口供給價格為每單位 3.25 元，而 C 國為全世界最有效率之生產者，其出口供給價格為每單位 3 元。在 A 與 B 兩國未成立關稅同盟前且自由貿易之下，由於 C 國的出口價格最低，因此 A 國將只由 C 國進口，而 B 國之出口價格因高於 C 國，因此 A 國將不會從 B 國進口任何數量。在未有關稅同盟且完全自由貿易下，均衡價格為每單位 3 元，而在此價格下，A 國國內供給 1 單位，國內需求 23 單位，不足的 22 單位將自 C 國進口。

假設 A 國對 B 國與 C 國之進口品同樣課徵每單位 0.5 元的進口關稅，則對 A 國之生產者與消費者而言，B 國的出口供給曲線將變為 S_{B+t}，而 C 國的出口供給曲線將變為 S_{C+t}，其中 t 代表 0.5 元之進口關稅。在此情形下，A 國將仍然只從 C 國進口，但是均衡價格將變為每單位 3.5 元，進口量將降為 10 單位 (= 17 – 7)。

現在假設 A 與 B 兩國決定成立關稅同盟，而將 C 國排除在外，亦即 A 國對 B 國之進口品免除關稅，但是對 C 國仍然課徵每單位 0.5 元之進口關稅。在此情形下，對 A 國之生產者與消費者而言，B 國產品之價格因為沒有被課徵關稅，而 C 國的產品因為被課徵進口稅，因此 B 國進口品之價格（等於每單位 3.25 元）將低於 C 國進口品之價格（等於每單位 3.5 元），因此 A 國將只由 B 國進口 16 單位 (= 20 – 4)。

與關稅同盟前相較，A 與 B 兩國關稅同盟之成立，將產生兩種不同的福利效果，一為使福利增加的**貿易創造效果** (trade creation effect)，一為使福利減少的**貿易轉向效果** (trade diversion effect)。而關稅同盟是否能增加會員國以及全世界之福利水準，則視貿易創造效果是否大於貿易轉向效果而定。

1. 貿易創造效果

貿易創造效果包括下列兩個部分：

(1)**消費效果** (consumption effect)：在關稅同盟未形成以前，假如 A 國同時對 B 國與 C 國課徵每單位 0.5 元之關稅，則 A 國所面對之價格將為每單位 3.5 元，且 A 國將只從 C 國進口 10 單位。但是假如 A 與 B 兩國成立關稅同盟，則 A 國將以每單位 3.25 元的價格從 B 國進口 16 單位。在關稅同盟前，A 國的消費者只能消費 17 單位；但在關稅同盟後，A 國的消費者將可消費 20 單位，增加 3 單位之消費，這多增加 3 單位的消費所產生的福利效果稱之為消費效果，其以三角形 b 之面積代表之。

(2)**生產效果** (production effect)：貿易創造效果的另一部分來自於生產效果。在關稅同盟未形成前，由於 A 國國內的生產者所能得到之供給價格為每單位 3.5 元，因此其將生產 7 單位，但是在關稅同盟形成後，由於 A 國國內的生產者所能得到的供給價格降為 3.25 元，因此其將只生產 4 單位。換言之，由於關稅同盟的形成，使得國內供給者所能得到的供給價格降低，進而淘汰 A 國國內沒有生產效率的生產者，而面積 a 即是代表關稅同盟所產生使資源派用效率提高的生產利得。

是故，成立關稅同盟後，由於進口品的國內價格下降，進口數量增加，其一方面使得國內消費增加而產生了消費效果，另一方面則使得國內的生產資源得到更佳配置而產生了效率提高之生產效果，總合生產效果與消費效果便是所謂的關稅同盟之貿易創造效果。

2. 貿易轉向效果

至於貿易轉向效果則是因為關稅同盟的成立，使得 A 國本來應從全世界生產成本最低的生產國（C 國）進口，轉而向生產成本較高的同盟國（B 國）進口，如此將使得 A 國的進口支出增加，社會福利水準下降。圖 9–1 的面積 c 即代表關稅同盟所產生的貿易轉向效果。

關稅同盟的淨福利效果為貿易創造效果與貿易轉向效果之差額，亦即圖 9–1 中 (a + b) 之面積減去 c 之面積的差額。就靜態分析之角度而言，如果貿易創造效果大於貿易轉向效果，則關稅同盟將使會員國及全世界的福利水準提高；若貿易創造效果小於貿易轉向效果，則關稅同盟將使會員國及全世界的福利水準下降。

接下來我們要問，在什麼情形下，貿易創造效果會大於貿易轉向效果？亦即，有哪些因素會影響貿易創造效果與貿易轉向效果的大小？大致而言，影響關稅同盟的貿易創造效果與貿易轉向效果的因素有如下幾點：

(1)關稅同盟形成以前會員國彼此之間的經濟競爭情形。如果會員國在關稅同盟前的競爭愈大，則關稅同盟將因同盟國內的貿易量加大，而使得生產更專業化，進而使得貿易創造效果愈大。要是在關稅同盟前，會員國彼此間的競爭本來就很小，則關稅同盟的組成並不太會增加會員國間彼此的貿易量，在此情形下，會員國的生產並不會因為關稅同盟而增加多少，故貿易創造效果也將愈小。

(2)關稅同盟所涵蓋的地區大小或國家多寡。因為關稅同盟所涵蓋的地區或國家愈多，則愈有可能涵蓋到低生產成本的國家，如此之下，關稅同盟所造成的貿易轉向效果將愈小，且貿易創造效果將愈大，故關稅同盟所產生的淨福利效果將愈大。如果關稅同盟涵蓋到全世界各國，則全世界最低成本的生產國必將屬於關稅同盟的會員國，在此情形下，則關稅同盟只會產生貿易創造效果。就如圖 9–1 所示，要是關稅同盟亦涵蓋到 C 國，則將不會有貿易轉向效果，由於 C 國亦是關稅同盟之會員國，因此 A 國從 C 國進口亦不屬於貿易之轉向。其實，如果關稅同盟涵蓋到全世界各國，其即代表全世界各國都實行自由貿易，而在自由貿易下，世界各國的貿易量將增加，全世界的生產資源將得到最有效率之配置，而全世界的福利水準必將提高。

(3)關稅同盟對盟外的關稅高低。如果關稅同盟對盟外的關稅愈低，則同盟國以外國家之產品愈容易輸入同盟國內，換言之，因為關稅保護程度愈少，故同盟國內一些較缺乏生產效率的產品愈不可能取代同盟國外之產品，如此將會減少因生產資源配置不當或效率降低所產生的貿易轉向效果。

三、關稅同盟之動態福利效果

以上我們只從靜態的觀點來分析關稅同盟之福利效果，但是事實上，關稅同盟不只是產生靜態效果，其亦同時產生動態的福利效果。關稅同盟所產生的動態福利效果主要有如下幾點：

1.產生規模經濟的效益

關稅同盟後，同盟國間廢除關稅，自由貿易的市場擴大至所有同盟國，而市場的擴大將有助於分工更專業化及產生大規模生產的經濟效益。因為在大規模生產或規模經濟下，工人與機器將更專業化生產，固定資本將被充分之利用，如此將有助於平均生產成本的降低。而這個規模經濟之效益通常不會因關稅同盟的成立而立即發生，其通常是在關稅同盟成立後經過數年或一段時間後才會發生，故其為動態之效果而非靜態的效果。根據一些實證，歐洲經濟共同體成立後，其境內之鋼鐵業、汽車業、鞋業、煉銅業等都產生顯著的規模經濟之效益。

另外，歐盟 (EU) 的前身歐洲經濟共同體 (EEC) 之成立也使得歐洲地區的冰箱製造業發揮了顯著的規模經濟之效益。在 EEC 尚未成立以前，歐洲的主要冰箱製造國（如西德、義大利及法國）中，只有少數幾家冰箱製造廠能生存下去。這些冰箱製造廠每年的產量少於 10 萬部冰箱，由於生產量沒有達到規模經濟，因此每單位的平均生產成本很高。但是，自從 EEC 成立後，歐洲市場更加開放，如此便使得境內的冰箱製造廠因為產量的增加，而達到自動化生產的經濟規模。舉例來說，由於 EEC 的成立，到了 1960 年代末期，一個典型的義大利的冰箱製造廠每年便達到了 85 萬部冰箱之產量，這個產量便足以符合冰箱製造廠每年須生產 80 萬部冰箱之規模經濟。而在西德及法國方面，在 1960 年代末期，西德的冰箱製造廠每年平均生產 57 萬部冰箱，而法國的冰箱製造廠每年平均生產 29 萬部冰箱，這個水準的產量皆比 EEC 成立以前高出很多，從而導致了冰箱的平均生產成本之降低。

2. 加強同盟國內的廠商間之競爭程度

在關稅同盟未成立前，廠商在其國內市場上，因缺乏競爭，因此少數幾家廠商對國內市場較易擁有獨佔、寡佔或聯合獨佔的力量。但是由於關稅同盟的成立，使得同盟國間之貿易更形自由，因此廠商所面對的競爭加強。而競爭的加強將有助於降低產品的價格，及增進消費者的福利。另外，競爭程度的加強，亦有助於降低聯合獨佔之可能性。

3. 有助於促進投資

關稅同盟成立後，競爭勢必加強，而廠商為了能在激烈競爭中生存，勢必會增加對機器、設備及研究發展等方面之投資。此外，亦使得市場擴大，而市場的擴大也將增加投資之需求或投資之機會。

再者，關稅同盟形成後，將會吸引盟外國家至盟內投資設廠以避免關稅。這也就是為什麼 EEC 成立後，美國、日本等國至 EEC 國家投資設廠大幅增加之重要原因。

案例討論

請比較並討論：(1)全世界各國皆可自由貿易，但把中國大陸排除在外；(2)全世界各國皆可自由貿易，但把寮國排除在外。以上何者對全世界福利的負面影響較小？

第三節　歐洲經濟共同體與歐洲聯盟

一、歐洲經濟共同體

1. 歐洲經濟共同體形成之背景

歐洲統合的思想由來已久，早在神聖羅馬帝國時代以宗教統一歐洲，後來法國的拿破崙與德國的希特勒亦皆曾以武力統一歐洲。第二次世界大戰後，邱吉爾便曾主張成立一個歐羅巴共和國以追求歐洲的大團結。在經濟整合方面，比利時與盧森堡於 1921 年即已形成經濟同盟，1948 年荷蘭又加入，組成了**荷比盧關稅同盟** (Benelux Custom Union)。

在二次大戰後，歐洲曾於 1948 年成立了**「歐洲經濟合作組織」**(Organization for European Economic Cooperation, OEEC) 以達到經濟合作，成員包括歐洲共產集團以外之所有國家在內。OEEC 原為聯合接受馬歇爾援助 (Marshall Aid) 計畫之產物，其對促進美國與西歐國家之間的經濟關係及西歐的經濟快速復甦，發揮了很大之功用。1951 年 4 月，法國、義大利、比利時、盧森堡、荷蘭及西德等六國成立了**歐洲煤鋼共同體** (European Coal and Steel Community, ECSC)，其創立之目的，即在協調這六國煤、鋼的生產與銷售。

1957 年 3 月，ECSC 的成員國共同簽訂羅馬條約 (Treaty of Rome)，奠定了歐洲經濟共同體成立的基礎，1958 年 1 月 1 日起這六國正式成立**歐洲經濟共同體** (EEC)，通常稱為歐洲共同市場，簡稱歐市。1973 年，英國、愛爾蘭及丹麥的加入，歐洲經濟共同體的會員國增至為九國。1981 年，希臘成為歐洲經濟共同體的第十個會員國。1986 年，西班牙及葡萄牙的加入，歐洲經濟共同體的會員國增至為十二國。

2. 歐洲經濟共同體的目標與成效

歐洲經濟共同體的基本目標乃是朝向經濟同盟的境界發展。根據 1957 年的羅馬條約，歐洲經濟共同體的會員國同意如下條款：

⑴廢除會員國間之關稅、限額及其他貿易障礙。

⑵對非會員國採取一致的關稅政策。

⑶所有的財貨、勞務、人員及資本均可於區域內自由移動。

⑷建立共同的交通政策、農業政策以及競爭及企業規範。

⑸會員國間互相協調及採取一致的財政及貨幣政策。

歐洲經濟共同體已於 1968 年 7 月廢除區內工業產品之貿易障礙及建立對外共同關稅之政策。在 1958～1968 年之間，歐洲經濟共同體區域內之貿易增加了 5 倍。1970 年以前，歐洲經濟共同體已成為一個完整的關稅同盟。

3. 歐洲經濟共同體後來之發展

歐洲經濟共同體的最高目標是藉由歐洲經濟的統一，進而達到政治的統一。依歐洲經濟共同體執委會於 1985 年時所發布的完成內部市場白皮書，及 1987 年生效的**單一歐洲法案** (Single European Act)，歐洲經濟共同體於 1992 年底完成歐洲單一市場之整合，1993 年開始運作。歐洲單一市場的目標是要讓歐洲經濟共同體所有的人員、財貨、勞務及資本能自由流通，不受任何限制，消除歐洲經濟共同體內部各項實體、技術與財政性障礙。就當時的歐洲經濟共同體來說，其在經濟整合的階段上已達共同市場的層次。

二、歐洲聯盟

由於歐洲經濟共同體的整合大體而言頗為成功，歐洲經濟共同體的各國有意在政治及經濟上做更進一步的整合。1991 年 12 月 9 日，歐洲經濟共同體各會員國領袖在荷蘭南部馬斯垂克城 (Maastricht) 舉行高峰會議，修訂羅馬條約，稱為**馬斯垂克條約** (Maastricht Treaty)，也稱**歐洲聯盟條約** (Treaties of the European Union, TEU)。

馬斯垂克條約的主要內容分為「經濟貨幣整合」與「政治整合」兩大部分。條約需由全體十二個會員國批准後生效（各國國會或公民投票通過），而 1991 年 12 月各國領袖簽訂馬約時，亦頗有信心的認為馬約會順利通過，但 1993 年開始運作時，其過程並非如預期般順利。首先丹麥於 1992 年 6 月 2

日舉行公民投票否決了該條約，至 1992 年底除英國外其他會員國均陸續批准，為解決丹麥問題，歐洲經濟共同體會員國領袖於 1992 年 12 月在英國愛丁堡舉行高峰會議，並達成協議同意丹麥所提之四點例外條款要求，包括：(1)丹麥不參與歐盟的防衛事務；(2)丹麥不參與第三階段的經濟暨貨幣聯盟(包括不採行歐元)；(3)丹麥不參與歐盟的公民資格；(4)丹麥應被允許置身於私法與內政事務的超國家合作領域之外。1993 年 5 月 18 日丹麥舉行第二次公民投票通過了馬約；而英國國會隨後亦表決通過。10 月 12 日德國憲法法定正式判決馬約符合德國憲法規定，使得馬斯垂克條約終於在 1993 年 11 月 1 日正式實施生效，而此後歐洲經濟共同體亦被正式改稱為**歐洲聯盟** (European Union)，簡稱為**歐盟** (EU)。

在「經濟與貨幣整合」方面，馬斯垂克條約分為三個階段將歐洲經濟共同體建立單一通貨及單一的歐洲中央銀行 (a single European Central Bank)：

1. 第一階段（1993 年為止）

會員國同意協調彼此間的貨幣政策，繼續執行自 1990 年 7 月 1 日起的第一階段建立單一經濟及貨幣聯盟工作。

2. 第二階段（1994～1997 年）

成立歐洲貨幣局 (European Monetary Institute) 以作為歐洲共同中央銀行的先驅機構，此機構將和各國合作使得各國的總體經濟政策能如條約所要求的經濟政策收斂 (convergence) 為一。

3. 第三階段（1997 年以後）

假如大多數的會員國能達成條約所訂的總體經濟政策收斂為一的指標，則 1997 年 1 月 1 日將開始第三階段的工作。1999 年，建立歐洲的單一通貨及成立歐洲的中央銀行，在此期間，各國將建立本國貨幣與歐洲統一貨幣的兌換機制，並推動各國中央銀行的運作。加入單一通貨的會員國都將採行固定匯率。

至於條約中所要求各國經濟政策收斂的指標，其亦為加入單一通貨的資格，其包括：

(1)通貨膨脹率不應比歐洲經濟共同體通膨率的平均值高過 1.5% 以上。

⑵利率不應比低利率國家平均值高過 2% 以上。

⑶政府預算不應高於國內生產毛額 3%。

⑷政府負債應低於國內生產毛額 60%。

⑸如年度赤字超出 3% 限制，需面對制裁措施，包括個別警告，提交無息保證金或罰鍰。

而為維持幣值穩定，降低資本自由流通的弊害，建立歐洲貨幣體系，原則上參加歐洲貨幣體系的會員國的貨幣匯率調整上限為 2.25%，升值或貶值必須經過全體會員國的同意。

表 9–1　歐盟三大支柱

歐洲各大共同體	共同外交與安全政策	刑事領域警務與司法合作
經濟、社會、環境等政策（包括關稅同盟、單一市場、共同農業政策、共同漁業政策、單一貨幣、申根條約等）	外交、軍事等政策	共同合作打擊刑事犯罪

資料來源：作者整理。

歐盟運作方式有統一也有多軌並行：在貿易、農業、金融等方面，歐盟趨近於一個統一的聯邦國家，除了建立歐洲中央銀行，更採行**歐元** (Euro) 作為官方單一貨幣；在內政、國防、外交等其他方面，則如同一個包含多個聯盟國家的獨立國家，例如部分成員國簽訂的**申根公約** (Schengen Agreement)，即取消彼此之間的邊境管制與檢查的規定，各國人民可以更自由的往來進出。整體來說，馬斯垂克條約之批准與生效不僅使得共同體獲得貨幣、外交、軍事及警察等新的職權，再次將歐洲統合運動推向另一高峰。同時此一發展亦顯示歐盟已非一個純粹以經濟合作為目的之「經濟共同體」。

然而在共享經濟果實之同時，問題亦須共同承擔。為因應如「歐元危機」這種歐元區國家發生政府債務危機的情況，和避免歐洲銀行業崩盤的「希臘救助計畫」，以及近日的「歐洲難民危機」、「英國脫離歐盟」等問題，2017 年 3 月，歐盟委員會於推出之《白皮書》中提出五種願景藍圖：⑴英國之外的二十七個成員國延續現狀⑵集中做好歐洲統一市場⑶「多速歐洲」⑷在較少政策領域開展更高效的工作(5)推進所有領域一體化。

關於歐盟的演進歷史可參照附表之說明。

表 9–2　歐盟的演進歷史

年　度	演　進	說　明
1951	歐洲煤鋼共同體 (ECSC)，當時只有六個成員國	成員國包括法國、西德、義大利、比利時、荷蘭及盧森堡
1958	成立了歐洲經濟共同體 (EEC) 和歐洲原子能共同體 (EURATOM)	
1967	將歐洲經濟共同體 (EEC) 和歐洲原子能共同體 (EURATOM) 統合成歐洲經濟共同體 (EEC) 之下	
1973～1992	歐洲經濟共同體 (EEC) 大幅擴張，成員國數增加	・1973 年，英國、愛爾蘭、丹麥正式加入 ・1981 年，希臘成為會員國 ・1986 年，葡萄牙、西班牙成為會員國
1993～2013	將各國統合成歐洲聯盟 (EU)，已經逐步從貿易實體轉變成經濟和政治聯盟	・1995 年 1 月，芬蘭、奧地利，瑞典加入 ・2004 年 5 月，有十個新會員國加入，分別為賽普勒斯、捷克、愛沙尼亞、匈牙利、拉脫維亞、立陶宛、馬爾他、波蘭、斯洛伐克與斯洛維尼亞 ・2007 年，羅馬尼亞與保加利亞加入 ・2013 年，克羅埃西亞正式加入歐盟
2016～2018	英國公投脫離歐盟 (EU)	・英國於 2016 年 6 月 23 日的公投中，有 51.9% 的選民投票支持離開歐盟 ・首相梅伊表明英國將於 2019 年 3 月 29 日正式離開歐盟，然而直至 2018 年 12 月仍尚未與歐盟達成相關配套協議

第四節 美洲的區域經濟整合

一、北美自由貿易協定

美加自由貿易協定自 1989 年 1 月 1 日實施以來，美國、加拿大及墨西哥三國即著手研究簽定**北美自由貿易協定** (NAFTA)，形成北美自由貿易區。於 1991 年 2 月 5 日正式展開會談，以逐步消除商品及服務業流通與投資方面之障礙、保護智慧財產權，並建立一套既公平又快速的爭議處理辦法為目標。1992 年 8 月 12 日，經過三方共同之努力，終於達成協議，約定於 1994 年 1 月 1 日起實施北美自由貿易協定。談判期間曾因農業問題、原產地證明、汽車產業、紡織品及關稅消除等問題，數次瀕臨談判破裂邊緣，而有關環保及勞工問題更曾引起美國、墨西哥兩國國內之環保及勞工聯盟極大之關注。

北美自由貿易協定共分成八大部分二十二章，內容涵蓋了前言、目標、一般定義、原產地規定、海關程序、國民待遇及進入市場，能源、農業、技術標準、投資、金融服務、智慧財產權、反傾銷及平衡稅、制度性及爭議性之協調程序等多項規定；另外，環保及勞工等兩個附屬協定。

美國、加拿大為資本及技術密集的國家，墨西哥則為勞力密集及工資低廉的國家，產業呈互補之特性，例如墨西哥可以提供加拿大如通信、運輸、服務和競標墨西哥的基礎建設等許多的商機。北美自由貿易區的成立，可充分發揮國際貿易之比較利益原則，同時提高這三個國家的競爭力。此外，北美自由貿易區內的相互直接投資與技術合作，通常都享有國民待遇，因此美國之廠商有可能將其他地區之投資與技術合作移至墨西哥。另一方面，反對北美自由貿易區的人士則聲稱，此作法只會造成混亂，如果製造業關掉在美國或加拿大的工廠，轉移到工資低廉的墨西哥設廠，美國和加拿大可能喪失不少工作機會，此外，加拿大和墨西哥可能要犧牲一些主權，喪失對資源控制的能力，而且可能會破壞墨西哥的環境。

在南美洲方面，巴西、阿根廷、烏拉圭及巴拉圭四國亦已在 1994 年年底正式成立自由貿易區，稱為**南方共同市場** (Mercosur)。美國總統布希在位時，曾有意將北美自由貿易區與南美自由貿易區結合，建立成**美洲自由貿易區** (Free Trade Area of Americas, FTAA)，俾在地區貿易集團之競爭中立於不敗之地位。美洲自由貿易區原先預計於 2005 年 1 月生效，但因為各國經濟發展程度差異甚大，截至目前為止仍無法順利成立。

二、北美自由貿易協定對我國可能產生的影響

就產業結構而言，美、墨兩國產業結構係垂直式分工型態，北美自由貿易協定簽定後可吸引大量外資投入。墨西哥具低工資及充裕的勞力資源，配合美、加的資金與技術，再加上區內產品減免關稅及因地緣致運輸成本較低等優勢條件，墨西哥產品在北美市場的競爭力將大為提高。由於墨西哥出口至美國的主要商品結構與臺灣重疊之處甚多，這將對我國產品外銷北美市場造成極大威脅。就工資而言，墨西哥的工資較臺灣低廉，土地亦較臺灣便宜，這對我勞力密集產品將是一大打擊。因此，北美自由貿易協定所產生的貿易效果，將會對臺灣產品輸美發生顯著的影響。

再者，就投資與技術上而言，當美、加兩國的投資者將其他地區之投資轉往墨西哥投資，這將有助於墨西哥之產業升級，總生產力提高，使得一向以北美市場為出口重心的臺灣產業受到影響。除此之外，美國為防範第三國產品借道墨西哥進口後再輸往美國，因此，在北美自由貿易協定中制訂查禁轉運之辦法，並制訂更為嚴苛的原產地認定標準，或給予類似的數額限制，以防止第三國利用該自由貿易協定而享有減免關稅優惠或逃避配額管制，並確保墨西哥不致淪為其他國家產品輸往美國之跳板，故我國廠商赴墨投資時應注意有關原產地的規定動向。

儘管北美自由貿易協定的簽署，會影響我國產品直接外銷至北美之競爭力，但它仍有正面影響：

⑴北美市場商品規格標準一致將有助於我出口廠商降低生產成本，我廠商能以統一的規格生產行銷整個北美市場。

⑵我出口廠商可以針對整個北美市場訂定拓銷策略，建立有效的行銷管道，以彌補競爭力之降低。

⑶為充分利用北美自由貿易協定之關稅優惠條款，我出口廠商可考慮在其中一國投資、購併或技術合作生產符合其原產地規定之產品行銷北美市場，並引進高科技以促進我產業之升級。

由於我國非北美自由貿易協定之締約國成員，故我國之立場為如何因應組織設立之規則，大體上來說，此協定對我國出口至北美三國的產業則因貿易轉向效果不利，但對於我國內銷之產業應無多大的影響。

三、北美自由貿易協定成立後所帶來的負面效果

雖然北美自由貿易協定之宗旨是為成員帶來福利，但不可否認其中還是存在負面影響，農業就一直是具有爭議的議題。由於農業是經由雙邊磋商分別簽署了三個協定，沒有經過三方共同協商，協議內容分別為：美國與加拿大的協定內容包含關稅配額和農產品限制，而美國與墨西哥的協定內容則是准許實施階段性的貿易自由化。

由於墨西哥並未具備競爭所需的基礎建設投資，如完整的鐵、公路運輸系統，再加上後續美國政府針對玉米的補貼政策，美國及墨西哥兩國之間的農業協定所帶來的整體效益其實具有爭議，上述情況也使得該國的貧窮民眾陷於更困難的環境之中。2000 年，美國對於國內玉米種植農戶的補貼達到 101 億美元，為墨西哥政府當年農業預算的 10 倍。然而，也有人認為墨西哥的貧窮問題不能歸咎於自由貿易協定的簽署，事實上，1994～2001 年間墨西哥的農業出口每年平均增加了 9.4%，進口僅增加了 6.9%。墨西哥的玉米產量在北美自由貿易協定實施之後雖然有增加，但是該國內部對於玉米需求程度超出國內可以供應的數量，使得進口變得迫切，遠超過墨西哥最初所協商的農業配額。

四、北美自由貿易協定近年波盪

2017 年美國總統川普上任後即簽署行政命令，欲在美國和墨西哥邊境與

建圍牆，並要求興建圍牆的費用由墨西哥負擔，期以此解決非法移民的問題。2017 年川普曾有意要退出北美自由貿易協定，若此決策施行即意味著美墨之間的關稅優惠將隨時取消，恐造成墨西哥重大的損傷。加拿大總理杜魯多 (Justin Trudeau) 亦對美加貿易的重新談判發出警告，若川普政府於新版合約中堅持不利加拿大的條件，他將不惜退出北美自由貿易區協定。

為應對川普政府實行的貿易戰，加拿大和墨西哥分別加速了貿易自由化的腳步。加拿大於 2018 年 3 月簽署沒有美國參與的跨太平洋夥伴全面進步協定 (CPTPP)。墨西哥亦於 2018 年 4 月與歐盟達成協議，重新簽署初步修改的貿易協定，更新 2000 年時制訂的雙邊自由貿易協定，使美國和北美自由貿易協定不再是墨國經濟的唯一依靠。

2018 年 9 月 30 日，三方在幾經協商後初步同意新版協定「美國－墨西哥－加拿大協定」(USMCA)，預計將以此取代原有的北美自由貿易協定。

案例討論

假設北美自由貿易區內，美墨間零關稅，美國對外關稅 60%，墨西哥對外關稅 40%。請問臺商可以如何操作以節省關稅？

第五節 亞太地區的經濟整合

面對歐盟與北美自由貿易區的形成，區域經濟整合已成為風潮，整個世界的經濟逐漸朝向塊狀經濟發展。全世界主要的區域經濟整合之組織，除了本章前面所提的 EU、NAFTA，其實尚包括**中美洲共同市場** (Central American Common Market, CACM)、**拉丁美洲整合協會** (Latin America Integraion Association, LAIA)、**澳紐自由貿易協定** (Australia New Zealand Closer Economic Agreement, ANZCERTA) 等，有興趣的讀者可參閱表 9–3 所列示的全世界主要的區域經濟整合組織。

表 9–3　全世界主要的區域經濟整合組織

名　稱	性　質	開始日期	目前參加國家
歐洲聯盟 (EU)	經濟同盟	1993	法國、義大利、比利時、盧森堡、荷蘭、(英國)、愛爾蘭、芬蘭、丹麥、希臘、西班牙、葡萄牙、德國、瑞典、奧地利、波蘭、拉脫維亞、立陶宛、愛沙尼亞、匈牙利、捷克、斯洛伐克、斯洛維尼亞、馬爾他、賽普勒斯、保加利亞、羅馬尼亞、克羅埃西亞
歐洲自由貿易區 (EFTA)	自由貿易區	1960	瑞士、挪威、冰島、列支登斯敦
拉丁美洲整合協會 (LAIA)	自由貿易區	1981	阿根廷、智利、玻利維亞、巴西、哥倫比亞、厄瓜多爾、墨西哥、巴拉圭、祕魯、烏拉圭、委內瑞拉、古巴、尼加拉瓜、巴拿馬
安地斯共同市場 (ACM)	共同市場	1969	玻利維亞、哥倫比亞、厄瓜多爾、祕魯
中美洲共同市場 (CACM)	共同市場	1961	哥斯大黎加、薩爾瓦多、瓜地馬拉、宏都拉斯、尼加拉瓜、巴拿馬（以準會員國身分參加）
東南亞國協 (ASEAN; AFTA)	自由貿易區	1975	汶萊、東埔寨、印尼、寮國、馬來西亞、緬甸、菲律賓、新加坡、泰國、越南 備註： 東協—中國大陸 FTA 於 2010 生效 東協—韓國 FTA 於 2010 生效 東協—澳洲、紐西蘭 FTA 於 2010 生效 東協—印度 FTA 於 2010 年生效
澳紐自由貿易協定	自由貿易區	1982	澳洲、紐西蘭
美以自由貿易協定 (AIFTA)	自由貿易區	1985	美國、以色列
中歐自由貿易協定 (CEFTA)	自由貿易區	1992	克羅埃西亞、馬其頓、波赫、摩爾多瓦、塞爾維亞、波士尼亞與赫塞哥維納、阿爾巴尼亞、科索沃、蒙特內哥
南方共同市場 (Mercosur)	共同市場	1995	阿根廷、巴西、巴拉圭、烏拉圭、委內瑞拉、智利、玻利維亞、哥倫比亞、厄瓜多、祕魯
北美自由貿易協定 (NAFTA)	自由貿易區	1994	美國、加拿大、墨西哥 備註：2018 年 9 月 3 日三方同意“美國－墨西哥－加拿大協定”(USMCA)，預計將取代 NAFTA

加智自由貿易協定 (CCFTA)	自由貿易區	1996	加拿大、智利
南美——智利自由貿易協定	自由貿易區	1996	阿根廷、巴西、巴拉圭、烏拉圭、智利
大阿拉伯自由貿易區 (GAFTA)	自由貿易區	1998	沙烏地阿拉伯、阿聯、埃及、伊拉克、約旦、黎巴嫩、科威特、卡達、巴林、阿曼、摩洛哥、突尼西亞、蘇丹、巴勒斯坦、葉門、利比亞
智墨自由貿易協定	自由貿易區	1998	智利、墨西哥
南非——歐盟貿易、發展及合作協定 (TDCA)	自由貿易區	1999	歐盟、南非
日星雙邊自由貿易協定 (JSFTA)	自由貿易區	2002	新加坡、日本
歐星自由貿易協定	自由貿易區	2003	歐盟、新加坡
星澳自由貿易協定 (SAFTA)	自由貿易區	2003	新加坡、澳洲
美韓自由貿易協定	自由貿易區	2012	美國、韓國
歐韓自由貿易協定	自由貿易區	2015	歐盟、韓國
中韓自由貿易協定	自由貿易區	2015	中國大陸、韓國
歐日經濟夥伴協定 (EPA)	自由貿易區	預計 2019	歐盟、日本

註：玻利維亞、智利、哥倫比亞、厄瓜多、秘魯不是南方共同市場的正式成員國，而為準會員國，亦享有自由貿易之利。

資料來源：整理自報章雜誌及參考歐陽勛、黃仁德《國際貿易理論與政策》，三民書局。

表 9–4 列示亞太地區重要的經貿集團。就區域經濟整合之程度或層次而言，亞太地區這些經貿集團，其成就與重要性皆遠遜於 EU 與 NAFTA。其實統合亞太地區國家為經濟利益合作之呼聲由來已久，早在二次大戰後，就有若干學者提出構想，無奈諸多條件未能配合，構想並未能諸實現。

表 9–4 亞太地區重要的經貿集團

名　稱	成立年代	組成會員	合作情形	備　註
太平洋盆地經濟理事會 Pacific Basin Economic	1967	美、日、加、澳、紐、臺灣、韓國、智利、墨西哥、香港、祕魯、中國大	增進太平洋盆地區域內奉行自由經濟的民間企業家之聯繫和瞭解，	1965 年小島清教授提出「太平洋自由貿易區」構想；1967 年美、加、

Council; PBEC		陸、哥倫比亞、斐濟、印尼、馬來西亞、厄瓜多、菲律賓、俄羅斯、泰國	加速彼此交流，促成太平洋區域內的全面發展與經濟成長	日、澳、紐的民間企業家，援引「澳日企業合作委員會」之先例，在東京發起成立為PBEC
南太平洋論壇 South Pacific Fourm; SPF	1971	美、日、加、澳、紐、馬來西亞、菲律賓、新加坡、泰國、印尼、汶萊、韓國、臺灣、中國大陸、南太平洋諸島國、墨西哥、俄羅斯、哥倫比亞、祕魯、越南、智利、香港	為會員國提供持續合作和諮商。南太平洋論壇每年輪流在會員國舉行會議是以「祕密」方式進行，決議是由共識達成	1965年，斐濟、東加和西薩摩亞決定成立「太平洋島嶼生產者祕書處」；1971年擴大，建立「政治論壇」；1971年8月5日正式成立南太平洋論壇
可倫坡計畫 The Colombo Plan for Cooperative Economic and Social Develoument in Asia and Pacific	1977	阿富汗、澳洲、孟加拉、不丹、汶萊、斐濟、印度、印尼、伊朗、日本、韓國、寮國、馬來西亞、馬爾地夫、蒙古、緬甸、尼泊爾、紐西蘭、巴基斯坦、巴布亞新幾內亞、菲律賓、沙烏地阿拉伯、新加坡、斯里蘭卡、泰國、美國、越南	由亞太地區以外的國協會員國，提供財政與技術協助，開發南亞與東南亞會員國的經濟以提高其人民的生活水準	1950年倡議，1977年擴大，由原來以大英國協會員國為主的組織，擴大到亞太地區，其中亞洲與太平洋地區以內的國家均為受援國，區外國家則為援助國
太平洋經濟合作會議 Pacific Economic Cooperation Conference; PECC	1980	美、日、加、澳、紐、馬來西亞、菲律賓、新加坡、泰國、印尼、汶萊、韓國、臺灣、中國大陸、太平洋諸島國、墨西哥、俄羅斯、哥倫比亞、祕魯、越南、智利、香港	調整本區域內各國國內產業政策之差異，尋求解決區域內貿易紛爭，加強區域內經濟、技術之合作。乃是以企業領袖、學者專家與以私人身分參加的政府官員所組成之半官方區域性經濟合作組織	1979年日相大平正芳設立「太平洋盆地合作研究小組」；1980年日相大平正芳與澳洲總理M. Fraser達成協議，擬定針對「太平洋共同體」構想而舉行研討會；1980年9月在澳洲坎培拉召開首次的PECC

南亞區域合作協會 South Asia Association for Regional Cooperation; SAARC	1985	阿富汗、孟加拉、不丹、印度、馬爾地夫、尼泊爾、巴基斯坦、斯里蘭卡	由於印度與鄰國之間若干爭論性雙邊問題尚難解決，故還有待時間考驗	1969 年，蘇聯總理 Losygin 提出 Losygin plan，但是印度不支持，巴基斯坦亦拒絕，同年蘇聯又提「亞洲集體安全體系」，亦難獲得認同，1980 年，孟加拉總統提出「南亞區域合作會議」的建議，印度並不熱中，1983 年正式簽訂南亞區域合作委員會宣言，1985 年才成立
亞太經濟合作會議 Asia Pacific Economic Cooperation; APEC	1989	澳、紐、日、美、加、印尼、馬來西亞、菲律賓、新加坡、泰國、汶萊、智利、中國大陸、香港、墨西哥、祕魯、俄羅斯、巴布亞紐幾內亞、韓國、臺灣、越南	部長級會議協商性質	澳洲時任總理霍克 (Bob Hawke) 於 1989 年 1 月底訪問韓國所提出的構想
東協自由貿易區 ASEAN	2000	泰國、菲律賓、新加坡、汶萊、印尼、馬來西亞、寮國、越南、柬埔寨、緬甸	區域性自由貿易區	泰國所提方案
區域全面經濟夥伴關係協定 RCEP	2013 開始談判	東協十國、中國大陸、日本、韓國、澳洲、紐西蘭、印度	多邊自由貿易協定（詳見第十五章第二節）	2012 年東協會議中提出，目前進行至第二十二輪談判（詳見第十五章第二節）
跨太平洋夥伴全面進步協定 CPTPP	2018 改組	日、澳、加、紐、汶萊、智利、馬來西亞、墨西哥、祕魯、新加坡、越南	多邊自由貿易協定。（詳見本章第七節）	原為跨太平洋夥伴協定 (TPP)，後因美國退出而改組（詳見本章第七節）

資料來源：整理自網路及報章雜誌。

第二次世界大戰後，推動亞太地區經濟合作最力的當推日本及澳洲。但是澳洲地處亞洲邊陲，種族又與華人相異，難被華人世界所認同；日本則因二次大戰軍國主義的侵略者形象，東南亞各國深恐日本假經濟合作之名行經濟侵略甚至政治侵略之實。澳、日兩國得不到人和，妄論構想落實到行動上。日、澳難以竟功，使亞太地區的經濟整合行動停滯不前。

由印尼、馬來西亞、新加坡、泰國及菲律賓五國，於 1975 年所成立的**東南亞國協** (ASEAN)，性質上屬於自由貿易區。但是因為東協五國的地域分散，且有不同的殖民地背景，加上工業化程度懸殊，故成效有限。東協五國在經濟上對外依賴程度大於彼此間的依賴程度。東協於 1975 年成立後，汶萊及越南（1995 年 7 月加入）又加入成為其成員，而 2013 年 5 月為止，東協共含有印尼、馬來西亞、新加坡、泰國、菲律賓、汶萊、越南、柬埔寨、寮國、緬甸等十個國家。有關東協的介紹，將於第十五章進行更深入的討論。

面對世界朝向區域經濟整合之局勢，亞太地區內的國家對成立區域性組織，表現出強烈的意願，以結合彼此的地位，對抗世界其他地區塊狀經濟體所形成的壓力，進一步求取更多的經濟合作機會。但是由於亞太地區國家眾多，彼此間文化背景、意識形態、政治立場及經濟發展階段相差甚多，即使要成立自由貿易區也是困難重重，更遑論更高層次的區域經濟整合如關稅同盟、共同市場或經濟同盟等。

在 1980 年代裡，亞太地區是全球經濟成長率最高的地區，此一地區的人口與 GDP 佔全球的一半以上。就以美國為例，美國與亞太地區的貿易額超出西歐諸國甚多。由於亞太地區的重要性，因此連地處太平洋最東岸的美國也以「亞太」一員自居，對亞太地區的經濟整合或經貿組織、會議，也以行動表示高度的意願。就如表 9–2 所示，美國亦為**太平洋盆地經濟理事會** (PBEC)、**太平洋經濟合作會議** (PECC) 及**亞太經濟合作會議** (APEC) 等組織之會員國，佔有舉足輕重之地位。美國之所以積極參與亞太經貿會議，當然有其利益著眼點，因為若能在亞太經濟整合前進入此區，將可為美國的經貿帶來一些助益。

區域經濟整合已成世界潮流，整合之後，貿易形態將由國與國之間的談判，轉變為集團對集團的對陣。多年來囿於國際現實政治，一直難以重返國際社會的我國，已被具有官方色彩的亞太經濟合作部長級會議，正式宣佈與中國大陸及香港同時加入該組織。雖然亞太經濟合作會議只是一個諮商性質的會議，離所謂的區域經濟整合尚有一段距離，參與亞太經濟合作會議，亦非我國的終極目標，不過，我國應以此項有利機會為跳板，爭取更多友好國家的支持，使得我國得以在全球公平合理的貿易規範中，履行應盡的義務並享受應得的權利。

亞太地區的經濟整合雖然在短期之內不可能達成，但是我們期望今後在對歐美區域集團的談判上，APEC 各會員國能採取一致的步調，並進一步研究達成 APEC 會員國在經貿結合的可能性。

第六節　CEPA 及其對臺灣的影響

我國政府一直希望能與中國大陸簽訂「**綜合性經濟協議**」(comprehensive economic cooperation agreement, CECA)，但是外界對於 CECA 的內容始終不得而知，簽署 CECA 對於臺灣的產業會引起什麼影響？外界始終在猜測其效果，而此議題也引起了社會各界極大的爭論。

CECA 的概念是由中國大陸與香港及澳門分別簽署**內地與香港關於建立更緊密經貿關係的安排** (Mainland and Hong Kong Closer Economic Partnership Arrangement, CEPA) 及**內地與澳門關於建立更緊密經貿關係的安排** (Mainland and Macao Closer Economic Partnership Arrangement, CEPA) 衍伸而來，因此，將 CEPA 的內容整理介紹如下：

一、何謂 CEPA

1. CEPA 簡介

CEPA 是由中國大陸與香港及澳門特別行政區於 2003 年 6 月 29 日正式簽署的一項自由貿易協議性質的經貿安排。

從 2004 年 1 月 1 日起，中國大陸將港澳具有實際利益的稅務商品分成兩批，取消對港澳產品的非關稅措施和關稅配額，且只要符合原產地之規則，進入中國大陸時，即可享受零關稅之優惠，彼此不得採用反傾銷和反補貼措施，並且規定中國大陸需簡化通關便利化、投資促進及電子商務等七個領域，使港澳的資金能夠更加自由的進入中國大陸。因此 CEPA 的簽署，也使得港澳與中國大陸的經貿關係更加緊密，是具有開創性的歷史變革，更是建構大中華經濟圈的第一步，造成的影響非常深遠。

2. CEPA 的主要內容

CEPA 讓中國大陸與香港和澳門逐步實現貨物貿易自由化，加強彼此之間的投資及貿易合作。

CEPA 的主要目標包含三個方面：

(1)貨物貿易零關稅，逐步取消所有貨物貿易的關稅及非關稅壁壘。

(2)逐步實現服務貿易自由化。

(3)促進貿易投資便利化，提升中國大陸與港、澳間的經貿合作。

3. CEPA 的特點

CEPA 有以下三個特點：

(1)符合一國兩治的方針：CEPA 在商品貿易及服務業貿易中實行的措施，完全符合世界貿易組織 (WTO) 的規則。CEPA 簽署後，香港仍可維持自由貿易港的地位，遵循一國兩治的政策。透過各項開放的措施，逐步減少兩地經貿交流中的障礙，符合經貿發展的實際狀況，也促進資金的自由流動以及經濟融合。

(2)對彼此是開放的：根據 CEPA 第三條規定指出，雙方將不斷擴大相互開放，增加和充實 CEPA 的內容，從 2004 年簽署 CEPA 以來，已陸續在 CEPA 規定的框架下簽署補充協議，擴大對香港及澳門的開放。未來也將針對經貿發展的需要，不斷擴張或修正 CEPA 的內容。

(3)降稅範圍廣、服務大、速度快：從 2004 年開始，首批實行零關稅之港澳產品，已經占港澳對中國大陸出口額的絕大部分，開放內容豐富且領域廣泛；產品關稅無論是高或低，都一次降到零關稅，是中國大陸目前簽署之最全面的自由貿易協議；在兩年的時間，就對原產於港澳的所有產品實行零關稅的措施，降稅速度相對於其他自由貿易的協議快。

二、CEPA 產生的原因及演變

自從 1997 年香港回歸中國大陸以來，僅管香港在經貿方面坐擁絕佳的地理位置，但是香港與中國大陸之間的互動和制度無法相互配合，且仍缺乏明確制度發展完備的經貿合作模式。1997～2003 年期間，香港陸續經歷了亞洲金融風暴及 SARS 等天災人禍的影響，嚴重影響經濟。尤其是 2001 年中國大陸加入 WTO 後，中國大陸及香港雙方思考著在不違反 WTO 的原則之下，如何調整兩地的經貿關係；在「一國兩制」原則的基礎中，何以繼續維持香港在中國大陸經濟發展中的特殊地位，成了兩地必須解決的問題。

2003 年 7 月，香港居民不滿香港特區政府的作為，最後爆發了 70 萬人上街遊行抗議，北京中央政府為了安撫民心，經過協商後，在對雙方皆有利的情況下推出了 CEPA，2003 年 10 月正式簽訂實施。CEPA 既不違反公平公正的國際自由貿易原則，也建立在「一國兩制」原則的基礎上。

此外，為了維持港澳經貿之間的公平性，避免澳門人民不滿，中國大陸也和倚靠博弈產業且經濟表現日漸好轉的澳門簽署 CEPA，希望因應全球化的浪潮而互助合作，增加彼此的競爭優勢；此外，也可透過這樣的安排，促進兩岸四地的經貿發展，透過彼此緊密的合作以增加競爭優勢。

CEPA 的實施看似對香港及澳門地區帶來新的競爭優勢，但是實際上的效果是有限的。在製造業方面，在 1980 年代中國大陸實施改革開放以後，香港、澳門的製造業大多遷移至大陸，因此零關稅的優惠措施在製造業領域的效果不大。但是在金融業、服務業、醫療業等領域，有一定的成效：以服務業為例，香港、澳門地區因為和中國大陸簽署了 CEPA，因此香港、澳門進入中國的時間點比其他 WTO 成員早，中國大陸也開放較多領域和地區，因此對於以服務業作為經濟體系主體的香港及澳門來說，提供了新的競爭優勢，擴大與中國大陸進出口貿易的規模，對於中國大陸來說也促進了服務業的發展；以金融業為例，CEPA 中關於金融業的條款，對於合資銀行投資香港具有很大的吸引力，由於香港的地理位置優越，緊鄰中國大陸，期望可以利用香港的 CEPA 優惠，做為未來進軍大陸的跳板。

四、CEPA 對臺灣經濟之影響

在兩岸經貿關係中，香港一直扮演舉足輕重的角色，也因此中國大陸與香港、澳門簽署 CEPA 後，對於兩岸四地的經貿關係將會有不小的影響。雖然臺灣並非締約國，但是 CEPA 的實施加速了臺灣對香港的投資，臺商普遍認為，若能立足在香港市場，對於開拓中國大陸的市場將會有正向的幫助，其中又以電子電器業等製造業為主，目的在於可以香港的公司名義享有 CEPA 提供的零關稅優惠。

陸委會在 2003 年發表的《香港移交六週年情勢研析報告》中指出，香港簽署 CEPA 後，香港的海關可能無法維持中立、金融體系破壞和港幣地位動搖等，但報告中也指出，由於臺灣及香港擁有競爭優勢的產業不同，而 CEPA 的內容偏重於香港較具優勢的產業，對臺灣的直接影響有限，且 CEPA 的協商模式也不適用於兩岸的經貿協商。雖然社會對於 CEPA 會為臺灣帶來的正面或負面影響所持意見不同，但是不可否認的，臺灣、香港及中國大陸的經貿關係是密不可分的，CEPA 的簽署絕對是必須密切關注的。

1. 增強大中華經濟圈的經貿影響力以及經濟的輻射作用

簽署 CEPA 將會增強大中華經濟圈的經貿影響力以及經濟的輻射作用，其中 CEPA 的零關稅優惠措施，加上香港本身的資金運作靈活，對於合資企業投資香港具有更大的吸引力。2003 年，臺灣對於香港的投資總額達到 6.4 億美元，且投資時點明顯集中在 12 月份，相較於前一年暴增了 283.86%。

2. 臺商轉而投資高附加價值的產業

因為 CEPA 的簽訂，許多臺商開始考慮投資高附加價值的產業，利用緊鄰中國大陸的香港地區作為生產基地，從香港地區出口產品到內地，以享受零關稅的優惠，進而大舉進入中國大陸的市場。

總而言之，短期來看，CEPA 對臺灣的影響主要反映在服務業，部分臺商以香港做為進軍中國大陸的跳板；就長期而言，因應全球化潮流，CEPA可以促成大中華自由貿易圈，使中國大陸、香港、澳門的經濟而更加緊密，CEPA的優惠措施對於周邊國家的影響力和輻射作用逐漸增強，也獲得了寬廣的發展腹地，而臺灣也必須在此潮流中找到合理的定位，以確保本身仍然擁有良好的發展機會。

CEPA的優惠措施，吸引了許多臺灣及海外企業增加在香港的投資和合作，許多計畫發展高附加價值的產業，考慮以香港做為生產基地，以享受從香港出口到中國大陸的零關稅優惠，也有許多生產輕工業的臺商，將原產地為臺灣的商品改成香港，再以香港產品的名義免稅出口到大陸，利用CEPA的零關稅措施快速進入中國大陸市場。僅管香港的工資較臺灣高，許多企業仍然認為香港佔地優越，只要立足香港市場後，進軍中國大陸就不是難事。

據統計，長期以來臺灣的商品出口至中國大陸，大多以香港為主要轉口地，2002年臺灣出口至香港的金額約占總金額的23.62%，可見得臺灣及香港的貿易往來十分密切，因此香港與中國大陸簽署的CEPA，將香港、澳門及中國大陸在經濟上連為共同體，直接影響了兩岸四地的佈局思考，CEPA的優惠措施也對於臺灣來說有利有弊。

簽署CEPA後，增加了中國大陸對於臺灣的吸引力，促進了兩岸及港澳之間經貿合作的需求，且中國大陸與香港之間的經貿關係也做了重大調整。簽署CEPA讓臺灣與中國大陸與建立的新的經貿合作體制，臺灣融入大中華經濟圈是必然的趨勢，藉由這個安排來調整彼此的經貿關係，並找到合作關係中的地位，共同致力於兩岸四地的經濟發展。2010年，我方與中國大陸簽署「海峽兩岸經濟合作架構協議」(ECFA)，以期獲得更深的經貿交流，詳細情形我們將在第十五章作深入討論。

第七節　TPP 及其對臺灣的影響

一、何謂 TPP？

我國政府一直希望能加入「跨太平洋經濟夥伴協定」，從而進入亞太地區的區域經濟整合體系中。而各位讀者一定相當好奇，什麼是跨太平洋經濟夥伴協定？加入與否又會對臺灣經濟造成怎樣的影響呢？以上問題將在本節進行討論。

1. TPP 的簡介

「跨太平洋夥伴協定」(Trans-Pacific Partnership, TPP)，最早從 2002 年開始醞釀， 終於在 2005 年時由原**亞太經濟合作會議** (Asia-Pacific Economic Cooperation, APEC) 的成員國汶萊、智利、新加坡及紐西蘭等發起，以促進亞太地區的貿易自由化為目的。

2. TPP 的內容

相較於其他自由貿易協定，TPP 最大的特點在於它是高度開放性質，也就是全面性的自由貿易協定。TPP 原則上要求 95% 的貨品必須降至零關稅，主要目的除了消除商品和服務的貿易關稅，還有其他非關稅的壁壘，簡化文書作業及海關程序，讓國與國之間的貿易活動更加便利。

除此之外，TPP 的內容還包括實現人員、資金流動的自由化，保護智慧財產權，改善經營環境等全面性自由化內容。各國可根據自己國內的實際情況，在談判過程中爭取一定的緩衝期，以保護國內的弱勢產業，如智利就為國內的小麥和砂糖保留了十年的緩衝期。

3. TPP 的談判

自 2005 年 TPP 成立以來，已進行過多次的談判，但仍然無法提出一個可以完全配合各國需求的協議，主要是因為 TPP 的會員國中包含已開發國家與開發中國家，各國的經濟發展程度不同，因此立場有所差異。加上 TPP 不只希望在會員國間達成零關稅的目的，還希望能夠更全面的自由化，這樣不僅複雜度增加，整合的困難度也就提高。

二、TPP 的演變

1. TPP 會員國的組成與演變

TPP 的初始成員——汶萊、智利、新加坡、紐西蘭等四國經濟總量有限，起初並未受到太多關注，在美國尚未加入前，TPP 的影響力並不高。

2008 年時，美國、澳洲、秘魯、越南等國先後表明參加意願。2010 年 11 月，APEC 高峰會閉幕當天，與會國達成協議，於 2011 年 11 月的 APEC 高峰會完成並宣布「跨太平洋經濟夥伴協定」綱要，該協定才開始引起關注。

隨後，馬來西亞、加拿大、墨西哥、日本等國家陸續加入，除此之外，韓國、菲律賓、寮國、哥倫比亞、哥斯大黎加、泰國及臺灣亦表達加入意願，由此可知其影響範圍愈來愈大。

TPP 的影響力在美國加入之後，已經不容小覷。除此之外，TPP 的會員國大都為 APEC 的成員，且與 ASEAN 的會員國幾乎沒有重疊，有望成為一股新的亞太地區整合力量。

表 9–5　原 TPP 各成員國的加入時間

時　間	國　家
2005/06	汶萊、智利、新加坡、紐西蘭（發起國）
2008/02	美國
2008/11	澳洲、秘魯、越南
2010/10	馬來西亞
2012/10	加拿大、墨西哥
2013/03	日本

資料來源：維基百科。

2. 美國退出及 TPP 改組

然而美國總統川普在 2017 年上任後，於同年 1 月 23 日宣布退出 TPP，此項政策對 TPP 造成重大衝擊，更產生了協定存廢的疑慮。在日本的積極推動下，美國以外的其餘十一國陸續經五次召開 TPP 首席談判代表及部長會議，共同商討 TPP 後續前進方向；2017 年 11 月 11 日，TPP 其餘十一個成員國於宣布就核心議題達成共識，並將 TPP 改名為**「跨太平洋夥伴全面進步協定」**(Comprehensive and Progressive Agreement for Trans-Pacific Partnership, CPTPP)。CPTPP 大致維持原 TPP 簽署之內容，但暫停適用 22 項原依美國要求而納入之條文，內容涵蓋「投資人及地主國爭端解決機制」、「智慧財產權保護」及「政府採購」等議題。CPTPP 十一個成員國於 2018 年 3 月 8 日在智利完成協定簽署，將由各成員國進行國內審議程序，並於過半成員國通知已完成國內審議程序後六十天，該協議便能生效。

有鑑於 CPTPP 係以 TPP 為基礎，並為使其儘速生效而達成之彈性安排，保有接納未來美國重新加入之架構，其成員國 GDP 高達 10.2 兆美元，占全球 GDP 之 13.6%，與我國貿易額占我國對外貿易總額之 25.25%，對我國參與區域經濟整合十分關鍵。

三、CPTPP 對臺灣經濟之影響

臺灣是個開放式經濟國家，貿易依存度高，國內經濟受國際環境變化的影響很大，因此臺灣也必須積極地參與國際事務。截至 2018 年 8 月，臺灣一直盡力爭取加入 CPTPP，但仍尚未成功加入。第二輪談判目前以泰國與哥倫比亞最有希望加入，臺灣會持續努力爭取並加速推動加入 CPTPP 的各項準備工作。以下說明若加入 CPTPP 將對臺灣帶來的正反面影響。

1. 有利於臺灣貿易發展與提振經濟信心

由於我國與 CPTPP 多數成員經貿投資關係密切，加入 CPTPP 等於同時與加、日、澳、越南、馬來西亞等多個主要貿易夥伴簽署自由貿易協定(FTA)。同時，由於臺灣經濟正面臨轉型期，CPTPP 能夠提供強力的外在刺激，促使我國加速結構改革及市場自由化，並提振經濟信心及帶來更多投資。

2. 突破外交與貿易困境

由於兩岸關係的特殊性，長久以來，臺灣在外交與貿易上面臨困境，臺灣若要避免在亞太地區的貿易架構下被邊緣化，除了維持兩岸關係外，若能爭取加入 CPTPP，則能有更好的貿易關係。特別是 CPTPP 對中國大陸的排擠效應，使得臺灣能夠加入 CPTPP 的可能性比其他國際組織大。

3.不利於農業發展

加入 CPTPP 後，農業問題無疑是首當其衝，因為澳洲、紐西蘭都是傳統農業大國，且在 CPTPP 的不公平競爭條件下，臺灣農業發展也將面臨到許多問題。以日本為例，加入 CPTPP 後就面臨相同的困境，因而引發日本農民的強烈反對。此外，CPTPP 中目前唯一的社會主義國家「越南」，其稻米出口量在全世界僅次於泰國。因此越南進入 CPTPP 後，在擁有關稅的優勢下，將讓越南米更有機會進入國際市場。但由於臺灣擁有相對較少的稻米產量，此時對於臺灣的稻農勢必會造成相當大的影響。

四、加入 CPTPP 之準備工作

欲加入 CPTPP，我國需積極爭取 CPTPP 其他成員國之支持，並加快國內產業調整的腳步，俾利於與國際接軌。CPTPP 以原 TPP 協定為基礎，而 TPP 為高標準的區域經濟整合協定，追求貨品高度自由化，甚至標榜無排除項目，因此，臺灣仍將面臨經貿體制與產業大幅調整之挑戰。

⑴行政部門已參考 TPP 的標準規範進行經貿體制調整。

⑵需針對相關法規進行檢視與調整，儘速落實國內法規與國際接軌。

⑶臺灣加入 CPTPP 仍將面對市場開放及制度改革，企業須強化產業競爭力，政府須預先籌劃以因應大幅度市場開放對部分國內產業產生之可能衝擊，並完善受影響產業的支援機制，做好準備。

另外，日本是臺灣加入 CPTPP 最重要的支持國，可望藉由與日本的友好關係，尋求加入 CPTPP 以積極融入區域經濟體系，惟須持續關注日方要求我方解禁核災食品的態度。同時，由於 CPTPP 亦有利中國大陸加入，且成員國中不乏與中國大陸經貿關係密切的國家，或為一帶一路政策的合作國，因此中國大陸在國際貿易上的態度，很可能會為臺灣能否順利加入 CPTPP 增添不確定因素。

要

1. 國際間貿易自由化的推動有兩途徑，一是基於非歧視性的原則，追求世界各國關稅與非關稅貿易障礙的減少或消除；一是優惠貿易集團或區域經濟整合，追求區域內各國關稅與非關稅貿易障礙的減少或消除。
2. 所謂區域經濟整合是指數個國家在經濟或貿易上結合為一體，而朝向廢除或降低彼此間貿易障礙及資金或生產因素移動之限制的過程。
3. 區域經濟整合依其整合程度之深淺，可分為(1)自由貿易區；(2)關稅同盟；(3)共同市場；(4)經濟同盟或貨幣同盟。
4. 所謂自由貿易區是指會員國彼此之間商品貿易的關稅或貿易障礙完全去除，但對外仍維持各別之關稅或貿易障礙。
5. 所謂關稅同盟是指會員國間商品貿易的障礙完全去除，並且對外採取一致的關稅政策。
6. 所謂共同市場是指數個國家不僅結為關稅同盟外，並且容許資本與勞力等生產因素在會員國間可以自由移動。
7. 在經濟同盟下，會員國間不僅成立共同市場，且採行一致的貨幣與財政等經濟政策。
8. 區域經濟整合的福利效果可從兩個角度來分析，一為靜態的福利效果，一為動態的福利效果。
9. 就靜態分析之角度而言，關稅同盟的結果產生使福利水準提高的貿易創造效果，同時也產生使福利水準降低的貿易轉向效果。如果貿易創造效果大於貿易轉向效果，則關稅同盟可使會員國的福利水準上升。
10. 影響貿易創造效果與貿易轉向效果的因素有：(1)關稅同盟前，會員國間彼此的競爭程度；(2)關稅同盟所涵蓋的地區與國家；(3)關稅同盟對非會員國關稅的高低。
11. 關稅同盟所產生的動態福利效果包括：(1)市場規模的擴大，產生經濟規模的效益；(2)同盟國內廠商間競爭程度的加強，(3)刺激及促進投資。
12. 1991 年 12 月歐體各會員國領袖在荷蘭南部馬斯垂克城舉行高峰會議，修訂羅馬條約，稱之為馬斯垂克條約，決定在政治及經濟上全面規劃歐體之整合。1993 年 11 月 1 日馬斯垂克條約正式生效後，原來的歐洲經濟共同體 (EEC) 亦被正式改

稱為歐洲聯盟 (EU)。

13. 馬斯垂克條約的主要內容在「經濟及貨幣整合」及「政治整合」兩大方面，在「經濟與貨幣整合」方面，馬斯垂克條約預訂以三個階段將歐體建立單一通貨及單一的歐洲中央銀行。

14. CEPA 是中國大陸與香港、澳門行政區於 2003 年簽署的一項經貿安排，取消對港澳產品的非關稅措施和關稅配額，同時，也使港澳資金可以更自由的進入中國大陸。

15. CPTPP 最大的特點在於高度開放性質，除了取消商品和服務業的貿易關稅外，亦包含簡化文書作業及海關程序。

習　題

選擇題

(　) 1.關於推動國際間貿易自由化的方法，下列何者為是？
⑷非歧視性原則　⑻全球民主的推動　⑹統一關稅的制度　⑼區域經濟自治

(　) 2.數個國家在經濟或貿易上結合為一體，朝向廢除或降低彼此貿易障礙及資金或生產因素移動之限制的過程稱為？
⑷全球化經濟　⑻無障礙貿易整合　⑹區域經濟整合　⑼經濟一體化

(　) 3.下列何者區域經濟整合程度最深？
⑷自由貿易區　⑻關稅同盟　⑹共同市場　⑼貨幣同盟

(　) 4.會員國彼此間商品貿易的關稅或貿易障礙完全去除，但對外仍維持個別關稅或貿易障礙，稱為？
⑷自由貿易區　⑻關稅同盟　⑹共同市場　⑼經濟同盟

(　) 5.會員國間不僅成立共同市場，且採行一致的貨幣與財政等經濟政策，稱為？
⑷自由貿易區　⑻關稅同盟　⑹共同市場　⑼經濟同盟

(　) 6.以下何種組織是由數個國家結為組織，並且容許資本與勞力等生產因素在會員國間可以自由移動？
⑷自由貿易區　⑻關稅同盟　⑹共同市場　⑼經濟同盟

(　) 7.以下何種組織的會員國間完全不存在商品貿易的障礙，且對外採取一致的關稅政策？
⑷自由貿易區　⑻關稅同盟　⑹共同市場　⑼經濟同盟

(　) 8.關稅同盟的結果產生使福利水準提高的貿易創造效果，屬於何種分析或效果？
⑷動態福利效果　⑻靜態分析　⑹一般均衡分析　⑼部分均衡分析

(　) 9.市場規模的擴大，因而產生經濟規模的效益，屬於何種分析或效果？
⑷動態福利效果　⑻靜態福利效果　⑹一般均衡分析　⑼部分均衡分析

( ) 10.同盟國內廠商競爭程度的加強，屬於何種分析或效果？

(A)動態福利效果 (B)靜態福利效果 (C)一般均衡分析 (D)部分均衡分析

( ) 11.下列何者不是影響貿易創造效果與貿易轉向效果的因素？

(A)關稅同盟成立前會員國間彼此的競爭程度 (B)關稅同盟所涵蓋的地區與國家 (C)關稅同盟對非會員國關稅的高低 (D)關稅同盟對會員國關稅的高低

( ) 12.全世界區域經濟整合最成功的範例是？

(A)世界貿易組織 (B)關稅暨貿易總協定 (C)歐盟 (D)東南亞國協

( ) 13.下列何者並非簽訂 CEPA 的主要目標？

(A)貨物貿易零關稅 (B)實現服務貿易自由化 (C)統一經貿法治體系，以強化一國兩制的理念 (D)促進貿易投資便利化

( ) 14.以下關於 CEPA 的說明，何者有誤？

(A) CEPA 的簽署與一國兩制的方針相互牴觸 (B) CEPA 可針對經貿發展的需要不斷修正內容 (C)降稅項目相當廣泛，涵蓋港澳對大陸出口商品的絕大部分 (D)降稅速度較其他自由貿易協議的推行速度快

( ) 15.以下關於 CPTPP 的敘述何者有誤？

(A)臺灣期望透過加入 CPTPP，突破外交與貿易困境，避免被邊緣化 (B) CPTPP 在美國宣布退出後，轉由日本主導，更名為 CPTPP (C)加入 CPTPP 後，臺灣的農產品必須和國外的免關稅農產品競爭，將影響臺灣農民生計 (D)目前中國大陸及韓國都是 CPTPP 會員國之一，為了避免被邊緣化，臺灣亦積極爭取加入此一協定

問答題

1. 何謂區域經濟整合？區域經濟整合依其整合程度之深淺可分為哪幾種？其內涵為何？
2. 關稅同盟的靜態福利效果包含哪兩種？何謂貿易創造效果？何謂貿易轉向效果？試以圖形說明之？在何種情形下關稅同盟會降低會員的淨福利？
3. 關稅同盟的動態效果有哪些？
4. CPTPP 成立後對臺灣有何影響？試簡單扼要的說明之。

5. 試述亞太地區經濟整合之成效。
6. 歐洲聯盟 (EU) 與歐洲經濟共同體 (EEC) 有何關係？而馬斯垂克條約在這關係又扮演何種角色？
7. 歐盟目前有哪些會員國？並請上網搜尋，未來有哪些國家可能加入？

第10章 國際投資與多國公司

學習目標

1. 解釋多國公司之定義與特性。
2. 描述多國公司國外直接投資之動機。
3. 分析影響多國公司是否應進行國外直接投資之決定性因素。
4. 瞭解何謂國際投資。
5. 說明國際貿易理論與國際投資理論。

觀察現今的國際社會後，可發覺國際間生產因素的移動日趨頻繁。例如為了追求較高的工資，東南亞地區的勞工紛紛前來臺灣工作，義大利的工人跑到德國工作，墨西哥的勞工千方百計越過美墨邊界至美國工作，這就是國際間勞動的移動。再如臺灣的廠商紛紛至東南亞及中國大陸投資設廠，美國所屬的跨國企業在世界各地投資設廠，日本的汽車公司跑到美國成立汽車裝配或製造廠，這些就是屬於國際間資本移動。國際間勞工移動的原因乃是工人欲追求更高的勞動報酬（即工資），而國際資本移動之最主要目的乃是追求更高的資本報酬（即利息或利潤）。不管是國際間勞力的移動或資本的移動，都是屬於國際間生產要素的移動。就國際資本移動而言，多國公司（或稱跨國企業）扮演一個非常重要的角色。多國公司為了追求更高的報酬，透過對國外的直接投資，將資本從一個國家移至另一個國家，這就促進了國際間資本的移動。

本書前幾章所探討的國際貿易理論，基本上是強調國際間商品的自由移動，而本章的國際投資與多國公司之理論則是強調國際間生產要素（尤其是資本及管理技術）的自由移動。根據國貿理論的要素均等化定理，國際間商品自由貿易的結果，會使得國際間生產要素的價格（如工資及利率）趨於一致，因此商品自由貿易有替代國際間生產要素移動的功能。但是根據本章的國際投資理論，國際間生產要素的移動亦將使得國際間生產要素報酬趨於一致，亦即國際間生產要素的自由移動具有替代國際間產品自由貿易的功能。而造成國際間生產要素移動的首要功臣，便是多國公司的對國外直接投資，這也是本章所要探討的主題。

第一節　多國公司之定義及特性

一、多國公司的定義

雖然一般對於**公司** (corporation) 可作清楚之定義，但是對於**多國公司** (multinational corporation) 之定義，則眾說紛紜，並無一個普遍被各方所接受或清楚之定義。即使多國公司之定義並不一致，但是如果從世界上一些較著名的多國公司（如美國的通用汽車、日本的豐田汽車）推論，則可發現所謂多國公司通常具有如下之共同特性：

(1)同時在很多國家經營或營業。

(2)除了生產、開採或開發等之營業項目外，通常亦從事研究與發展之活動。

(3)通常是超越國家的界限，且公司總部通常距離地主國相當遠。

(4)股份所有人與經營管理人通常是多國性質的，亦即來自於不同國家。

(5)國外營業額通常佔其總營業額相當高的比例（通常超過 25%）。

(6)除了涵蓋不同國家外，其通常亦具有相當大的規模。

二、多國公司的特性

多國公司之投資方式依其對外投資產業與**母國** (source country) 產業之關係，可分為下列三種。

1.縱式合併

所謂**縱式合併** (vertical integration)（又稱垂直整合）之投資方式是指母公司在地主國（即子公司所在之國家）建立子公司，以製造母公司所需之中間投入或銷售母公司之產品。縱式合併又可分為向後連鎖與向前連鎖兩種。

(1)**向後連鎖**：向後連鎖的縱式合併投資是指母公司在地主國成立子公司，以製造母公司生產所需的中間投入或原料零組件。例如大多數的電視機或音響的製造廠，通常會以向後連鎖的方式投資電視機或音響之零組件的製造。再如，國際上一些著名的石油公司在中東成立生產石油的子公司，以確保原油的供應。向後連鎖的主要目的在確保原料、零組件或中間投入的供應來源及降低生產成本。

⑵**向前連鎖**：向前連鎖的縱式合併是指母公司在地主國成立子公司，以將母公司的產品作進一步的加工、裝配或銷售出去。例如，美國的一些汽車製造廠在國外建立子公司，以銷售母公司所生產之汽車，這便是屬於向前連鎖的縱式合併投資。向前連鎖的主要目的在確保母公司的行銷、通路管道，增加銷售量及降低銷售成本。

2. 橫式合併

所謂**橫式合併** (horizontal integration)（又稱水平整合）是指母公司在地主國成立子公司，以生產和母公司一樣的產品，其目的在擴大產品的世界銷售網，及增加世界市場上的佔有率。橫式合併下之子公司通常是以一種獨立單位之方式在海外生產母公司之產品。以可口可樂為例，其總公司設在美國，但是其子公司卻是遍佈世界各地，而可口可樂的瓶裝製造不只在美國本土有，在世界各地的子公司亦有。另外，多國公司有時也會以直接投資生產來逃避國外的關稅或貿易障礙。或者，多國公司也可能為了接近消費者，瞭解消費者的偏好，因此直接至海外成立子公司，就近設計製造符合當地口味的產品。

3. 集團式合併

除了上述兩種投資方式外，多國公司亦有可能為分散風險而至海外投資一些與母公司產品不太有關的產業，這種投資方式稱之為集團式合併 (conglomerate mergers)。在 1980 年代，美國的一些多國石油公司預期未來的石油產業之景氣可能不佳，因此便在海外併購或成立一些與能源產業無關之子公司，例如，埃克森美孚 (Exxon) 石油公司在智利併購了銅礦開採公司，天納克公司 (Tenneco) 在法國併購了一家製造汽車零件的公司。又如世界最大航運集團快桅 (MAERSK) 於 2003 年向丹麥政府取得石油開採許可後，積極拓展本業以外之能源開採與煉油事業。

多國公司通常以直接投資的方式來進行全球性的營運，而所謂直接投資是指一國的母公司取得或增加另一國企業之控制權。國外的直接投資包括：⑴母公司取得國外某公司相當數量的股份；⑵母公司取得或建立海外的新廠商；⑶母公司將資金移轉至其既有之子公司以擴充子公司之規模；⑷將海外子公司的盈餘再作投資以擴大子公司的營運規模。

由於美國是全世界對外直接投資最主要的國家，因此表 10–1 列示了美國在 2012 至 2016 年的對外直接投資部位，而表 10–2 則列示外國對美國的直接投資。近年來，美國對外的直接投資資金主要流向歐洲，尤其是製造業方面的對外投資。而外國對美國的直接投資則主要來自歐洲，而投資對象則大部分集中於製造業、石油業及大型購物中心。表 10–3 則列示了 2018 年全球百大企業排名，及其銷售額和利潤數值。

表 10–1　美國對外國的直接投資部位（帳面價值）

單位：百萬美元

地　區	美國對外國的直接投資金額					
	2012	2013	2014	2015	2016	2017
加拿大	366,709	370,259	370,220	361,954	365,375	391,208
歐　洲	2,445,652	2,604,776	2,901,039	3,075,567	3,309,782	3,553,429
拉丁美洲及其他西半球國家	828,721	788,772	898,460	902,642	929,459	1,008,080
非　洲	55,849	60,884	69,029	52,004	51,689	50,285
中　東	40,306	45,399	55,467	49,802	48,593	69,132
亞太地區	672,777	709,623	814,620	847,102	881,132	941,202

資料來源：U.S. Department of Commerce, Bureau of Economic Analysis, Balance of Payments and Direct Investment Position Data.

表 10–2　外國對美國的直接投資部位（帳面價值）

單位：百萬美元

地　區	外國對美國的直接投資金額					
	2012	2013	2014	2015	2016	2017
加拿大	214,314	222,989	273,896	323,207	380,730	453,127
歐　洲	1,836,716	1,901,471	2,004,199	2,306,254	2,603,054	2,731,290
拉丁美洲及其他西半球國家	83,525	100,482	117,051	123,846	124,568	124,862
非　洲	3,761	1,635	1,691	4,310	4,466	5,591
中　東	18,374	17,944	16,467	17,582	24,406	26,025
亞太地區	428,016	483,304	532,491	579,708	627,889	684,598

資料來源：同上。

表 10-3　2018 年全球百大企業

單位：億美元

排　名	公司名稱	國家（地區）	銷售額	利　潤
1	中國工商銀行 ICBC	中國大陸	1,653	437
2	中國建設銀行 China Construction Bank	中國大陸	1,432	372
3	摩根大通 JPMorgan Chase	美國	1,182	265
4	波克夏海瑟威 Berkshire Hathaway	美國	2,352	397
5	中國農業銀行 Agricultural Bank of China	中國大陸	1,293	296
6	美國銀行 Bank of America	美國	1,030	203
7	富國銀行 Wells Fargo	美國	1,021	217
8	蘋果 Apple	美國	2,475	533
9	中國銀行 Bank of China	中國大陸	1,182	264
10	中國平安保險股份有限公司 Ping An Insurance Group	中國大陸	1,416	139
11	皇家荷蘭殼牌集團 Royal Dutch Shell	荷蘭	3,218	152
12	豐田汽車 Toyota Motor	日本	2,652	225
13	埃克森美孚 ExxonMobil	美國	2,301	204
14	三星電子 Samsung Electronics	韓國	2,246	410
15	美國電報電話公司 AT & T	美國	1,592	306
16	福斯集團 Volkswagen Group	德國	2,720	131
17	滙豐控股 HSBC Holdings	英國	632	108
18	威訊通訊 Verizon Communications	美國	1,280	312

19	法國巴黎銀行 BNP Paribas	法國	1,178	85
20	微軟 Microsoft	美國	1,033	142
21	雪佛龍 Chevron	美國	1,394	102
22	安聯保險 Allianz	德國	1,225	77
23	Alphabet （前身為 google 公司）	美國	1,179	166
24	沃爾瑪 Walmart	美國	5,003	99
25	中國移動 China Mobile	中國香港	1,095	169
26	道達爾 Total	法國	1,558	84
27	中國石化 Sinopec-China Petroleum	中國大陸	3,266	80
28	聯合健康集團 UnitedHealth Group	美國	2,076	112
29	戴姆勒公司 Daimler	德國	1,932	118
30	中國石油 PetroChina	中國大陸	2,824	41
31	桑坦德銀行 Banco Santander	西班牙	561	80
32	招商銀行 China Merchants Bank	中國大陸	499	110
33	安盛集團 AXA Group	法國	1,499	67
34	國際商用機器公司 IBM	美國	1,045	166
35	中國人壽保險股份有限公司 China Life Insurance	美國	971	60
36	英國石油 BP	英國	2,519	43
37	三菱日聯金融集團 Mitsubishi UFJ Financial	日本	518	89
38	中國交通銀行 Bank of Communications	中國大陸	591	107

39	軟銀公司 SoftBank	日本	826	92
40	寶馬集團 BMW Group	德國	1,144	102
41	安海斯－布希英博 Anheuser–Busch InBev	比利時	564	79
42	加拿大皇家銀行 Royal Bank of Canada	加拿大	405	88
43	俄羅斯天然氣公司 Gazprom	俄羅斯	1,122	122
44	輝瑞製藥 Pfizer	美國	527	217
45	伊塔烏聯合集團 ItauUnibanco Holding	巴西	623	75
46	日本電報電話公司 Nippon Telegraph & Tel	日本	1,048	77
47	西伯利亞銀行 Sberbank	俄羅斯	463	134
48	雀巢公司 Nestle	澳洲	439	62
49	英特爾 Intel	美國	640	111
50	摩根史坦利 Morgan Stanley	美國	456	69
51	西門子 Siemens	德國	945	71
52	波音公司 Boeing	美國	958	92
53	亞馬遜公司 Amazon.com	美國	1,932	39
54	多倫多道明銀行集團 TD Bank Group	加拿大	357	79
55	寶鹼 Procter & Gamble	美國	664	101
56	荷蘭國際集團 ING Group	荷蘭	566	55
56	中國郵政儲蓄銀行股份有限公司 Postal Savings Bank of China	中國大陸	561	76
58	本田汽車 Honda Motor	日本	1,386	96

59	三井住友金融集團 Sumitomo Mitsui Financial	日本	491	72
60	高盛集團 Goldman Sachs Group	美國	437	49
61	義大利聯合聖保羅銀行 Intesa Sanpaolo	義大利	425	83
62	興業銀行 Industrial Bank	中國大陸	480	88
63	諾華 Novartis	瑞士	503	81
64	嘉能可 Glencore	瑞士	2,054	58
65	巴西布拉德斯科銀行 Banco Bradesco	巴西	765	47
66	保誠集團 Prudential	英國	1,115	31
67	福特汽車 Ford Motor	美國	1,596	78
67	國際商用機器公司 IBM	美國	801	57
69	CVS 健康公司 CVS Health	美國	1,859	66
70	上海浦東發展銀行 Shanghai Pudong Development	中國大陸	483	82
71	聯邦銀行 Commonwealth Bank	澳洲	330	76
72	華特迪士尼 Walt Disney	美國	568	115
73	英國保誠集團 Prudential Financial	美國	611	78
73	俄羅斯石油公司 Rosneft	俄羅斯	948	39
75	義大利國家電力公司 Enel	義大利	867	46
76	中國中信股份有限公司 Citic Pacific	中國香港	578	56
77	Facebook 公司 Facebook	美國	446	178
78	大都會人壽保險公司 MetLife	美國	641	44

79	德國電信股份公司 Deutsche Telekom	德國	845	39
80	上海汽車集團股份有限公司 SAIC Motor	中國大陸	1,366	54
81	阿里巴巴集團 Alibaba	中國大陸	379	96
82	巴斯夫 BASF	德國	751	71
83	信實工業公司 Reliance Industries	印度	608	56
84	中國建築工程總公司 China State Construction Engineering	中國大陸	1,623	51
85	中信銀行有限公司 China CITIC Bank	中國大陸	436	65
86	索尼公司 Sony	日本	771	44
87	西太平洋銀行集團 Westpac Banking Group	澳洲	294	64
88	諾瓦斯考地亞銀行 Bank of Nova Scotia	加拿大	288	65
88	英美菸草公司 British American Tobacco	英國	261	483
90	中國民生銀行 China Minsheng Bank	中國大陸	427	74
91	挪威國家石油公司 Equinor	挪威	651	49
92	友邦保險控股有限公司及其附屬公司 AIA Group	中國香港	319	61
93	羅氏控股 Roche Holding	瑞士	542	88
94	勞埃德銀行集團 Lloyds Banking Group	英國	336	40
95	埃尼集團 ENI	義大利	755	39
96	特許通信 Charter Communications	美國	421	99
97	日產汽車 Nissan Motor	日本	1,069	74
98	盧克石油 Lukoil	俄羅斯	999	72

99	聯合技術公司 United Technologies	美國	612	45
100	拜耳股份公司 Bayer	德國	444	84

資料來源：富比士 (Forbes) 網站。

第二節　多國公司國外直接投資之動機

多國公司之所以會對國外投資並非偶然的，其通常是經過公司管理階層的一番深思熟慮與周詳計畫後才進行的。根據經濟理論與實證研究顯示，國外直接投資乃是預期其能帶來較高的利潤。一般而言，如果兩國的風險一樣，資本會從低預期報酬率的國家流到高預期報酬率的國家。雖然對報酬率的預期基本上解釋了資本流動的方向，但是如果我們去問多國公司的管理階層從事國外直接投資的動機為何，則他們的回答可能是其他因素了。這些其他因素可能包括市場的需求條件、貿易障礙、關稅稅率、投資管制以及勞動成本等。其實這些因素都可說是歸屬於利潤函數中的收入（或需求）函數或成本函數。以下我們就將國外直接投資的動機分成需求因素與成本因素兩方面來探討。

一、基於需求因素

利潤函數包括兩個部分，一個是收入函數，一個是成本函數。收入愈大而成本愈小，當然利潤就愈大了。從經濟學原理可知，收入等於價格乘以需求量（或銷售量)。因此，一個多國公司如果要追求高利潤，首先便是要尋找新市場及尋找需求的來源。

有些多國公司之所以要在國外成立子公司的原因，便是希望直接開拓國外市場以增加需求。這又通常是肇因於由國內母公司出口至海外的海外配銷通路不佳，因此母公司便決定至國外直接成立行銷部門，並進而成立海外的生產部門。尤其是當一個多國公司瞭解到，即使在國外的同一國家，該國國內不同地區的偏好亦有所不同時，則多國公司至海外直接成立行銷或生產部門的動機便會更為強烈。因為惟有直接在海外成立行銷或生產部門，才有辦法對當地的消費者偏好作充分的瞭解，進而對行銷方法或產品的生產，依據消費者的偏好作不同的設計。

有些多國公司之所以要在海外設立生產製造部門或子公司的原因，則是因為該多國公司發覺國外市場已經大到值得至當地直接生產製造。以美國的通用汽車 (General Motors, GM) 公司為例，當該公司發覺英國、法國及巴西的市場大到值得至這些國家直接生產製造時，該公司便直接到這些國家生產製造汽車了。但是美國的波音飛機公司則是將飛機的製造工作在美國本土進行，然後再外銷至國外，其原因是飛機的製造生產需要非常鉅額的投資，而海外的需求並沒有大到值得直接至該地區生產製造，因此如果至海外直接生產製造，其產量不可能達到經濟規模，故波音公司會選擇在美國國內生產，然後再將飛機外銷至國外。

另外，對市場競爭的考慮也往往構成一家公司欲至國外成立子公司的原因，因為如果能在國外成立子公司，則比較能避免潛在性競爭廠商的出現或保持該公司既有的市場佔有率。而多國公司要確保不受國外競爭威脅之方法便是併購國外的廠商。美國的一些多國公司便是在 1960 年代及 1970 年代間，併購了很多外國的公司或廠商，像通用汽車公司便是在全世界大行此道，例如，目前通用汽車在加拿大的製造廠 (GM Canada) 便是併購加拿大的 Monarch 汽車公司而來，再如，目前通用汽車在德國的製造廠 (GM Germany) 便是併購德國 Opel 汽車而來的。而通用汽車公司當初沒有併購的外國汽車公司如豐田汽車，都對通用汽車公司構成競爭與威脅。

二、基於成本因素

我們在前面已經說過，利潤函數包括收入函數及成本函數，因此一個多國公司要增加利潤，除了設法增加收入外，當然亦要考慮如何降低成本。換言之，一個多國公司的對外直接投資的目的可概分為兩個層面，一為增加收入或擴大需求，另一為降低成本。

多國公司為了降低成本所進行的對外投資，又可能是基於不同的因素。好比說對於天然資源產業及農產業的多國公司而言，如何獲得廉價的基礎原料便是一件很重要的事，且對該公司的成本函數有很大的影響。例如，美國的聯合水果公司 (United Fruit) 之所以在宏都拉斯建立香蕉加工製造廠，就是因為該國的氣候與生產條件對生產香蕉具有很大的比較利益。另外，像 Anaconda 公司之所以在玻利維亞設置採礦場以及殼牌 (Shell) 石油公司之所以在印尼開採及提煉石油，也都是因為這些國家對某種天然資源具有豐富稟賦或比較利益的存在，而這些對一個天然資源產業之成本函數便佔有舉足輕重的地位。

多國公司為了降低成本所進行的對外投資，另一種考量因素便是勞動成本。勞動成本與原料成本一樣，也是國與國之間有所不同的。假如一國的工資很低，這當然也會成為多國公司願意至該國投資的重要誘因。例如，美國很多電子公司在海外成立裝配廠，甚至完全在海外製造，往往就是基於國外的工資較為低廉。再如，近年來臺灣有不少的廠商至中國大陸及東南亞等國設廠，其很重要的一個原因便是中國大陸及東南亞等國家的工資比臺灣低廉很多。在此要提醒讀者的是，一個多國公司基於勞動成本的考量而欲至海外設廠時，除了要考慮該國的工資水準外，亦要考慮該國的勞動生產力。假如一國的勞動生產力極低，則即使該國的工資較低，則多國公司至該國設廠並不見得能降低勞動成本。換言之，一個多國公司要降低勞動成本而至海外設廠時，須先確定工資低廉所帶來的利益大於勞動生產力低落所帶來的損失。

一國政府的政策亦可能是吸引多國公司欲對該國直接投資的原因。例如有些國家為了吸引多國籍企業至該國投資，因此提供了像補貼、稅收減免、免費工廠用地等優惠措施，而這些政府措施當然是構成多國公司願意至該國投資的重要誘因。另外，一國的關稅結構也會影響外國是否欲至該國投資的原因。例如巴西對汽車進口課徵很高的關稅，這便意味著國外汽車製造商若欲在巴西銷售汽車，最好是在巴西直接投資設汽車製造廠。如美國通用汽車之所以在巴西投資設廠便是為了避免巴西的高汽車進口關稅。另外，像歐盟對非會員國課徵共同的關稅，但對會員國的關稅則減免，這便吸引了一些多國公司欲至歐盟成立子公司的念頭，因為如果在歐盟設廠生產而能被視為歐盟之產品，則便可逃避歐盟對非會員國所設之關稅，美國、日本等國的一些大企業紛紛至歐盟投資設廠的原因即是在此。

此外，一國保護主義的壓力也可能促使多國公司至該國投資。最明顯的例子便是 1980 年代，美國的汽車業者及汽車工人公會對美國行政部門施加壓力，企圖阻擋日本車侵入美國的市場，因此日本的汽車公司便至美國直接投資成立汽車製造裝配廠，以期降低美國的保護主義。而美國總統川普於 2017 年上任後所強調的「美國優先」理念讓保護主義再次興起。其採取的貿易保護措施包含：⑴退出 TPP、⑵終止美歐自由貿易的談判、⑶針對中國大陸、日本、墨西哥等有高度貿易逆差的國家興起貿易大戰等等，這些保護措施都將對全球自由貿易經濟帶來衝擊，也大大影響了多國公司的投資決策。

第三節　影響多國公司是否進行國外直接投資之決定性因素

一個國際性的公司要在國際商場上成功，該企業當然要能夠較其國際上的競爭者在成本上更具優勢。而這個成本上的優勢可能來自於較佳且便宜的生產因素（例如勞力或原料）、較好的管理或較佳的生產技術。不過，即使一個公司比其他外國的生產者有競爭優勢，其仍然要面對如下的問題：到底應該在國內生產然後再出口至國外，還是應該在國外生產然後直接在國外銷售出去？回答以上問題的決定性因素大致如下：

1. 國外的關稅結構

如果外國對進口所課徵的關稅很高，那當然比較值得到國外生產以逃避高關稅，否則，在國內生產再出口可能較為明智。

2. 國外市場的規模

如果國外市場規模大到值得到該國成立一個製造廠，那當然便應考慮到那個國家直接設廠。但是如果國外市場很小，該廠的產量就無法達到經濟規模，就比較不值得前往設廠。

3. 相對的勞動生產力與工資水準

如果國外的工資比國內低且勞動生產力比國內高，則在國外生產可節省很多的勞動成本。要是國外的工資比國內高或國外的勞動生產力比國內低很多，則選擇在國內生產，然後再出口至國外將是較為明智的抉擇。

4. 至國外生產所需投入的資本大小

如果至國外生產所需投入的資本甚大，則對一個資本不甚充裕的公司而言，便應選擇在國內生產然後再出口出去。

當然，一個廠商要決定是否至國外生產時，必須依產品的特性，將以上這些因素同時做考慮，然後再做抉擇。

一旦廠商決定要在國外生產後，其接下來所須面對的問題便是：到底應到國外直接投資設廠，或是授予當地既有的廠商生產本公司產品之權利或執照？後者的實例如肯德基炸雞 (Kentucky Fried Chicken, KFC) 店，其經營方式為 KFC 的母公司 (美國) 提供操作與管理技術以及商標，而英國當地 KFC 的老闆則只給母公司權利金及一些費用。事實上，像這種只是給當地廠商生產母公司產品之權利的作法已被廣泛的運用。當然，要選擇這種作法，母公司須先確定當地廠商有能力來生產或學習生產母公司的產品。

一般而言，一個廠商到底應至國外直接投資設廠或者是應授予當地廠商生產母公司產品之權利的決定因素如下：

(1)生產過程中所需投入資本的程度。

(2)國外市場的大小。

(3)母公司在國外建立子公司所需付出的固定成本。

圖 10–1 假設**通用汽車公司** (GM) 面對到底應至國外直接設立子公司生產汽車，或是授予當地汽車製造商權利生產 GM 汽車的抉擇，其中 AVC_{GM} 代表 GM 到國外直接設廠生產汽車的平均變動成本，$AVC_{當地}$ 代表當地廠商的平均變動成本。此外，由於 GM 如果直接至國外設廠生產汽車須多付一筆固定成本 (例如廠房的購買及機器設備的投入)，因此，AFC_{GM} 代表 GM 到

國外直接投資設廠生產汽車的平均固定成本。而 ATC_{GM} 代表 GM 到國外直接投資設廠生產汽車的平均總成本，其為 AVC_{GM} 與 AFC_{GM} 兩者之和，亦即 $ATC_{GM} = AFC_{GM} + AVC_{GM}$。

由於 GM 的生產技術與效率較當地廠商為佳，因此圖 10–1 中不管產量為多少，AVC_{GM} 皆小於 $AVC_{當地}$。但是，由於 GM 如果到國外直接設廠的話，須多負擔一筆固定成本，因此：

當 $Q < A_0$ 時，$ATC_{GM} > AVC_{當地}$；

當 $Q > A_0$ 時，$ATC_{GM} < AVC_{當地}$。

以上兩式說明，假如該國外市場的需求量不大（即 $Q < A_0$），則 $ATC_{GM} > AVC_{當地}$，因此 GM 不應到國外直接設廠而應授予當地廠商權利生產 GM 的汽車。但是假如國外市場的需求量相當大（即 $Q > A_0$），則 $ATC_{GM} < AVC_{當地}$，因此 GM 應選擇到國外直接投資設廠。

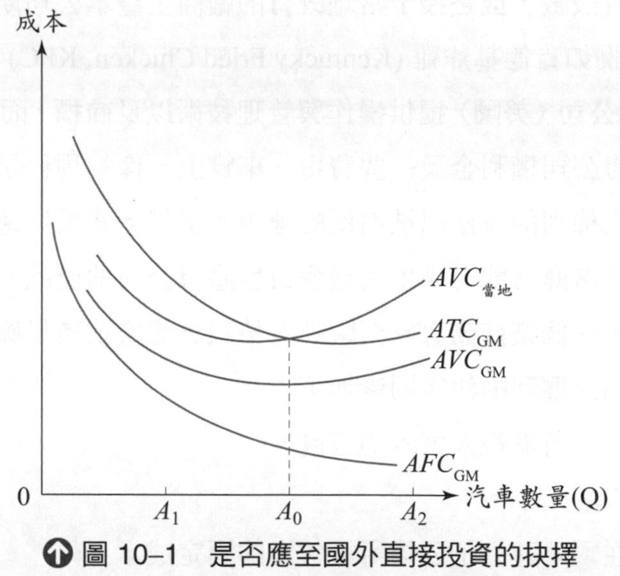

⬆ 圖 10–1　是否應至國外直接投資的抉擇

圖 10–1 的 A_0 代表 GM 到國外投資設廠所需的最低產量，因為產量（或市場需求量）至少要大於 A_0 時，至國外直接設廠的平均成本才會低於由當地廠商生產的平均成本。那再過來我們要問：A_0 的大小到底受哪些因素的影響？A_0 的大小基本上受以下因素所影響：

1. 生產過程中所需資本投入的程度

假如汽車的生產是屬於高度的資本密集，而且GM能以很低成本取得資本，則其代表AVC_{GM}會小於$AVC_{當地}$很多，這將會使得A_0所需之數量較小。

2. 固定成本多寡

GM至國外直接投資設廠所須負擔的固定成本愈小，則A_0所需的數量愈少。反之，如果GM至國外直接投資設廠所須負擔的固定成本愈大的話，則A_0所需的數量愈大。換言之，固定成本愈大的話，該國外市場的需求量也必須愈大，否則GM便不值得到該國直接投資設廠，而應只是授予當地廠商權利生產GM汽車。

綜合以上之分析，可知影響國外直接投資決策之因素為：

(1)生產的變動成本（如工資及原料、零組件成本）。

(2)國外直接投資設廠的固定成本。

(3)勞動與資本在生產過程中所佔之地位。

(4)國外市場的大小。

此外，影響國外直接投資決策之因素尚包括：

1. 幣值的升貶

當母國的通貨相對於地主國的通貨升值時，則國外直接投資的資金成本下降，同時母國出口品以地主國通貨表示的價格上升，不利於母公司產品的出口，但若在地主國設立子公司，則以地主國通貨表示的產品價格下跌，有利產品的出口，國外直接投資有利。

2. 資金匯出匯入的管制程度

如果地主國對資金匯出匯入作太多的限制，這當然不利母公司在該地主國投資。

3. 地主國的政治風險

有些國家政治動盪不安，不利於多國公司在當地投資。此外，有些國家常常發生排外事件或凍結外商資本的情事，這當然亦不利於多國公司在該國投資。

● 4.關稅及非關稅貿易障礙

對於一些對外關稅很高或貿易障礙很多的國家，惟有經由到該國直接投資設廠，才能突破關稅及貿易障礙。

● 5.運輸成本的高低

對於一些運輸成本極高的產品，如果由母國直接生產再出口至國外，則該產品的價格競爭力將降低，因此，若能至國外市場需求之所在地直接生產，將可大幅降低運輸成本及增加產品的價格競爭力。

● 6.稅率的高低

例如地主國的營業稅及營利事業所得稅的高低，此外，像地主國是否有制訂獎勵外國投資條例而提供特別優惠條件等，亦是決定是否應至該國直接投資設廠的重要考慮因素。

第四節　國際合資

如果依所有權型態來劃分，國際投資則可分為**獨資** (wholly owned) 與**合資** (joint venture)。所謂獨資是指母公司完全出足所需的資金，其經營權益全部由母國之母公司獨享；而合資是指採取與當地廠商或政府機構共同出資經營的方式。

國際合資在 1980 年代頗為盛行，尤其是對一些原來彼此是互相競爭的廠商所組成的國際合資。在此所謂合資是指兩家或兩家以上的公司結合彼此的技術及資產的企業組織。合資與**兼併** (mergers) 之不同在於合資是由幾家公司共同「創造了一家新的公司」，而兼併是指既有的兩家公司合組成一家公司。

一、國際合資之介紹

以下將說明國際合資的型式、產生原因和缺點。

國際合資包括三種型式：

● 1. 兩家公司在第三國經營某種事業：

好比說一家美國的石油公司與另一家英國的石油公司在中東合資開採石油。

● 2. 一家公司與地主國當地的私人企業：

例如日本的 Honeywell 資訊公司，便是由美國的 Honeywell 資訊公司與日本的三菱辦公室機器公司所組成，以銷售資訊系統儀器至日本之國際合資。

● 3. 一家公司與地主國政府：

例如美國的 Bechtel 公司與前西德的 Messerschmitt-Bölkow-Blohm 及伊朗政府的伊朗國家石油公司，三者為開採伊朗石油所共同成立的伊朗石油投資公司 (Iran Oil Investment Company) 便屬此類之國際合資。

國際合資的產生原因大致如下：

● 1. 業務或計畫的成本實在太高

例如世界上一些大銅礦區都是被一些大公司所共同擁有及開採，其原因是擁有及開採這些銅礦需投入巨大的資本，因此只好透過國際合資來進行。再如，石油的探測、開發與提煉需要極大的成本，因此其亦通常由國際上的一些大石油公司成立國際合資來進行。

● 2. 有些國家的政府禁止或限制外國公司擁有當地的某種產業

在一些開發中國家之政府規定，除非有當地公司或政府參與至某種比例，否則禁止外國公司在該國擁有某種產業。例如墨西哥、印度及祕魯等國都有這種規定。在此情形下，外國的公司若欲在該國經營某種產業，便勢必要與當地的公司或政府合作。而這些國家的政府之所以要作如此限制的原因大致如下：

(1)有助於管理及技術移轉至這些國家。

(2)可避免國外的大公司對本國政治的影響。

(3)可減少利潤全由外國公司獲得及將紅利匯至外國，這將有助於改善這些開發中國家的國際收支。

● 3. 可避免某國家貿易保護主義的高漲

例如在 1980 年代，日本的一些汽車公司（例如豐田汽車公司）由於擔心美國保護主義的升高，進而限制日本車進入美國市場，因此便與美國的公司合資。這些合資的結果通常使得美國公司得到一些裝配日本汽車零件的工作，然後再將裝配好的汽車賣給美國的消費者。這些合資不只使得日本車的生產進入美國市場，讓美國人弄不清楚這些車到底是日本車還是美國車，同時亦降低了美國的貿易保護浪潮。

最後在缺點方面，國際合資與獨資相較起來顯得困擾多多。在國際合資下，公司的控制權被分開，易形成雙頭馬車。因此，國際合資的成敗端視這兩個目標與企業文化完全不同的公司如何互相協調合作。

二、國際合資之福利效果

國際合資對母國的經濟，一方面會產生福利增加的效果，另一方面則會產生福利減少的效果，如福利增加的效果大於福利減少的效果，則會使得母國的淨福利增加。而通常在以下的情形，國際合資會使母國的淨福利增加：

(1)創立的新公司大幅增加了生產能量及加強了市場的競爭。

(2)創立的新公司開拓了新的市場，而這個新市場是未合資前原來這兩家母公司所無法打入的。

(3)創立的新公司大幅降低了生產成本。

但是，同樣的，國際合資也有可能使得母國的淨福利減少。例如，假如國際合資增加了市場的獨佔力量，這代表國際合資所創立的公司有能力去影響市場的價格及銷售量，在此情形下，原來的這兩家母公司可能會利用國際合資來聯合壟斷價格及數量，而這聯合壟斷的結果將使得價格上升及母國的福利下降。

圖 10–2 旨在說明國際合資的福利效果。假設在未有國際合資前，臺灣的汽車市場上僅有日本的豐田汽車公司與臺灣的裕隆汽車在供給汽車，且這兩家汽車公司的生產函數皆一樣，皆為規模報酬固定的生產函數，其長期供給曲線皆位於 $MC_0 = ATC_0 = 100$ 萬元之供給曲線上。

假設裕隆與豐田這兩家汽車公司在未合作以前，在臺灣的汽車市場上是處於互相競爭的狀態，因此其均衡條件皆為 $P = MC_0$，在此均衡條件的均衡

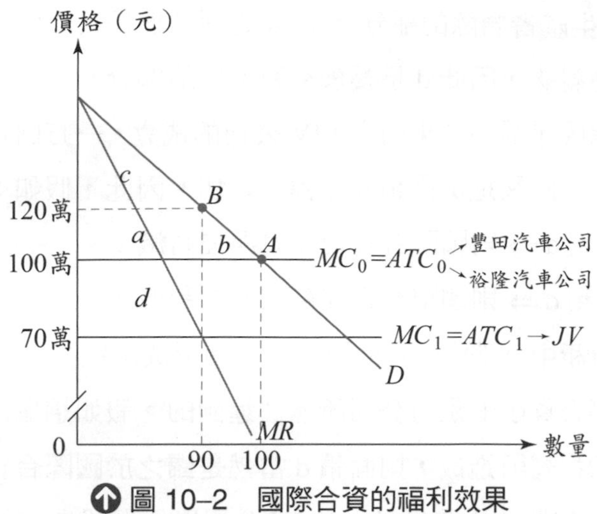

圖 10–2　國際合資的福利效果

點為 A 點，均衡價格為 100 萬元，均衡數量為 100 單位，消費者剩餘則等於 (a+b+c) 之面積，至於生產者剩餘則等於 0（因為平均成本等於價格）。

現在假設裕隆與豐田這兩家公司決定國際合作並創立一家國際合資的新公司，這新公司稱之為 JV 公司，這 JV 公司所生產的汽車將銷售於臺灣，且完全取代原來的裕隆與豐田這兩家母公司。

假設國際合作的結果使得生產效率提高及生產成本降低，因此 JV 公司的成本曲線（或供給曲線）變為 $MC_1 = ATC_1$。由於假設汽車市場上只剩下 JV 公司在供給汽車，故 JV 汽車公司成為臺灣汽車市場上之獨佔性廠商。做為一個獨佔性廠商，JV 公司利潤極大化的條件將是：$MR = MC_1$，因此市場均衡點將為 B 點，均衡價格將為 120 萬元，均衡數量將為 90 單位。在此情形下，消費者剩餘將僅為 c 之面積，與在未有國際合資前相較之下，國際合資的結果使得消費者剩餘減少 (a+b) 之面積，其中 a 之面積代表由消費者剩餘移轉成 JV 公司的生產者剩餘，而 b 之面積則是消費剩餘的損失，但也未移轉成生產者剩餘，因此 b 之面積代表臺灣的福利無謂損失。

雖然 JV 公司的成立造成了面積 b 的福利無謂損失，但是另一方面，JV 公司的成立使得每單位的生產成本從 100 萬元降為 70 萬元，在利潤極大化的均衡點 B 下，生產者剩餘為 (a+d) 之面積，其中 a 之面積代表由消費者剩餘移轉成 JV 公司生產者剩餘的部分，而 d 之面積便是代表因為生產成本降低所帶來的生產者剩餘，因此 d 是屬於福利增加的部分。

就整個臺灣的淨福利效果而言，JV 公司的成立，一方面造成面積 b 之福利損失，但是另一面又造成面積 d 之福利增加。因此，假如：

面積 b > 面積 d ⇒ 則國際合資使臺灣淨福利減少。

面積 b < 面積 d ⇒ 則國際合資使臺灣淨福利增加。

在以上的分析中，假設 JV 公司的成立使得成本減少，而這個成本的降低，是未有國際合資前個別母公司所無法達到的。假如這個成本的降低真的是由於生產力的提高所造成，則面積 d 當然是歸之於國際合資所造成的福利利得。但是假如這個成本降低是由於 JV 公司形成獨買者（即唯一僱用汽車工人的廠商）而降低工資所造成的話，則 d 面積只是代表由國內汽車工人的工資移轉成 JV 公司的生產者剩餘，這對臺灣而言，只是造成所得的重分配而並非是一種福利利得。

第五節　多國公司所引起的爭論

贊成多國公司者經常指出：多國公司的存在將會對母國（母公司所在之國家）與地主國（子公司所在的國家）帶來好處，這些好處包括促進投資與資金的流動、創造就業機會及提高生產技術與研究發展等。但反對多國公司之存在者則認為：多國公司的存在阻礙了商品的國際貿易，與一國的政治與經濟目標相衝突，以及對一國的國際收支帶來逆差等。由於大家對多國公司的看法見仁見智，這也就是為什麼有些國家（包括地主國及母國）鼓勵直接國外投資，有些國家則又相當反對直接國外投資。本節的目的則是在對多國公司所引發的爭論性問題提出來討論。

一、多國公司與就業機會的問題

多國公司所引起的爭論問題中，最常被提出來討論的就是：多國公司對母國與地主國之就業機會所造成的影響。多國公司本身通常宣稱其所進行的國外直接投資，創造了地主國就業機會，例如，美國的汽車公司在加拿大建立汽車製造廠，便增加了加拿大工人的就業機會。

其實多國公司的存在是否一定會增加地主國的就業機會，應該是視情形而定的。如果多國公司對地主國的投資是以一種創造一家新公司的型式，則多國公司的對外直接投資當然會增加地主國的就業機會。但是若多國公司對地主國的投資只是購買地主國原有的廠商，則多國公司將不會增加地主國的就業機會。另外一個常引起爭論的話題是，多國公司如果給付較目前地主國為低的工資，則易被認為是剝削勞工，但是如果給付較高的工資，則又被認為奪走地主國的高級人才。例如，美國的石油公司在沙烏地阿拉伯成立子公司後，便奪走不少沙國的高級人才為其工作，因而造成沙國的政府與民間企業高級人才的缺乏。

對母國而言，多國公司的對外投資減少了母國工人的就業機會。由於工會通常是限制在一國之內，跨國性的工會並不易存在，因此多國公司在未對外投資前，其必須與母國的工會商議工資水準，由於母國的工人團結在一個工會之下，因此多國公司在未對外投資前，其與母國工會的工資議價將不會太大。但是多國公司透過對外投資，便可尋找工人對工資的議價能力較低的國家，進而降低工資成本。例如，1982年美國汽車公司將汽車裝配廠移到美墨邊境的城市，而墨西哥的工資比美國低很多，因此美國汽車公司便可減少很多工資成本。

多國公司對母國與地主國就業機會的影響，其實亦視時間的長短而定。就短期而言，多國公司的對外投資會使母國的就業機會減少；但是就長期而言則不一定如此，因為多國公司對外投資會使地主國的就業機會及所得提高，而地主國所得提高將會帶動其對母國其他產業的進口需求，故母國其他產業的出口及就業機會增加。故就長期而言，多國公司對外投資並不一定會使得母國的就業機會減少。

另外，多國公司的對外投資亦會造成地主國生產技術做重大轉變，而此轉變可能會造成地主國的工人在短期間難以適應，這也是不可忽視的問題。

二、多國公司與國家主權的問題

很多國家都擔心多國公司會影響到該國的政治或經濟之主權。世界上許多多國公司的經濟力量甚至超過一些小國家或開發中國家，由於這些多國公司擁有如此雄厚的經濟力量，因而有時會對地主國的政治或經濟主權構成挑戰。例如多國公司可能對地主國欲透過稅制來調整所得重分配之目標構成挑戰。多國公司可利用母公司與子公司之間貿易移轉報價的方式，低估利潤以規避稅負。假設子公司所在之地主國稅率較高，而母公司所在之母國或第三國的稅率較低，則多國公司便可利用會計技巧，設法將子公司的利潤壓低或移轉到稅率較低的國家，如此便可逃避地主國的高稅率。由於許多地主國並沒有足夠的會計、法律及稅賦人員來審查多國公司的帳務或會計報表，再加上多國公司本身的產品可能沒有公認的國際價格，因此，地主國很難有效的杜絕多國公司利用移轉價格來逃避稅負的弊端。

多國公司亦有可能會介入地主國的政治紛爭，影響地主國之政治權力分配及政治主權。例如多年來不少美國的大公司在智利投資開採銅礦，因此當阿葉德 (Salvador Allende) 要競選總統時，美國這些多國公司很擔心他可能會將多國公司的經營權收回，於是便大力反對阿葉德，美國的國際電話電報公司為了避免阿葉德得權力，甚至鼓動智利的公民暴動。另外一個多國公司干預地主國政治醜聞之例子便是 United Brands 食品公司。1947 年，United Brands 食品公司以 125 萬美元賄賂宏都拉斯總統以交換宏國降低香蕉的出口關稅，後來這件賄賂醜聞被揭發，宏都拉斯總統更因此而下臺。

在國際危機發生時，多國公司亦有可能因為擔心地主國的政治情勢不穩或貨幣貶值，而將資金迅速撤出或暫時移轉到另一個國家，而這便會嚴重影響到地主國之經濟。

在目前這個國與國間的經濟互相依賴，國與國間生產要素高度移動的世界裡，國際投資多少會造成地主國在政治或經濟主權的喪失，但其同時亦促進國際間勞力及資本（及技術）的移動，使得生產要素（資金與勞力）從低報酬的國家移至高報酬的國家，這對地主國及母國而言都是一件有利的事。

到底多國公司帶給一國福利增加的利益是否會大於政治及經濟主權喪失的損失，則視一國政府與人民對此的價值判斷了。

三、多國公司與國際收支的問題

多國公司或一國對外直接投資的結果會對該國的國際收支產生什麼影響呢？在回答這個問題以前，讓我們先對何謂國際收支作一個簡單介紹。所謂國際**收支平衡表** (balance of payments, BOP) 是指，在某一特定期間，以貨幣型式有系統的記載一國居民與其他國家居民之間，所進行的各種經濟交易活動。凡是對外國支付或是導致資金流出本國的交易項目，都被記為國際收支平衡表的減項，其代表對一國的國際收支有負的貢獻，例如進口財貨及勞務、對外國投資等便是；而凡是外國對本國支付或是導致資金流入本國的交易項目，則都記為國際收支平衡表的加項，其代表對一國的國際收支有正的貢獻，例如出口財貨及勞務、外國對本國投資等便是。準此而言，我們可能會下結論說，一國對外國直接投資代表資金流出本國，因此一國對外投資會不利於母國的國際收支。以上這個結論就短期而言或許正確，但是就長期而言則不一定，因為其忽視了對外投資有助於母國出口的增加及資金或利潤匯回母國之效果。以下我們就來說明這個道理。

當一家母國的多國公司在國外成立一家子公司，就短期而言，由於直接國外投資造成資本外流，因此會使母國的國際收支逆差。但是由於這家子公司通常會向母國購買機器設備或原料零組件，因此就長期而言，這家子公司必將從母國進口額外的資本財或原料零組件，如此之下，母國的出口將增加，這將有助於母國國際收支的順差。

再者，就長期而言，如果子公司經營順利，則利潤匯回母公司將有助於母國國際收支的順差。因此，多國公司的對外投資，就短期而言，會造成母國國際收支逆差，但是就長期而言，則可能有助於母國國際收支的順差。

四、多國公司與稅的問題

多國公司的所得稅如何課徵及如何在母國與地主國間分配，也是一項引人關心及爭議的問題。就美國而言，美國的工會及其他團體常常抱怨說，美國的所得稅制鼓勵企業對外國直接投資而不鼓勵在美國國內投資，因為對外國投資相對於對國內投資而言可獲得一些減讓，這些減讓包括下列兩者：

1. 國外租稅扣抵 (foreign tax credits)

根據美國稅法之規定，公司總部設於美國之多國公司，其對外國所繳之所得稅可扣抵其對美國政府所必須繳之所得稅。例如，假設位於加拿大之子公司賺取 10 萬美元之利潤，且加拿大的所得稅稅率為 25%，則該子公司須付給加拿大政府 25,000 美元之所得稅。假設美國的所得稅率為 48%，則要是在沒有租稅扣抵制度下，母公司仍須再對美國政府繳 48,000 美元之所得稅，但是在國外租稅扣抵制度下，因為子公司已對加拿大政府繳 25,000 美元，因此母公司只須再對美國政府繳 23,000 美元 (= \$48,000 – \$25,000) 的所得稅。國外租稅扣抵制度的目的在避免**重複課稅** (double taxation)，亦即在避免總部設於美國的多國公司之子公司的利潤受到地主國政府課稅後又再受美國政府課一次稅。

2. 延遲繳稅的優惠 (tax deferral advantage)

美國的多國公司除了享有國外租稅扣抵之辦法外，其亦享有延遲繳稅的優惠。所謂延遲繳稅是指，美國所屬的多國公司如果其在海外子公司所賺得的利潤尚未匯回母公司，則母公司可就此子公司利潤之部分暫時延遲對美國政府繳納所得稅。這個延遲繳稅的規定，其實無異於美國政府給予這些多國公司無利息之貸款，這也無形中鼓勵美國的多國公司之子公司繼續將利潤保留在國外不要匯回美國。

由於美國政府對多國公司的國外直接投資提供了國外租稅扣抵與延遲繳稅之優惠，但是對國內投資則無此優惠，因此其無形中鼓勵美國的企業多作國外直接投資，少作國內投資。

第六節 國際貿易理論與國際投資理論

國際投資理論基本上是符合國貿理論之比較利益原則的。根據國際貿易理論之比較利益原則，假如甲國能以比較低的成本生產 A 產品，而乙國能以比較低的成本生產 B 產品，則甲國應專業化生產其較具比較利益的產品 A，而乙國則應專業化生產其較具比較利益的產品 B，然後透過甲乙兩國貿易的進行，直到 A 與 B 這兩種產品在這兩國的價格都一樣為止。而國際投資理論則強調生產因素應由低報酬的國家移至高報酬的國家，亦即直接投資將使資本從低報酬的國家移至高報酬的國家，而直接投資的結果將使母國的資本報酬（利率）上升，勞動報酬（工資）下降；使地主國的資本報酬下降，勞動報酬上升。根據國際貿易理論的要素均等化定理，兩國間商品自由貿易的進行，到最後將使得兩國間生產要素的價格（如勞力的價格——工資，資本的價格——利率）趨於一致。因此國際間的商品貿易與國際間的要素移動，其實是殊途同歸的。

國際貿易理論與國際投資理論兩者間最主要的差別在於，國際貿易理論強調國際間商品的移動，而國際投資理論則強調國際間生產要素（尤其是資本）的移動。

國際貿易理論認為國際間自由貿易的進行，將使兩國的福利水準均增加。同樣的，根據國際投資理論，國外直接投資的進行亦將對母國與地主國都帶來好處，這是因為透過國外直接投資的進行，多國公司將資本從低報酬的母國移至高報酬的地主國，這將使得全世界的生產資源得到更佳的配置，因此全世界的福利水準亦將隨之提高。

第七節　傳染病對全球化及國際貿易與投資之影響

21 世紀是一個全球化的世紀，國際間的貿易及多國公司在國際間的投資也愈來愈密切。因為根據 WTO 的基本原則，一國加入 WTO 後便須遵守或朝向廢除關稅及非關稅貿易障礙，開放市場，減少投資障礙等方向來邁進。也因為如此，隨著臺灣與中國大陸的加入 WTO，中國大陸市場的漸趨開放，臺商及世界各國的大企業也必將對中國大陸進行更多之投資，一股**全球化** (globalization) 的浪潮在 21 世紀開始銳不可擋。

殊不料 2003 年 2 月開始於香港、新加坡、中國大陸、臺灣、加拿大及世界各地陸續出現「嚴重急性呼吸道症候群」(SARS) 傳染病。頓時之間，旅行業、航空業、餐飲業、服務業皆受到重創，而繼之而來的是臺商至中國大陸投資之人員停止往來，兩岸的投資幾乎停擺，而世界上人與人的面對面接觸也大幅減少。2015 年 5 月韓國爆發之「中東呼吸症候群」(MERS) 流行事件亦是，造成全球各地數萬名旅客取消赴韓旅遊計畫，重創韓國旅遊業甚至是國際形象，也連帶影響金融以及國際會議等活動進行。

過去自由貿易學派的看法，認為國際貿易與投資的進行可使全世界的資源得到最適之配置，世界各國也皆可從全球化的趨勢得到更好的生活水準之論點也必須重新修正。在傳染病危機下，明顯可見的論點是，國家不能全賴自由貿易，否則萬一傳染病所導致的各國閉關自守，孤立主義發揮到極致，一個缺乏農、漁、牧產品的工業化（如臺灣）及金融、服務業的經濟體（如香港、新加坡）便將面臨經濟衰敗之惡運。看來，每個工業化國家一定仍須保有農業，這不只是基於戰時軍糧民食之所需，也是面對萬一類似有 SARS 或 MERS 之類的傳染病時的自保之道。全賴自由貿易與投資及外來觀光客的外部導向政策也不是發展島國經濟之萬靈丹。這其實也是分散投資才能降低風險，也就是「不要把所有雞蛋放在一個籃子」的道理。

要

1.在當今這個世界上，除了商品在國際間移動外，生產因素在國際間的移動亦日益頻繁。多國公司的存在對國際間生產因素之移動扮演極為重要的角色。

2.至目前為止，何謂多國公司仍無一個普遍被各方所接受或清楚之定義。不過，一般而言，所謂多國公司通常具有如下之共同特性：(1)同時在很多國家經營或營業，(2)股份所有人或經營管理人具有多國的特性；(3)國外營業額佔其總營業額相當高之比例；(4)超越國家界限，或公司總部離地主國或實際經營之地點有相當之距離；(5)企業規模龐大。

3.多國公司之投資方式可分為縱式合併、橫式合併與集團式合併三種方式。

4.所謂縱式合併（又稱垂直整合）之投資方式是指母公司在地主國建立子公司，以製造母公司所需之中間投入或銷售母公司之產品。縱式合併又可分向前連鎖與向後連鎖兩種。

5.所謂橫式合併（又稱水平整合）是指母公司在地主國成立子公司，以生產和母公司一樣的產品，其目的在擴大該產品的世界銷售網及增加整個世界市場上的佔有率。

6.多國公司為分散風險而至海外投資一些與母公司產品不太有關的產業，這種投資方式稱為集團式合併。

7.國外直接投資的動機可概分為需求面的因素與供給面的因素。具體而言，影響國外直接投資的主要因素有：(1)市場需求；(2)關稅與非關稅的貿易障礙；(3)投資的獎勵；(4)勞動生產力、工資或天然資源稟賦。

8.一個廠商一旦決定要在國外生產後，其接下來所須面對的問題便是：到底應到國外直接投資設廠或是賦予當地既有的廠商生產本公司產品之權利或執照？

9.一個廠商到底應至國外直接投資設廠或是賦予當地廠商生產母公司產品之權利的決定因素為：(1)生產過程中所須投入資本的程度；(2)國外市場的大小；(3)母公司在國外建立子公司所須付出的固定成本。

10.國際投資之途徑如果依所有權型態來劃分，則可分為獨資與合資。所謂國際合資是指採取與當地廠商或政府機構共同出資經營的方式。國際合資在近年來頗為盛行，尤其是對一些原來是互相競爭的廠商所組成的國際合資。

11. 國際合資對母國的經濟一方面會產生福利增加的效果。但另一方面其亦會產生福利減少的效果，福利增加效果主要是因為國際合作的結果使得生產效率提高及生產成本降低，福利減少的原因則是因為國際合作的結果造成市場獨佔的力量。
12. 多國公司最常引起爭論的問題有：(1)多國公司與就業機會的問題；(2)多國公司與國家主權的問題；(3)多國公司與國際收支的問題；(4)多國公司與稅的問題。
13. 國際投資理論基本上是符合國際貿易理論的比較利益原則的。
14. 根據國際貿易理論的要素均等化定理，兩國間商品自由貿易的進行，到最後將使得兩國間生產要素的價格（如勞力的價格——工資，資本的價格——利率）趨於一致。而根據國際投資理論，兩國間直接投資的自由進行或兩國間生產要素的自由移動，到最後亦將使得兩國間生產要素的報酬（即工資與利率）趨於一致。
15. 國際貿易理論與國際投資理論兩者間最主要的差別在於，國際貿易理論強調兩國間商品的移動，而國際投資理論則強調國際間生產要素（尤其是資本）的移動。
16. 國際貿易理論認為國際間自由貿易的進行，將使得兩國的福利水準均增加。而國際投資理論則認為，透過國外直接投資的進行，全世界的生產資源將得到更佳的配置，而全世界的福利水準亦將隨之提高。

習　題

選擇題

(　) 1. 下列關於多國公司的特性敘述，何者錯誤？
(A)同時在多國經營或營業　(B)股份所有人具有多國的特性　(C)國外營業額佔其總營業額比例高　(D)公司總部距實際經營地點相近

(　) 2. 下列關於多國公司的投資方式，何者錯誤？
(A)單點式合併　(B)縱式合併　(C)橫式合併　(D)集團式合併

(　) 3. 多國公司為分散風險而至海外投資與母公司不太相關之產業，此方式稱為？
(A)單點式合併　(B)縱式合併　(C)橫式合併　(D)集團式合併

(　) 4. 母公司在地主國建立子公司，以製造母公司所需之中間投入或銷售母公司之產品，此方式稱之為？
(A)單點式合併　(B)縱式合併　(C)橫式合併　(D)集團式合併

(　) 5. 母公司在地主國成立子公司，以生產和母公司一樣的產品，此方式稱為？
(A)單點式合併　(B)縱式合併　(C)橫式合併　(D)集團式合併

(　) 6. 下列關於縱式合併之分類，何者正確？
(A)向前連鎖　(B)擴展連鎖　(C)集中連鎖　(D)以上皆非

(　) 7. 下列何者不是影響國外直接投資的主要因素？
(A)市場需求　(B)關稅與非關稅貿易障礙　(C)投資獎勵　(D)消費者權益

(　) 8. 一國廠商至國外直接投資設廠或是賦予當地廠商生產母公司產品之權利，其決定因素不包括下列何者？
(A)投入資本的程度　(B)母公司人力成本　(C)國外市場的大小　(D)在國外建立子公司所需付出之固定成本

(　) 9. 下列何者為依所有權型態劃分國際投資之途徑？
(A)管理合約　(B)整體輸出計畫　(C)授權　(D)合資

(　) 10. 下列何者不是多國公司最常引起爭論之問題？
(A)公司規模　(B)就業機會問題　(C)國家主權　(D)稅負

( ) 11.國際投資理論基本上符合下列何種國際貿易理論？
(A)絕對利益原則 (B)比較利益原則 (C)雙邊利益原則 (D)以上皆非

( ) 12.兩國間商品自由貿易的進行，到最後將使得兩國間生產要素的價格趨於一致，此現象屬於哪一種理論？
(A)比較利益理論 (B)購買力平價定理 (C)要素均等化定理 (D)相互需求定理

( ) 13.通常國際合資會產生福利增加與減少的效果，下列何者通常不會使得母國的淨福利增加？
(A)創立的新公司大幅增加生產能量以及市場的競爭 (B)創立的新公司開拓未合資前無法打入的新市場 (C)創立的新公司大幅降低生產成本 (D)創立的新公司增加了市場的獨佔力量，可利用國際合資壟斷價格及數量

( ) 14.國外直接投資的動機，概分為需求面與供給面因素，下列何者非主要因素？
(A)專利權的限制 (B)關稅與非關稅的貿易障礙 (C)投資的獎勵 (D)市場需求

( ) 15.當廠商在決定應至國外直接投資設廠，或是賦予當地生產母公司產品之權利時，下列何者非主要的考量因素？
(A)生產過程中所需投入資本的程度 (B)就業市場中的供給需求程度 (C)國外市場的大小 (D)母公司在國外建立子公司所須付出的固定資本

問答題

1. 多國公司之投資方式依其對外投資產業與母國產業之關係可分為哪三種？請對每種方式作簡單扼要的說明。
2. 解釋國外直接投資之動機的主要因素有哪些？請作扼要的說明。
3. 一個廠商到底應至國外直接投資設廠或者是應授予當地廠商生產母公司產品之權利的決定因素有哪些？
4. 何謂國際合資？國際合資的型式有哪幾種？
5. 多國公司的對外投資會對母國及地主國的就業機會產生什麼影響？
6. 請分別從短期與長期角度探討多國公司對外投資對地主國的國際收支之影響。

7. 國際貿易理論與國際投資理論兩者所強調的有何不同？兩者之理論又有何類似的地方？
8. 多國公司的對外投資會對地主國的國家主權產生什麼影響？
9. 多國公司的對外投資會對母國及地主國之國際收支產生什麼影響？

第11章

國際貿易與國民所得

1. 影響出口與進口需求的因素有哪些。
2. 分析閉鎖經濟下均衡國民所得的決定。
3. 解釋小型開發經濟下均衡國民所得的決定。
4. 解釋國外迴響效果下均衡國民所得的決定。

國內生產毛額 (gross domestic product, GDP) 是指在一定期間內，一國境內無論本國或外國人民所生產之最終財貨及勞務之市場價值之總和。而國內生產毛額中之任何財貨與勞務之價值，必然歸屬於社會中的某人所有，成為其所得，稱為**國民所得毛額** (gross national income, GNI)。GDP 或國民所得一般有兩種衡量方法，一為從要素所得面來衡量，一為從支出面來衡量。如果從要素所得面來計算國內生產毛額，則：

$$GDP = 工資 + 租金 + 利息 + 利潤 + 折舊 + 間接稅淨額$$

如果從最終產品購買者之支出面來計算國內生產毛額，則：

$$GDP = C + I + G + (X - M)$$

上式中 C：民間消費支出

I：國內投資

G：政府支出

X：出口

M：進口

嚴格來講，**國民所得** (national income, NI) 是指全體國民以其生產要素參與生產而得到的報酬之和，其在計算上為：

$$\begin{aligned} NI &= 工資 + 租金 + 利息 + 利潤 \\ &= GDP - 折舊 - 間接稅淨額 \end{aligned}$$

由上式可知，國民所得乃是國內生產毛額減去折舊及間接稅淨額後所得之數字，因此嚴格來講，國民所得是與 GDP 不太一樣的。不過，在此必須說明的就是，「國民所得」這一名詞，實際上已被廣泛用來指國民所得會計帳所衡量的 GDP。尤其在經濟理論之分析上、報章雜誌上及一般人心目中，GDP 與國民所得幾乎是代表同一意義。本章之目的乃在分析國際貿易與國民所得之關係，而非在陳述國民所得會計帳上如何計算，因此本章所謂的國民所得亦可做廣泛的解釋為 GDP，惟如果從理論之分析角度而言，刻意去區分國民所得與 GDP 的不同並無多大意義。

從支出面來看，我們知道淨出口（即出口 (X) 減去進口 (M)）為 GDP 的一部分，換言之，一國的進口與出口是與該國的國民所得水準有密切關係的。

本章在第一節將首先介紹影響進口需求與出口需求之決定因素，第二節將以凱因斯模型說明一國在無對外貿易之情況下，其國民所得水準是如何決定，第三節則將討論一國在有對外貿易之情況下，其國民所得是如何決定，第四節則進而考慮到國外迴響效果對本國的乘數效果及均衡國民所得水準之影響。

第一節　影響出口需求與進口需求之決定因素

我們已經知道，淨出口為 GDP（或國民所得）的一部分，而淨出口乃是出口減去進口的淨額，因此，一國的出口與進口便會影響到該國的國民所得水準。接下來要問，構成淨出口的出口與進口，其決定因素有哪些？以及國民所得水準又如何影響進出口？以下我們將對此加以說明：

一、影響出口需求之決定因素

影響本國之出口需求的因素很多，例如，外國所得水準、關稅及非關稅貿易障礙的程度、匯率、國內外相對物價水準等。故外國所得水準是影響本國出口量之主要因素之一，當外國之所得水準提高時，其總支出上升，因此其對本國產品之進口將增加。

換言之，如果其他條件保持不變，當國外經濟景氣愈繁榮（國外之國民所得愈高時），則本國的出口將愈高；相反的，當國外經濟景氣愈蕭條時，則本國的出口將愈低。當然，關稅及非關稅貿易障礙的程度、匯率、物價水準等其他因素亦會影響到本國的出口，不過由於這些因素對出口的影響，我們已在前面幾章陸續的探討過，因此本章在此不再重述。

二、影響進口需求之決定因素

出口是外國對本國產品之需求，而進口則是本國對外國產品的需求。因此，影響本國進口需求之原理應與出口相同，只是對象或方向相反。影響本國進口需求的因素很多，比較重要的因素有本國所得水準、關稅及非關稅貿易障礙的程度、匯率、國內外相對物價水準等。故本國之所得水準是影響本國進口量之主要因素之一，當本國之國民所得水準提高時，本國之進口量亦將隨之增加；反之，當本國之國民所得水準降低時，則本國的進口量亦將隨之降低。

由於進口是隨著本國所得的增加而增加，即可定義出：

1. 平均進口傾向 (average propensity to import, API)

所謂平均進口傾向是指進口額佔國民所得的比例，亦即：

$$平均進口傾向 = \frac{進口額}{國民所得}$$

平均進口傾向可用來衡量進口對國民所得的依存關係，故平均進口傾向又稱之為進口依存度。世界各國的平均進口傾向差異甚大，我國與比利時、荷蘭皆超過 50%，美國約 15%，丹麥、加拿大、英國、瑞典約 30% 左右，瑞士與德國約在 40%。

2. 邊際進口傾向 (marginal propensity to import, MPI)

所謂邊際進口傾向是指，每增加 1 單位國民所得，進口額所增加的比例，亦即：

$$邊際進口傾向 = \frac{進口額之變動量}{國民所得之變動量}$$

邊際進口傾向是衡量國民所得增加所誘發的進口增加，因此其是隨國民所得變化之**誘發性進口** (induced import)。雖然匯率或國內外商品之相對價格的變動亦會影響本國之進口，但是就凱因斯之理論模型而言，這些非國民所得變化所導致的進口變動，稱之為**自發性進口** (autonomous import)。

此外，亦有人以進出口總額佔 GDP 之比例來衡量一國經濟的對外依存度。一國經濟的對外依存度愈高，代表該國的經濟與對外貿易或外國經濟息息相關。

案例討論

如果臺灣電子業的出口受國際景氣衰退影響而大幅滑落。請問這對臺灣進口豪華汽車業者（例如：賓士、BMW）會有何影響？

第二節　閉鎖經濟下均衡國民所得的決定

所謂**閉鎖經濟** (closed economy)，是指一國沒有對外貿易。凱因斯以及其早期的追隨者認為，只有當整個經濟接近充分就業時，才有生產能量不足與物價上升的問題。由於凱因斯視失業為常態，因而在其所得決定模型中，物價水準保持不變。除了物價固定不變的假設之外，為了簡化分析，並突顯凱因斯理論之精華，**簡單凱因斯模型** (simple Keynesian model) 亦假設一國的經濟沒有政府部門及國外部門，亦即該國既無政府支出，亦無稅收，且無對外貿易。因此，在簡單凱因斯模型中，GDP 等於國民所得 (Y)，而國民所得不是用之於民間消費 (C)，不然就是成為民間儲蓄 (S)，亦即：

$$Y = C + S \qquad (1)$$

而總需求（或總開支）則等於民間消費加上民間投資 (I) 之和，亦即：

$$Y = C + I \tag{2}$$

圖 11–1 的上方，為讀者在研習經濟學原理所熟知的國民所得的決定模型。消費為所得的增函數，而投資則為自發性的——其代表投資與國民所得的變動無關。當預擬開支（即總需求）等於所得時，則該國的經濟達到均衡。換言之，當圖 11–1 之 (C + I) 與 45° 線相交時，均衡的國民所得 (Y_E) 亦被決定。假如所得小於 Y_E，其代表總需求大於總供給（總生產或所得），凱因斯認為生產者必樂於利用其尚未完全使用的生產能量，以提高生產；反之，若所得大於 Y_E，其代表總需求小於總供給（總生產或所得），則生產者將減少生產，以避免生產過剩。這種所得或生產之調整將持續進行下去，一直到總需求 C + I 與總生產或所得水準 Y 相等為止，而此時之所得水準謂之均衡國民所得 (Y_E)。

由於在均衡時，總需求必須等於總生產或所得，因此，可將⑴式與⑵式結合而得下式：

$$Y = C + S = C + I \tag{3}$$

因此 $$S = I \tag{4}$$

或 $$S - I = 0 \tag{5}$$

⑷式表示，當國民所得處於均衡狀態時，投資必須等於儲蓄（見圖 11–1 下方）。儲蓄與消費一樣，都是所得的函數，當所得增加時，儲蓄與消費皆亦將隨之增加。假設投資保持固定，而儲蓄為所得之增函數，因此 (S – I) 為一隨所得增加而增加之正斜率直線。在消費、儲蓄與投資三個項目中，消費與投資對國民所得的影響相同，兩者都構成所得與支出流量的「**注入**」(injections)，增大了因財貨勞務支出所產生的所得收入的流量；但儲蓄卻是所得與支出流量的「**漏出**」(leakage)，是對所得收入的一種處理，使其不能進入國民所得的流量。因此，當所得小於 Y_E 時，I 大於 S，亦即「注入」大於「漏出」，故國民所得會上升。相反的，當所得大於 Y_E 時，I 小於 S，亦即

「漏出」大於「注入」，故國民所得會下降。故唯有在 S = I（或 S − I = 0）時，國民所得才達到均衡（見圖 11–1 下方）。

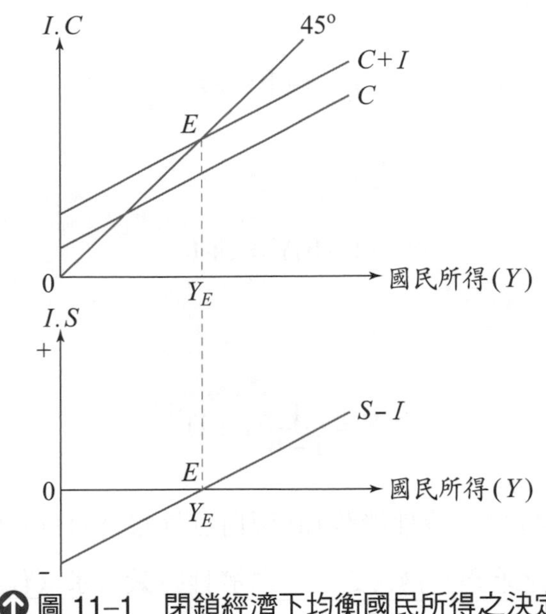

圖 11–1　閉鎖經濟下均衡國民所得之決定

根據凱因斯理論的**乘數原理** (multiplier theory)，在均衡的國民所得水準之下，自發性有效需求的變動（例如自發性投資或自發性消費的變動），會使得國民所得水準的變動數量為自發性有效需求變動數量的倍數，這種倍數稱之為**乘數** (multiplier)，這種自發性有效需求的變動對國民所得水準所產生的擴張效果，稱之為乘數原理。例如，假設在均衡的所得水準下，自發性的投資增加，則其將透過乘數效果使得所得增加。以下我們就以簡單的代數來導出閉鎖經濟下之乘數：

令
$$C = a + bY \tag{6}$$

(6)式代表消費為所得之函數，當所得增加 1 單位時，消費將增加 b 單位，a 代表自發性消費，b 代表**邊際消費傾向** (marginal propensity to consume, MPC)，bY 代表誘發性消費：

$$b = \frac{\Delta C}{\Delta Y} \tag{7}$$

將(6)式代入(2)式得：

$$Y = a + bY + I \tag{8}$$

將(8)式移項得：

$$(1 - b)Y = a + I \tag{9}$$

由(9)式可得：

$$Y = \frac{1}{1-b}(a + I) \tag{10}$$

(10)式表示均衡所得等於自發性消費 (a) 與自發性投資 (I) 兩者之和，除以 1 與邊際消費傾向 (b) 之差距。換言之，當自發性有效需求（包括 a 與 I）變動 1 單位，則均衡國民所得將變動 $\frac{1}{1-b}$ 單位。例如，假如自發性投資增加 ΔI，則均衡所得將增加：

$$\Delta Y = \frac{1}{1-b}\Delta I \tag{11}$$

(11)式中之 $\frac{1}{1-b}$ 即是所謂的乘數。由於邊際消費傾向 (b) 與邊際儲蓄傾向 (MPS) 之和必須等於 1，因此(10)式與(11)式可分別改寫為：

$$Y = \frac{1}{MPS}(a + I) \tag{10'}$$

$$及\ \Delta Y = \frac{1}{MPS}\Delta I \tag{11'}$$

例如，假如一國的邊際消費傾向 (b) 等於 0.8，而自發性的投資增加 100 元 (ΔI = 100)，則透過乘數原理，均衡國民所得將增加 500 元：

$$\Delta Y=\frac{1}{1-b}\Delta I=\frac{1}{1-0.8}(100)=500$$

由於 $b+MPS=1$，且 $0\leq b\leq 1$，$0\leq MPS\leq 1$，因此讀者從⑾式與⑾′可瞭解到，乘數的大小與邊際消費傾向成正比例的變動，而與邊際儲蓄傾向成反比例的變動。

第三節　小型開放經濟下均衡國民所得的決定

在上一節之分析中，簡單凱因斯模型假設一國的經濟既無政府部門亦無國外部門，即一國沒有對外貿易或處於閉鎖經濟之狀態下，均衡國民所得乃是由投資與儲蓄（或消費）所決定。但是，當一國有國外部門或對外貿易的情形下，均衡國民所得之決定將比上一節所述更為複雜，因此，便須將上一節的分析做一些修正。

假設本國的經濟為一有對外貿易之**小型開放經濟** (small open economy)。所謂小型開放經濟是指，一國的進出口活動不會對貿易對手國的有效需求產生顯著的影響，而使貿易對手國的國民所得因而變動的經濟社會。在小型開放經濟下，由於一國有對外貿易，因此上一節所述之國民所得均衡條件及有效需求乘數均須加以修正。因為，一國有對外貿易後，影響國民所得水準的，不僅是該國國內的投資與儲蓄，也包括了該國對外的進口與出口。

將對外貿易活動加入上一節的模型，且假設出口 (X) 為外生變數（即不受國內所得的影響），進口 (M) 為國內所得的增函數，則此時的凱因斯模型將變為：

$$Y=C+I+(X-M) \tag{12}$$

由於在均衡時，總需求必須等於總生產或所得，因此吾人可將⑿式與⑴式結合而得下式：

$$Y = C + S = C + I + (X - M) \tag{13}$$

由⒀式移項可得：

$$S + M = I + X \tag{14}$$

⒁式表示，若預擬的儲蓄與進口之和等於預擬的投資與出口之和，亦即「總漏出」等於「總注入」時，則開放經濟之國民所得水準達於均衡。出口與投資一樣，都構成所得與支出流量的注入；而進口與儲蓄一樣，都構成所得與支出流量的漏出。若 $I + X > S + M$，表示總注入大於總漏出，開放經濟的國民所得水準將提高；相反的，若 $I + X < S + M$，表示總注入小於總漏出，開放經濟的國民所得水準將降低。⒁式可進一步改寫為：

$$X - M = S - I \tag{15}$$

⒂式表示若外國對本國注入的淨額等於國內漏出的淨額，亦即當出口與進口的貿易餘額（即淨出口）等於國內儲蓄與投資之差額時，則開放經濟之國民所得水準達於均衡（參見圖 11–2）。

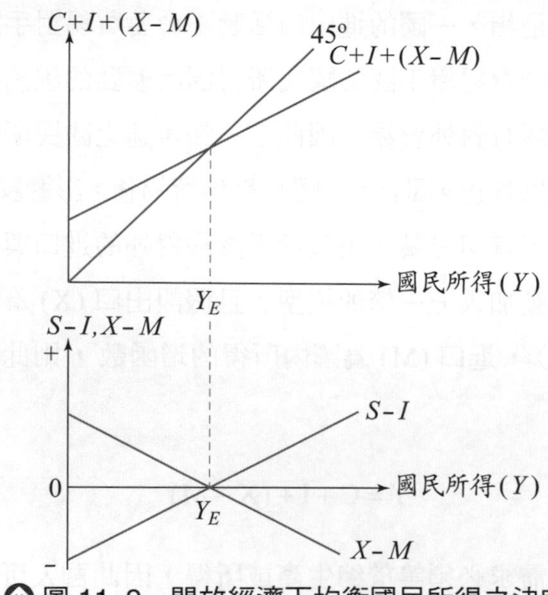

圖 11–2　開放經濟下均衡國民所得之決定

假設出口不受國內所得的影響，而進口則是隨著國內所得之增加而增加：

$$M = \overline{M} + mY \tag{16}$$

(16)式中之 $\overline{M}$ 代表**自發性進口** (autonomus import)，而 m 代表**邊際進口傾向** (marginal propensity to import, MPI)，mY 代表誘發性進口。邊際進口傾向指每增加 1 單位的國民所得，進口所將增加的比例，亦即：

$$m = \frac{\Delta M}{\Delta Y} \tag{17}$$

將(6)式及(16)式代入(12)式得：

$$Y = (a + bY) + I + [X - (\overline{M} + mY)] \tag{18}$$

將(18)式移項得：

$$Y(1 - b + m) = a + I + X - \overline{M} \tag{19}$$

由(19)式可得：

$$Y = \frac{1}{1 - b + m}(a + I + X - \overline{M}) \tag{20}$$

(20)式中之 $\frac{1}{1 - b + m}$ 稱為**對外貿易乘數** (foreign trade multiplier)，其代表當自發性有效需求 $(a + I + X - \overline{M})$ 變動 1 單位，均衡國民所得將變動 $\frac{1}{1 - b + m}$ 單位。例如，假設自發性投資增加 ΔI，則均衡國民所得將增加：

$$\Delta Y = \frac{1}{1 - b + m}\Delta I \tag{21}$$

由於邊際消費傾向 (b) 與**邊際儲蓄傾向** (MPS) 之和必須等於 1，即 $b + MPS = 1$，因此對外貿易乘數又可改寫為：

$$對外貿易乘數 = \frac{1}{1-b+m} = \frac{1}{MPS+m} \tag{22}$$

由上式可知，對外貿易乘數之值，等於邊際儲蓄傾向與邊際進口傾向兩者總和的倒數。

舉例來說，假設一國的邊際儲蓄傾向為 0.25，邊際進口傾向為 0.25，則該國的對外貿易乘數將等於 2：

$$對外貿易乘數 = \frac{1}{MPS+m} = \frac{1}{0.25+0.25} = 2$$

在對外貿易乘數將等於 2 的情況下，假如自發性的出口增加 200 元，則該國的均衡國民所得將增加 400 元：

$$\Delta Y = \frac{1}{MPS+m}\Delta X = 2 \times 200 = 400$$

在此要提醒讀者的一點是，自發性的有效需求除自發性出口外，尚包括自發性消費、自發性投資及自發性進口，因此，假如自發性消費或自發性投資或自發性進口變動，則均衡國民所得亦將透過對外貿易乘數效果而產生變動。

與閉鎖經濟相較之下，由於 $0<m<1$，所以開放經濟下的乘數效果小於閉鎖經濟下的乘數效果，亦即

$$\frac{1}{MPS+m} < \frac{1}{MPS}$$

或

$$\frac{1}{1-b+m} < \frac{1}{1-b}$$

其原因乃是因為在開放經濟下，當所得增加 1 單位時，雖使誘發性消費增加 b 單位，但其中的 m 單位所購買的是進口品，故實際對本國產出之有效需求只有 $b-m$ 單位，而不再是閉鎖經濟時的 b 單位。換言之，在開放經濟下，當有效需求增加，而使國民所得提高後，其一方面會增加對國內產品的需求，而使國民所得水準進一步提高；但另一方面，其亦將會增加對國外產品的需

求（即進口），而使對本國產品的需求減少，以及使國民所得水準因而下降。因此，在開放經濟下有效需求變動所產生的乘數效果，小於在閉鎖經濟下有效需求所產生的乘數效果。

第四節　國外迴響效果下均衡國民所得的決定

在上一節的對外貿易乘數之分析中，假定本國的進出口之變動小到不足以影響到貿易對手國之有效需求及國民所得水準。但是若放寬此一假設，則本國進出口的變動必將影響到外國的有效需求及國民所得水準，而外國國民所得水準發生改變，將導致本國的出口及有效需求發生改變，進而使得本國的國民所得水準再發生改變。

一般而言，本國的進口是本國國民所得的函數，本國國民所得愈高，則透過邊際進口傾向，本國的進口亦隨之愈高；相反的，本國的出口是外國國民所得的函數，當外國的國民所得愈高時，則本國的出口亦隨之愈高。在兩國均非小國的開放經濟下，當本國的國民所得水準因國內有效需求的增加而提高時，本國將增加進口，而本國的進口增加即代表外國的出口增加，外國的出口增加將使得外國的國民所得水準提高，而外國的國民所得水準提高後，其進口亦隨之增加，而外國的進口增加即代表本國的出口增加，本國的出口增加將使得本國的國民所得進一步提高，本國的所得增加將使得本國的進口（即外國的出口）進一步增加。如此反覆互相影響，直到兩國的國民所得水準達到均衡狀態為止。像以上這種本國國民所得變動，而使得外國的有效需求及國民所得發生變動，進而使本國的有效需求及國民所得再發生變動的動態回饋效果，稱為**國外迴響效果** (foreign repercussion effect)。表 11–1 則以 A 與 B 兩國為例，說明了國外迴響效果之調整過程。

表 11–1 國外迴響效果之調整過程

A 國	B 國
1. 進口增加 →	2. 出口增加
↑	↓
8. 國民所得增加	3. 有效需求增加
↑	↓
7. 有效需求增加	4. 國民所得增加
↑	↓
6. 出口增加	← 5. 進口增加

在上一節的小型開放經濟之假設下，並不將國外迴響效果納入考慮。但是如果在非小型之開放經濟下，則在衡量對外貿易乘數時，勢必須將國外迴響效果納入考慮。從表 11–1 所說明的國外迴響效果之調整過程，不難理解到一個事實，即 A 國的均衡國民所得水準及對外貿易乘數，不但取決於 A 國的邊際儲蓄傾向與邊際進口傾向，並且亦取決於 B 國的邊際儲蓄傾向與邊際進口傾向。

令 MPS_A：A 國的邊際儲蓄傾向

MPS_B：B 國的邊際儲蓄傾向

m_A：A 國的邊際進口傾向

m_B：B 國的邊際進口傾向

則 A 國自發性有效需求的變動，在有國外迴響效果之乘數效果將為：

$$\text{國外迴響下之乘數效果} = \frac{1+\dfrac{m_B}{MPS_B}}{MPS_A + m_A + m_B\left(\dfrac{MPS_A}{MPS_B}\right)} \tag{23}$$

與沒有國外迴響之開放經濟乘數 ($\frac{1}{MPS_A + m_A}$) 相比較，可以發現：

$$\frac{1+\dfrac{m_B}{MPS_B}}{MPS_A + m_A + m_B\left(\dfrac{MPS_A}{MPS_B}\right)} > \frac{1}{MPS_A + m_A}$$

因為

$$\left(1+\frac{m_B}{MPS_B}\right)(MPS_A+m_A) > MPS_A+m_A+m_B\left(\frac{MPS_A}{MPS_B}\right)$$

換言之，A 國之自發性有效需求變動，在有國外迴響下的乘數效果，大於沒有國外迴響下的乘數效果。此外從(23)式中亦可知，當兩個國家的邊際進口傾向愈大，則相互產生的國外迴響效果愈大，兩國間對國際貿易依賴程度愈深，對國外迴響也就愈加敏感。因此，如果國際間貿易愈趨向自由化，則國與國之間相互依賴及相互影響的程度也就愈大，因為貿易愈自由化，各國的邊際進口傾向將會愈大，任何一國（尤其是大國，如美國）所得的變動都會影響到其他國家的有效需求及國民所得水準，因此國外迴響下之乘數效果就愈大。

當然，國外迴響效果對本國所得水準之影響，亦須視本國與貿易對手國之相對經濟規模之大小程度而定。就一個小國家而言，其對一個大國進口的增加，並不會對此大國的國民所得水準產生太大的影響；但是就一個大國而言，要是其對一個小國進口增加，則其將對此小國的有效需求及國民所得水準產生重大的影響。就以臺灣與美國為例，臺灣相較美國之下是一個小國家，因此臺灣經濟及所得的變動，對美國的國民所得水準並不會產生太大的影響；但是美國的經濟榮枯或所得的變動，便會對臺灣的出口、有效需求及國民所得水準產生相當大的影響。

案例討論

若國際經濟嚴重衰退，請討論這個現象對臺灣或美國的景氣與國民所得所造成的衝擊，何者較大？原因為何？

摘要

1. 從支出面而言，GDP = C + I + G + (X − M)，淨出口為 GDP 的一部分，因此，一國的進口與出口與該國的國民所得水準有密切之關係。
2. 如果其他條件保持不變，則當外國的國民所得水準增加，本國的出口亦將隨之增加。
3. 如果其他條件保持不變，則當本國的國民所得水準增加，本國的進口亦將隨之增加。
4. 所謂平均進口傾向是指進口數額佔國民所得的比例，平均進口傾向可作為衡量進口對國民所得的依存關係。
5. 所謂邊際進口傾向則是指每增加 1 單位國民所得，進口額所增加的比例。
6. 「誘發性進口」是指因國民所得變動所導致進口之變動，「自發性進口」是指非國民所得之變動所導致進口之變動。
7. 所謂乘數效果是指自發性有效需求的變動，對國民所得水準所產生的擴張效果。閉鎖經濟下之乘數等於邊際儲蓄傾向之倒數，邊際儲蓄傾向愈小，則自發性有效需求變動所產生的乘數效果愈大。
8. 當「總漏出」等於「總注入」時，則國民所得水準達於均衡。當總注入大於總漏出時，則國民所得水準將提高；反之，則國民所得水準將降低。
9. 出口與投資一樣，都構成所得與支出流量的注入；而進口與儲蓄一樣，都構成所得與支出流量的漏出。
10. 當出口與進口的貿易餘額等於國內的投資與儲蓄之差額時，則開放經濟之國民所得水準達於均衡。
11. 開放經濟下的對外貿易乘數之值，等於邊際儲蓄傾向與邊際進口傾向兩者總和的倒數。開放經濟下的乘數效果小於閉鎖經濟下的乘數效果。
12. 所謂國外迴響效果是指本國國民所得變動，將使得外國的有效需求及國民所得發生變動，進而使本國的有效需求及國民所得再發生變動的動態回饋效果。
13. 在考慮國外迴響效果下，一國的有效需求所產生的乘數效果，不僅取決於本國的邊際儲蓄傾向與邊際進口傾向，並且亦取決於外國的邊際儲蓄傾向與邊際進口傾向。

14.一國自發性有效需求的變動，在有國外迴響下的乘數效果，大於沒有國外迴響下的乘數效果。

15.國外迴響效果對本國所得水準的影響，亦須視本國與貿易對手國之相對經濟規模之大小程度而定。

習 題

選擇題

( ) 1. 在其他條件不變下，當外國之國民所得水準增加，則？
(A)本國的出口隨之增加 (B)本國之出口隨之減少 (C)本國之進口隨之增加 (D)外國之出口隨之增加

( ) 2. 如果其他條件不變，當本國之國民所得水準增加，則？
(A)本國的出口隨之增加 (B)本國之出口隨之減少 (C)本國之進口隨之增加 (D)外國之出口隨之增加

( ) 3. 所謂平均進口傾向是指？
(A)進口某項產品佔進口額的比例 (B)進口額佔國民所得的比例 (C)進口額與出口額之比值 (D)進口額與進口量之比值

( ) 4. 所謂邊際進口傾向是指？
(A)每增加 1 單位之進口量，進口額所增加的比例 (B)每增加 1 單位之進口總額，進口某項產品所增加的比例 (C)每增加 1 單位之進口總額，進口某項產品所增加的比例 (D)每增加 1 單位之國民所得，進口額所增加的比例

( ) 5. 所謂誘發性進口是指？
(A)因市場偏好所導致之進口變動 (B)因貨幣價值改變所導致之進口變動 (C)因國民所得變動所導致之進口變動 (D)因產品供給所導致之進口變動

( ) 6. 所謂乘數效果是指？
(A)因自發性有效供給之變動，對國民所得水準所產生的擴張效果 (B)因自發性有效需求之變動，對國民所得水準所產生的擴張效果 (C)因誘發性有效供給之變動，對國民所得水準所產生的擴張效果 (D)因誘發性有效需求之變動，對國民所得水準所產生的擴張效果

( ) 7. 閉鎖經濟下之乘數等於邊際儲蓄傾向之倒數，則當邊際儲蓄傾向愈大，則？
(A)誘發性有效需求變動所產生的乘數效果愈小 (B)誘發性有效需求變動

所產生的乘數效果愈大　(C)自發性有效需求變動所產生的乘數效果愈小　(D)自發性有效需求變動所產生的乘數效果愈大

(　) 8.當總注入大於總漏出時，國民所得水準將會如何變化？
(A)國民所得水準降低　(B)國民所得水準提高　(C)國民所得水準不變　(D)兩者無相關

(　) 9.開放經濟體下的對外貿易乘數之值等於下列何者？
(A)邊際儲蓄傾向與邊際出口傾向兩者總和　(B)邊際儲蓄傾向與邊際進口傾向兩者總和　(C)邊際儲蓄傾向與邊際出口傾向兩者總和的倒數　(D)邊際儲蓄傾向與邊際進口傾向兩者總和的倒數

(　) 10.所謂國外迴響效果是指本國國民所得變動將使國外的什麼發生變動？
(A)有效需求　(B)國民所得　(C)兩者皆是　(D)兩者皆非

(　) 11.一國的有效需求所產生的乘數效果，會取決於下列何者？
(A)本國之邊際儲蓄傾向　(B)本國之邊際進口傾向　(C)外國之邊際儲蓄傾向　(D)以上皆是

(　) 12.在其他條件不變下，一國之自發性有效需求的變動，在下列何種情況下乘數效果較大？
(A)沒有國外迴響下　(B)有國外迴響下　(C)以上兩者情況均相同　(D)與國外迴響無關

(　) 13.國外迴響效果對於本國所得水準的影響，是由本國與貿易對手國之何者決定？
(A)國內生產毛額　(B)國民所得　(C)相對經濟規模　(D)平均進口傾向

(　) 14.假設一國的邊際儲蓄傾向為 0.2，邊際進口傾向為 0.2，則該國的對外貿易乘數是多少？
(A) 2　(B) 2.5　(C) 3　(D) 3.5

(　) 15.下列何種狀況會使國民所得水準達到均衡？
(A)總漏出大於總注入　(B)總漏出小於總注入　(C)總漏出等於總注入　(D)以上皆非

問答題

1. 何謂平均進口傾向、邊際進口傾向、對外依存度？這些數值所代表的涵意為何？
2. 影響出口需求的主要因素有哪些？國外所得水準與本國之出口有何關係？
3. 影響進口需求的主要因素有哪些？國內所得水準與本國之進口有何關係？
4. 閉鎖經濟下，國民所得水準達於均衡之條件為何？
5. 何謂乘數效果？試說明為何開放經濟下的乘數效果小於閉鎖經濟下之乘數效果？
6. 假如邊際消費傾向為 0.8，請問閉鎖經濟下之乘數等於多少？其所代表的涵義又為何？
7. 假設邊際消費傾向為 0.8，而邊際進口傾向為 0.1，請問小型開放經濟下之乘數等於多少？其所代表的涵義又為何？
8. 何謂國外迴響效果？試扼要的說明國外迴響效果之調整過程。

第12章

生態與環境保護運動對國際貿易的影響

1. 國際間有哪些生態與環境的問題。
2. 國際間有哪些生態與環境的保護運動。
3. 生態保護與國際貿易的關聯。
4. 空氣污染物排放管制與國際貿易。

本書在第六章介紹非關稅貿易障礙時，並未特別將生態與環境的保護視為一種非關稅貿易障礙，但近年來，隨著國際間對生態與環境保護的益加重視，國際間對一些破壞生態與環境之國家的出口品亦開始施以貿易制裁。因此，生態與環境保護運動對國際間的貿易亦開始產生了一些影響，而「維持生態平衡與保護環境」的標準或規則儼然成為一種新的非關稅貿易障礙。為因應此種國際間的新趨勢，本章特別針對這些問題作一介紹。

本章第一節將首先將國際間的生態與環境保護運動作一介紹，第二節則探討生態（野生動物）保護與國際貿易之關係，第三節則針對空氣污染物排放管制與國際貿易之關係作一探討。

第一節　國際間之生態與環境保護運動

一、國際間的生態與環保問題

隨著世界各國逐漸朝向工業化及國民所得的提高，一方面人類文明進展及對自然資源的過度開發利用，地球的環境遭到嚴重的破壞；另一方面，國民所得的提高使得人類除了求溫飽外，自然而然的也對空氣品質、水質及居住環境更加重視。

目前全球環保問題主要有以下十項，茲簡單分述如下：

1. 臭氧層的破壞與破洞的產生

臭氧層具有能完全吸收太陽光中有害的紫外線，使地球生物不會受到傷害的功能，但近年來由於人類長期大量使用人工的化學物質而破壞了臭氧層，1970 年代地極南極上空被發現臭氧層破洞，至於破壞臭氧層的物質則主要是氟氯碳化物 (CFC)，目前已被禁止使用。

2. 地球溫室效應的上升

二氧化碳、甲烷、一氧化二氮、臭氧、氟氯碳化物等五種代表氣體的排放，是造成地球愈來愈熱的主要原因。而地球氣溫上升將引起海平面上升、植物來不及因應移動、降低畜牧業繁殖力等問題。

3. 酸雨與酸霧

燃燒石油與煤炭等所產生的氮氧化物與硫氧化物是形成酸雨的主要物質。酸雨若落在河、湖、海中，會降低水的 pH 值，溶化水底的有害金屬，導致魚貝死亡；若落在森林，則會造成土壤酸化、妨害樹木的新陳代謝、抑止樹木的生長、使樹木枯死，此外酸雨還會腐蝕建築物及導致人類眼睛、皮膚疼痛。

4. 有害廢棄物的越境移動

有些對於廢棄物處理規定較嚴格的國家，將其產生的廢棄物輸往規定較不嚴格的國家，而在大規模的有害廢棄物移動中，便曾發生過廢棄物所含毒性比例極高或接收國未能做好妥善處理的事例。

5. 熱帶雨林的被濫伐與減少

熱帶雨林孕育了相當多種動植物 ，其中植物種類佔現存地球植物的約 50% 之多，是龐大的生物量來源，具有保護與調節地球環境的功能。一些開發中國家由於人口增加、森林耕地化、過度的放牧及取用薪柴、不當的砍伐，致使熱帶雨林急遽減少。

6. 海洋的污染

海洋污染會導致魚、蝦、貝及各種海中生物的死亡。海洋受污染的原因，有些是因為陸地河川、大氣中的有害物質及廢棄物流入海中，有些則是因為船舶航行及海底探油所引起的原油流洩。

7.土壤的沙漠化

土地一旦變成沙漠，則很難再恢復，糧食生產將會減少，人類生活勢必會受到嚴重影響。而之所以會造成土壤沙漠化的原因，有氣候因素及人為因素，而人為因素則主要為過度放牧、過度耕作、過量採伐。

8.野生動植物的減少與瀕臨絕種

野生動植物不僅是人類食材的來源、野外休閒的對象，更擔負生物循環的責任、維持自然生態的均衡。至於野生動植物之所以絕跡的原因主要在於生態環境的破壞、人類的大肆捕殺、食物不足等等。

9.大氣污染

因懸浮顆粒物、一氧化碳、臭氧、二氧化碳、氮氧化物、鉛等導致每年有 30～70 萬人因煙塵污染提前死亡，2500 萬兒童患慢性喉炎，400～700 萬農村婦女兒童受害。

10.水污染

當水體（河川、海洋、湖潭、水庫、池塘、灌溉渠道、各級排水路或其他體系內全部或部分之水，以及地下水）因污染物介入而變更品質，致影響其正常用途或危害國民健康及生活環境，便為水污染。當今社會之水污染來源主要為工業、家庭以及農業活動所排放之廢水。水污染正在成為世界死亡和疾病的主要兇手之一，每天有 14,000 多人因此喪生。

二、目前國際上重要的生態與環境保護組織

針對上節所述的這些生態與環保問題，國際間也相繼成立了一些組織、條約及宣言。以下我們僅針對一些較重要之組織、條約或宣言做一扼要性之敘述。

首先我們介紹隸屬於聯合國的生態、環保重要組織：

1.聯合國環境規劃署

聯合國環境規劃署 (United Nations Environment Programme, UNEP) 是 1972 年第二十七屆聯合國大會時所設立的，UNEP 不僅對聯合國各機構所實施的環境活動作綜合調整管理，也積極催生尚未著手的環境問題之防止對策。

2. 政府間氣候變遷問題小組

政府間氣候變遷問題小組 (Intergovernmental Panel on Climate Change, IPCC) 於 1988 年 11 月由 UNEP 及世界氣象組織 (World Meteorological Organization, WMO) 共同主辦設立，各國以官方資格參加，討論溫室效應問題。IPCC 的主要工作除了收集有關溫室效應的科學知識外，就是討論對策。

3. 國際海事組織

國際海事組織 (International Maritime Organization, IMO) 是在 1982 年由國際海事協議組織 (International Maritime Consultative Organization, IMCO) 演變而來的，IMO 主要目的在於防止船舶造成海洋污染及修訂規定，並促成國際條約的簽訂、修正及科技資訊的交換。

4. 聯合國糧農組織

聯合國糧農組織 (Food and Agriculture Organization of the United Nations, FAO) 從 1985 年起，FAO 致力於推廣熱帶雨林行動計畫以保護熱帶雨林。

5. 聯合國教科文組織

聯合國教科文組織 (United Nations Educational, Scientific, and Cultural Organization, UNESCO) 推廣 MAB （人類與生物圈計畫，Man and the Biosphere Program)，以進行有關自然及天然資源的合理利用與保護之科學研究，作為解決環境問題的科學基礎。

6. 世界氣象組織

世界氣象組織 (World Meteoroological Organization, WMO) 實施世界氣候計畫 (WCP) 及大氣污染觀測網 (BAPMON)。

7. 世界衛生組織

世界衛生組織 (World Health Organiztion, WHO) 在世界主要都市實施大氣污染的監測。

除以上之外，聯合國亞太經濟社會委員會 (Economic and Social Commission for Asia and the Pacific, ESCAP)，世界銀行 (International Bank for Reconstruction and Development, IBRD) 之環境局及聯合國大學 (United Nations University, UNU) 亦皆屬聯合國下之生態環保組織。

而非隸屬於聯合國的生態、環保重要組織如下：

1. 國際自然保護聯盟

國際自然保護聯盟 (International Union for Conservation of Nature and Natural Resources, IUCN) 為一民間團體，1948 年設立，在自然保育的活動規模上，以 IUCN 最大最廣，IUCN 在聯合國及世界自然基金會 (World Wide Fund for Nature, WWF) 等機構的援助合作下，進行有關自然保護的資訊交流、調查研究、啟蒙活動。其具體成果有發表 Red Data Book、制訂世界自然保育策略、華盛頓公約 (Convention of International Trade in Endangered Species, CITES) 及支援開發中國家。

2. 國際熱帶木材組織

1986 年根據「國際熱帶木材協定」(International Tropical Timber Agreement) 成立國際熱帶木材組織(International Tropical Timber Organization, ITTO)，ITTO 主要的工作研究開發、造林及森林經營、促進生產國的加工、改善市場資訊，同時為了因應國際間對熱帶雨林的關切，也著手進行熱帶雨林的保育工作。

3. 國際水鳥與濕地調查局

國際水鳥與濕地調查局 (International Waterfowl and Wetlands Research Bureau, IWRB) 是在 1979 年由「國際水鳥調查局」改名而來，1975 年曾促成「拉姆薩爾條約」(Ramsar Convention)。IWRB 設有調查研究部門，從事提供有關水鳥及濕地保護的技術服務、實施國際水鳥調查、列出濕地地點與拉姆薩爾條約相關的業務。

4. 地球島嶼協會

地球島嶼協會 (Earth Island Institute, EII) 於 1984 年成立，為一民間組織，其關切的事項包括野生動物保育、環境保護、人權問題，曾發起消費者抵制鮪魚罐頭，藉此保護以鮪魚為主食的海豚，其他對捕殺海龜、捕鯨、熱帶雨林問題等也都有實際的行動。

5. 世界自然基金會

世界自然基金會 (World Wide Fund for Nature, WWF) 是在 1988 年由「世

界野生生物基金會」改名而來，以森林保育、濕地保育、維護生物的多樣性為其工作重點。

6. 綠色和平組織

綠色和平組織 (Greenpeace) 以海洋環境問題為中心，藉由嚴謹的調查及採取和平手段，推廣保護野生動植物、安全處理有害廢棄物、慎思核能問題之觀念等民間活動。

除以上之外，**經濟合作發展組織** (OECD) 之環境委員會、**歐盟** (EU) 的環境局、**國際地球之友** (Friends of the Earth International, FOEI) 及**亞洲開發銀行** (ADB) 的環境課等，亦皆不隸屬於聯合國的國際上之重要生態及環保組織。

三、國際間重要的生態、環保條約或宣言

國際間重要的生態、環保條約大都是由聯合國的相關組織所直接或間接推動而成。以下，我們僅針對較為重要或著名者作扼要性之敘述：

1. 華盛頓公約

瀕臨絕種野生動植物之國際貿易公約組織，又稱華盛頓公約組織 (Convention of International Trade in Endangered Species, CITES)，1973 年簽署，1975 年生效，為聯合國環境保護組織 (UNEP) 下的半獨立性分支機構，為頗具公信力的環保組織。CITES 主要的目的即是希望藉著分級的制度，把世界的野生動植物分作三級，再以三種不同方式管制貿易，藉出口許可證的核發來控制野生動植物貿易，以免野生動植物因國際貿易而被過度捕殺，以致絕種。

2. 長距離越境大氣污染條約

長距離越境大氣污染條約 (Convention on the Long-distance Transboundary Movement of Atmospheric) 於 1979 年 11 月由聯合國歐洲經濟委員會的環境首長會議通過，1983 年 3 月生效，此條約要求加盟國針對越境大氣污染採取妥善的防止政策，並規定防止硫化物外洩的技術、推展酸雨影響的研究開發。

該條約已通過八項協定，包括國際酸雨監控制度、硫化物及氮氧化物的

排出量限制等，希望能解決歐洲及北美的酸雨問題，並更進一步實施國際共同監控制度及資訊交流。

3. 維也納公約

保護臭氧層維也納公約 (Vienna Convention for the Protection of the Ozone Layer) 於 1985 年通過，其中記載國際間應互相協調，進行有關臭氧層和破壞臭氧層物質的研究以外，各國應訂定適當對策，以便條約一旦獲得同意，即可立即訂定可實行的共通對策，本條約僅為一般原則的宣示，因此其後另訂蒙特婁公約以採取貿易制裁為手段。

4. 蒙特婁議定書

早在 1987 年，聯合國便發起管制氟氯碳化物的行動，並簽訂蒙特婁破壞臭氧層物質管制協議書（Montreal Protocol，或譯為蒙特婁議定書）規範使用量及禁用期限，該議定書共二十條，自 1989 年 1 月 1 日開始生效，共同致力於臭氧層保護工作。這是第一次以貿易制裁為手段的國際管制行動的正式開始。

5. 巴塞爾公約

聯合國環境規劃署於 1989 年 3 月於瑞士巴塞爾舉行的會議中通過這個「控制有害廢棄物越境移動及其處置巴塞爾公約」(Basel Convention)，其內容為禁止有害廢棄物的越境移動及在本國內處理的原則、越境移動必須事前通報、違法的越境移動須將廢棄物送回原產生國、設立基金會以協助開發中國家發展相關技術。

6. 森林原則

森林原則 (Forest Principles) 乃是 1992 年 6 月在聯合國的 「地球高峰會議」所簽署的。其並無法律約束力，目的在對所有類型森林的管理、養護和可持續開發作成全球協商，同時強調原住民權利與生物保育的重要性，並建議各國評估森林開發對經濟的影響，採取降低損害的措施。

7. 里約宣言

里約宣言 (Rio Declaration)1992 年 6 在聯合國的「地球高峰會議」簽署，宣言中規定各國有責任確保境內活動不損及他國的環境，尤其應優先考慮開發中國家、最貧窮、環境最易傷害國家的需求。

8.廿一世紀議程

廿一世紀議程 (Agenda 21) 為開發中國家為追求永續經營所提出之構想，是全球追求各方面永續發展之規劃方案，其主要為彰顯人類為追求持續發展的重要性，並以全球合力經營為訴求。

9.生物多樣性公約

生物多樣化為生態系統穩定及生物生存之重要因素，由於人類的過度開發，破壞了許多生物棲息地，以致每天都有物種不斷消失。聯合國有鑑於生物多樣化之重要性，乃於 1990 年成立了法律及技術專家工作小組，研擬生物多樣性公約 (Convention on Biological Diversity) 草案，並於地球高峰會議中，交付簽署該公約之主要目的在於要求簽約國擬訂其境內植物與野生動物發展計畫、保護瀕臨絕動物，以保全各物種生態系統免於被破壞。

10.聯合國氣候變化綱要公約

聯合國氣候變化綱要公約 (United Nations Framework Convention on Climate Change, UNFCCC) 於 1992 年 6 月聯合國所召開的「地球高峰會議」交付簽署，1994 年 3 月生效，其目的在將大氣中溫室氣體的濃度穩定在一個不會危及大氣系統的水平，該公約宣示於 2000 年將二氧化碳及其他溫室氣體排放量抑制在 1990 年水準，而且在 2005 年再削減 1990 年的 20%。2012 年後更推動**清潔發展機制** (clean development mechanism, CDM)，此機制的目的是協助不受減量限制及受減量限制的國家透過資金、技術抵換排放量的方式創造雙贏。

11.斯德哥爾摩公約

斯德哥爾摩公約 (Stockholm Convention on Implementing International Action on Certain Persistent Organic Pollutants) 於 2001 年簽訂，目的為管制持久性有機污染物 (POPs) 之排放，於 2004 年 5 月生效。

12.京都議定書

京都議定書 (Kyoto Protocol) 其實是聯合國氣候變化綱要公約的補充條款，於 1997 年簽訂，目標是將大氣中的溫室氣體含量穩定在一個適當的水平，以保證生態系統的平穩適應、食物的安全生產和經濟的可持續發展。此條約共有一百七十四國與歐盟簽約，於 2005 年開始強制生效，預計至 2020 年到期。

13.哥本哈根協議

哥本哈根協議 (Copenhagen Accord) 是聯合國氣候變化大會在 2009 年通過的不具法律約束力之條約，此協議作出保持全球平均溫度較前工業化時期不超過 2 攝氏度升幅的承諾，並預計將長期目標設立在 1.5 攝氏度以內。

14.巴黎協議

巴黎協議 (Paris Agreement) 為聯合國一百九十五個成員國於 2015 年聯合國氣候變化大會中通過的氣候協議；取代即將於 2020 年到期的京都議定書，並於 2016 年生效。此協議之目的為共同遏阻全球暖化趨勢。除了把全球平均氣溫升幅控制在工業化前水平以上 1.5 攝氏度以內之外，也將以不威脅糧食產出的方法加強氣候抗禦力和溫室氣體低排放發展。

以上這些生態、環保之組織與條約，其目的在促進世界各國及人類對地球上生態與環保的重視。但是對一些開發中國家而言，其往往視經濟成長重於生態、環境的保護，因此少數較具有迫切性或強制性之必要的條約便須以經濟或貿易制裁為手段，例如華盛頓公約及蒙特婁公約即是。展望未來，國際間對生態與環境必然益加重視，透過貿易制裁迫使各國對生態、環保的重視，因此，遵守國際間生態、環保標準也儼然成為各廠商所需面對的新挑戰。

第二節　生態（野生動物）保護與國際貿易

國際間以貿易管制手段來保護野生動物的最著名條約便是**華盛頓公約** (CITES)，此外英國的**環境調查協會** (Environmental Investigation Agency, EIA) 以及美國的**《培利修正案》** (Pelly Amendment) 亦皆是與野生動物保護有關之組織及法案，在過去皆對臺灣的野生動物保護產生重大影響，本節之目的即在對這三者加以介紹，讓讀者瞭解生態保護與國際貿易間之互動關係。

一、華盛頓公約 (CITES)

瀕臨絕種野生動植物之國際貿易公約組織，簡稱 CITES，又稱華盛頓公約組織，成立於 1973 年，為**聯合國環境保護組織** (UNEP) 下的半獨立性分支機構，為頗具公信力的環保組織。華盛頓公約組織為聯合國下的一個周邊組織，也就是說只有聯合國的會員國才能參與該組織。

我國目前雖不是 CITES 的成員，但在管制保育類動物的作法完全遵照國際規定，也根據國際程序審核再核發證件，對保育類動物及其製品的把關甚嚴。

CITES 的主要目的是希望藉著分級的制度，把世界的野生動植物分作三級，再以三種不同方式管制貿易，藉出口許可證的核發來控制野生動植物貿易，以免野生動植物因國際貿易而過度捕殺，以致絕種。其三種方式如下：

1. 附錄一：有絕種之虞的野生動植物

對於有絕種之虞的野生動植物，要求世界各國共嚴格管制其貿易交流，使其能獲得足夠保護，其中如犀牛、大象、海龜等多種動植物及其製品都在絕對禁止貿易之列。

2. 附錄二：未來可能發生絕種之虞的野生動植物

對於未來可能發生絕種之虞的生物，管制其交易情況。當遭遇生存威脅時，則列入附錄一，禁止出口貿易。

3. 附錄三：區域性貿易管制的野生動植物

CITES 基本上是利用所有會員國的力量對迫害野生動物的國家進行貿易制裁。原則上，華盛頓公約組織所列制裁的產品是和爬蟲類及花卉類等有關動、植物產品共計 2,300 種，包括蘭花的輸出等，但近年來，為因應保護野生動物的呼聲愈來愈高，若其會員國願意擴大制裁的層面到一般的產品，基本上 CITES 是採取歡迎的態度。

我國與 CITES 關係尚稱良好，但自 EIA 在國際上控訴我國大量使用犀牛角粉之後，CITES 在 1993 年 3 月第二十九屆常設委員會決議，由祕書處致函我國，要求我國(1)全面禁止犀牛角的買賣和進出口；(2)銷毀所有政府所擁有的庫存犀牛角；(3)採取嚴格的措施取締非法走私或盜獵犀牛角，並於 1993 年 9 月對我進行檢討以決定是否要對我進行貿易制裁。制裁的方法是通告會員國不接受或不核發公約所列物種的貿易許可證給我國。根據我國經濟部國貿局統計，我國在 1993 年全年所核發的野生動植物出口許可證為 4,234 件，若當時華盛頓公約決定對我國制裁，對我國影響的野生動植物種類則主要為下列：蘭花、鳥類、珊瑚製品、皮製品（蜥蜴或鱷魚）。但美國內政部引用《培利修正案》對我提出指控則是發現我國違反華盛頓公約組織仍從事犀牛角交易，因此將對我國採取貿易制裁，而其他締約國也將採取相同步驟，所以我國的工業也將受到嚴重影響，而且國家形象亦會受損。

1993 年 9 月，在我國努力的遊說之下，CITES 決定給我國八個月的觀察期，又到了 1994 年 3 月 31 日的第三十一屆常設會議，CITES 決定再把緩衝期延至 1994 年 11 月 7 日召開的第九屆 CITES 會員大會。據稱，如果那次我國再未達到大會的要求，不但不可能再給我國延期制裁，制裁的層面也很可能要擴大到工業產品，有些會員國甚至揚言要抵制臺灣加入 GATT，另外有些國際野生保護團體甚至要求 CITES 去影響會員國中斷與我國的策略聯盟的合同等。1994 年 11 月 7 日我政府火速通過《野生動物保護法》，以免遭致 11 月宣佈的制裁。

臺灣雖非會員國，但仍每年出席會議。2013 年 3 月，參與會議的農委會代表即表示臺灣未來會持續跟進大會提出的政策，以「增加海洋資源管理程度」為主要目標，推動鯊魚相關管理政策，強化鯊魚資源養護工作，並遵守國際漁業管理組織及配合 CITES 國際貿易管理規範 。此外 ，近年鰻魚資源（日本鰻） 大量匱乏 ，臺灣鰻魚走私問題嚴重 ，在 2016 年華盛頓公約 (CITES) 會議開始前，歐盟曾寄給華盛頓公約組織一封公開信，表明應積極調查與評估鰻鱺屬的資源量及貿易情況，並列為 2019 年華盛頓公約會議的提案。信中特別指出，「非法貿易」問題令人關注。漁業署對此表示，我國鰻魚產業屬外銷導向，若未來日本鰻被列入 CITES 附錄二，因資源量難評估，難以發放出口許可證，將會衝擊鰻魚產業。

二、英國的環境調查協會 (EIA)

EIA 是英國的**環境調查協會** (Environmental Investigation Agency) 的簡稱。EIA 是一個民間性質之生態保育團體，它是一個由英國熱衷環保的人士所組成的保育團體，總部設在倫敦。

EIA 的主要工作是對破壞生態保育的行為進行蒐證調查，因為其並非國際正式組織，故其只是將蒐證的結果與證據帶回國際保育論壇以造成輿論和壓力，迫使生態破壞者改進。不過由於 EIA 與 CITES 連繫關係頗為密切，對 CITES 甚具影響力。

1992 年開始，EIA 便先後來臺數次，調查犀牛角流入及販賣的情形，自 1992 年年底，在南非發現進口犀牛角至臺灣的仲介人及送貨車，研判並指責臺灣為「犀牛終結者」，當時，EIA 與國際保育組織就相繼揚言抵制臺灣商品。1993 年 7 月，赴臺灣調查做成報告，指控臺灣仍然進行犀牛角非法交易，引發國內相當大的反彈，EIA 並且致函美國內政部長巴比特，指出臺灣違反美國的《培利修正案》，又其代表在華盛頓公約組織 (CITES) 召開的非政府組織會議時，公佈其調查報告，欲以此說服其他組織成員支持其提出的貿易制裁案。

1993 年 8 月下旬，EIA 以一支拍攝好的錄影帶，內容是攤販以每碗 350 美元出售虎鞭湯，旁邊並擺著關了一隻老虎的籠子。另外關於犀牛角部分，據其報導其查訪的二十四家中藥店中，高達十九家有出售犀牛角粉。透過其在國際間聳動的宣傳和造勢，塑造臺灣是一個野生動物終結者的形象，對臺灣造成嚴重的傷害。

1994 年 3 月，EIA 再度來臺，暗訪中藥店之後，指出臺灣當時有買賣犀牛角粉的藥店佔 50%，並再度向 CITES 要求對臺灣做貿易制裁。1994 年 4 月，發動抵制臺灣的大同家電、捷安特、宏碁電腦等年產值數百億美元的明星工業產品。

由以上 EIA 的行動，可看出 EIA 雖然只是一個民間保育團體，但其在世界的生態保育上扮演一個不可忽視之力量，其對臺灣生態保育的國際形象上亦曾扮演一個重要角色，未來臺灣唯有更加努力的重視生態保育才能避免歷史事件重演。除了臺灣之外，2012 年，EIA 更利用輿論的力量使得日本網站全面下架鯨肉產品，希望所有國家皆能重保育議題。

三、美國的培利修正案

《培利修正案》(Pelly Amendment) 為美國的國內法，其源自 1967 年美國《漁民保護法》第八條，原先是美國為保護在公海上謀生的漁船，免於被它國漁船追捕，而下令禁止輸入該國產品，並對出資釋放緝捕之漁船及漁民提供經濟補償而制訂之法律，1971 年美國聯邦眾議員針對大西洋公海鮭魚資源養護提出一修正案，藉禁止漁產品進口來制裁在公海捕鮭魚之國家，同年，美國參議員培利建議將保護對象擴大及所有野生動物產品，該修正案稱為《培利修正案》。

1978 年美國再修正為禁止從破壞稀有生物生存的國家進口產品或野生動物產品。至 1992 年 12 月 12 日，美國總統布希公佈的《公海流網漁業執行法》，把《培利修正案》所禁止的範圍擴大到任何產品，即不限於原來的漁產品及野生動物產品。

《培利修正案》是屬於美國國內法，一般而言，在確定制裁之前，美國政府會將總統簽署之貿易制裁文件刊登於聯邦公報上，並於三十天內召開公聽會，讓業者表示意見，並評估其商業利益，建議政府報復清單，通常選擇對美國產業影響最小者，做為報復之對象。以往遭美國點名擬以《培利修正案》制裁的國家已高達六十餘國，但由於其殺傷力極大，貿易制裁實際付諸實行的則是以「臺灣」首開先例。

1994 年由於美國野生動物保育團體揭發臺灣販賣稀有動物及其產品（主要指臺灣買賣虎骨及犀牛角的行為），美國總統柯林頓 (Bill Clinton) 認為，臺灣對保育行動缺乏進展，故援用《培利修正案》制裁臺灣，並於 1994 年 4 月 12 日正式簽署該法案禁止臺灣的稀有動物皮革製品及珊瑚輸往美國。受到制裁的野生動物產品包括：

(1)爬蟲類皮鞋、手提包及其他製品。

⑵珊瑚、貝殼及魚骨製首飾。

⑶食用蛙腿。

⑷觀賞用魚、金魚及鳥類標本。

⑸鳥羽、鴨絨及鳥類標本。

該法案刊登於聯合公報上，並於公告後三十天內召開公聽會，付諸公眾表示意見後已正式實施。以後，如果臺灣將制裁項目的產品運到美國，貨品將遭美國海關沒收銷毀。此項制裁雖然是在 1994 年 4 月宣佈，但真正實施則是 1994 年 6 月中的事。這是美國首次動用《培利修正案》制裁他國，此第一次制裁的範圍仍限於野生動植物及其相關產品。

根據經濟部國貿局估計，1993 年我國野生動植物產品出口至美國之金額達 899 萬美元，制裁行動正式生效將使臺灣每年損失 800 萬至 1,000 萬美元，如果野生動物又包括水產品及製品，則受害範圍將高達 3 億美元，而受影響的廠商約五十三家，受影響的產業包括從事鱷魚皮、蜥蜴皮、蛇皮及珊瑚製品製造為最大。而臺糖公司則是最大的受害者。此次《培利修正案》的貿易制裁，臺灣除了相關產業的出口受損外，臺灣在國際間的形象亦大受傷害。

1995 年 6 月 30 日，美國政府宣佈解除對臺灣長達一年的《培利修正案》的貿易制裁，其原因是美國政府認為臺灣已照美國的要求，強化了保護野生動物的法律，且已確定臺灣修訂後之《野生動物保育法》加強了執行活動，包括對買賣犀牛角及虎骨的重罰。此項解禁令一俟行政命令頒佈後，臺灣的水產物製品即可恢復輸美。

美國的《培利修正案》的貿易制裁與《特別 301》有很大的不同，在程序上《特別 301》需經過公聽會等程序，但《培利修正案》一旦經過總統決定引用後，便不須經過任何程序而可直接報復。在範圍方面，《培利修正案》的範圍可以廣達一般產品。在金額上，《特別 301》的報復金額與美國認為所受的損失相當，但《培利修正案》就無這種限制，其想要報復的範圍可大可小，就因為如此，美國過去對約二十個國家提出違反保育的指控，但這些國家由於懼怕《培利修正案》貿易制裁的威力強大，因此每一個國家皆努力改善不敢輕忽，故最後都沒有真正受到制裁的實際實施。臺灣未來應繼續加強執行《野生動物保護法》(尤其是華盛頓公約附錄物種的交易)，依法成立具警察職權的保育警察隊，繼續防止犀牛角及虎骨的使用買賣，繼續推動防止野生動物和產製品的走私等工作，以免未來又再受到《培利修正案》的貿易制裁而使臺灣的國際形象再度受到傷害。

從本節所述的**華盛頓公約** (CITES)，英國的 EIA 及美國的《培利修正案》的這三個與臺灣較密切有關的例子，可瞭解到生態（野生動物）的保護已成國際間不可抗拒之潮流，且其與國際貿易的制裁也愈來愈關係密切。面對此國際趨勢，政府與國人未來也務必對生態及野生動物更加保護了。

案例討論

請討論若世界各國全面開放對野生動物的獵殺，對全世界的生態及不同產業會有何影響？

第三節　空氣污染物排放管制與國際貿易

本章第一節中已簡單介紹了**蒙特婁議定書** (Montreal Protocol)，由於蒙特婁議定書是國際間第一個以貿易制裁為手段來管制空氣污染物排放的國際條約，因此本節首先將對蒙特婁議定書作進一步之介紹。

一、蒙特婁議定書與貿易制裁

所謂**氟氯碳化物** (CFC)，俗稱**氟氯昂** (Freon)，由於其具有安全、穩定、低毒、不自燃等優異化學性質，遂普遍被使用於噴霧劑、泡沫墊、電子零件之清洗溶劑以及冰箱、冷氣等冷媒之使用。但自 1970 年代地球南極上空臭氧層發生破洞後，聯合國環保署便召集會員國，針對具有破壞臭氧的化學物質如**氟氯碳化物** (CFC)、滅火**海龍** (Halon) 等進行管制。而南極上空臭氧層被破壞的消息也於 1985 年被證實，引起國際間高度的重視。

1985 年，聯合國環境規劃署 (UNEP) 發起「保護臭氧層維也納協定」的簽署，但由於此協定僅為一般宣示並無具體管制內容，故 1987 年 9 月另訂「蒙特婁保護臭氧層議定書」，議訂全球各國於 2000 年以後，全面停止生產氟氯碳化物，否則將受到各締約國共同的貿易制裁，當時共有二十七個國家簽署蒙特婁議定書。

蒙特婁議定書是由聯合國環境規劃署於 1987 年召集各國開會通過的國際公約，其內容乃根據維也納公約的精神及要求而制訂的。蒙特婁議定書全文包括序文及 20 條條文，外加五個附件。表 12–1 為蒙特婁議定書最新修訂的管制方式。

蒙特婁議定書對非締約國或不遵守議定書規定者施予貿易制裁，其方式如下：

⑴ 1990 年 1 月起，締約國不向非締約國進口列管物質；亦即抵制非締約國出口列管物質至締約國。

⑵ 1993 年 1 月起，締約國不出口列管物質給非締約國且不進口非締約國生產之含有列管物質之產品，如汽車、冷氣、冰箱、塗料與噴霧產品。

⑶ 1995 年 1 月起，締約國不進口非締約國之產品範圍擴大到製程中曾使用過列管物質之產品，例如塑膠發泡製品、電子零組件與資訊產品等。

蒙特婁議定書經過每年一次締約方會議的修改，已較 1987 年的原案複雜很多。蒙特婁議定書針對各類物質管制內容如表 12–1 所示。

表 12–1　蒙特婁議定書最新修訂的管制方式（以第 5 條第 1 款之締約發展中國家為例）

類　型	生產和消費量的限制及期限
氟氯化碳物 (CFC-11, CFC-12, CFC-113, CFC-114, CFC-115)	・基準數量：1995～1997 年平均數。 ・期限：2010 年 1 月 1 日，削減 100%。(就基本國內需要而允許基準數量 15% 之產量)
海龍 (Halon-1211, Halon-1301, Halon-2402)	
其他全鹵化氟氯化碳 (CFC-13,	

CFC-111, CFC-112, CFC-211, CFC-212, CFC-213, CFC-214, CFC-215, CFC-216, CFC-217)	
四氯化碳 (Carbon Tetrachloride)	‧基準數量：1998～2000 年平均數。 ‧期限：2010 年 1 月 1 日，削減 100%。（就基本國內需要而允許基準數量 15% 之產量）
三氯乙烷 (1,1,1-trichloroethane)	‧基準數量：1998～2000 年平均數。 ‧期限：2015 年 1 月 1 日，削減 100%。（就基本國內需要而允許基準數量 15% 之產量）
氟氯烴 (HCFCs)	消費量 ‧基準數量：2015 年。 ‧期限：2016 年 1 月 1 日，凍結。2040 年 1 月 1 日，削減 100%。 生產量 ‧基準數量：2015 年。 ‧期限：2016 年 1 月 1 日，凍結。（凍結在其基準生產量和消費量的平均水平）（就基本國內需要而允許基準數量 15% 之產量）
氟溴烴 (HBFCs)	‧期限：1996 年 1 月 1 日，削減 100%。（可能需有必要用途的豁免）
氯溴甲烷	‧期限：2002 年 1 月 1 日，削減 100%。（可能需有必要用途的豁免）
溴化甲烷 (Methyl Bromide)	‧基準數量：1995～1998 年平均數。 ‧期限：2015 年 1 月 1 日，削減 100%。（可能需有必要用途的豁免）

資料來源：行政院環境保護署。

二、蒙特婁議定書對臺灣之影響

根據蒙特婁議定書的管制規定，自 1990 年 1 月 1 日起，非簽約國所生產之氟氯碳化物不得輸出至簽約國；而自 1993 年 1 月 1 日起，禁止非簽約國外銷含有管制物質的產品至簽約國（包括空調器材、家用冰箱、其他冷凍器材等）；此外，1995 年 1 月 1 日起，禁止非簽約國輸出製程中曾使用管制物質的產品（包括以 CFC 清洗的電子工業用產品、用 CFC 作為包裝緩衝器材之產品等）。由於我國並非蒙特婁議定書之締約國，而蒙特婁議定書對非簽約國已明列各種貿易限制。為降低 CFC 管制對我國經濟面所引發的衝擊，我國產業界也配合蒙特婁公約規定，全面削減 CFC 製品，而政府也積極透過外交、經貿與響應世界環保訴求等途徑，加入締約國行列。近年來，國內業者亦努力尋找 CFC 替代品。例如台塑公司已於 1993 年 9 月 1 日開始量產第二代替代品 HCFC142 和 BHCFC141B，不過此兩項替代品在 2030 年之後也同樣難逃禁用的命運，因此台塑企業目前也正積極尋找第三代替代品；又如工研院化工所、光電所與保勝光學公司，成功地於 1993 年 6 月間開發出以異丙醇代替 CFC 工業清洗技術。根據統計，1992 年國內 CFC 消費量已降至基準年的 70%，1993 年降至 60%，這些成果已深獲歐美及日本的肯定。

另外，為配合聯合國蒙特婁議定書對 CFC 的管制規定，我國也比照世界各國採取同步的管制措施。經濟部並決定：自 1994 年 1 月起停止進口海龍滅火器；汽車配合政策，自 1994 年 1 月起出廠的新車型、新車種汽車，一律改用非 CFC 冷媒系統。

三、氣候變化綱要公約

地球大氣層中，大約共有二十餘種所謂的「溫室氣體」可保存地表溫度，而這些溫室氣體中，又以二氧化碳、甲烷、一氧化二氮、臭氧、氟氯碳化物為代表，而其中以二氧化碳對溫暖化現象影響最大。

國際間為了有效抑制地球溫室效應的惡化，於 1992 年 6 月於巴西里約熱內盧集結一百九十二國代表簽約「聯合國氣候變化綱要公約」，其中約定了三十六個當然會員國的二氧化碳與其他溫室氣體的排放量，必須回歸至 1990 年水平的政策、措施及預期效果，而且在 2005 年時再削減到 1990 年排放量的 20%。而在上述三十六個當然會員國之外的其他會員國，亦可遞交國家報告書，表明是否願意遵守同樣的時程。該公約共計 26 條，最終目的希望能穩定大氣中溫室效應氣體之濃度，以避免對氣候系統形成不利干擾，但該公約目前僅為原則性宣示而毫無約束力，但未來類似蒙特婁議定書的管制時程及貿易制裁隨時可能列入條款。

根據經濟部能源局的資料顯示，2012 年臺灣地區能源供給結構中，含碳高的能源如煤炭與石油的總耗用量約 78%，其他如天然氣、核能與再生能源

（包括水力與新能源）則僅約佔 12%、8% 及 2%。因此，如何調整臺灣地區能源的需求與供給結構以降低二氧化碳的排放量，這是我國政府與國人所必須加以深思、規劃及解決之問題。

臺灣目前雖非會員國，但行政院已於「永續能源政策綱領」宣示國家二氧化碳減量目標而因應政府非核家園政策，2017 年 2 月環保署核訂「國家因應氣候變遷行動綱領」，明確擘劃我國推動溫室氣體減緩及氣候變遷調適政策總方針，目標為階段達成於 2050 年溫室氣體排放量降為 2005 年溫室氣體排放量 50% 以下，並且健全我國面對氣候變遷之調適能力，以降低脆弱度並強化韌性。

案例討論

若臺灣採取最嚴格的車輛排氣管制，請討論這項規定對臺灣哪些產業有利、對那些行業不利？對臺灣的空氣品質又有什麼影響？

1. 近年來，隨著國際間對生態與環境保護的益加重視，國際間對一些破壞生態與環境之國家的出口品亦開始施以貿易制裁，而「維持生態平衡與保護環境」的標準或規則亦儼然成為一種新的非關稅貿易障礙。
2. 目前被重視的全球環保問題主要有(1)臭氧層破洞；(2)地球的溫室效應；(3)酸雨與酸霧；(4)有害廢棄物的越境移動；(5)熱帶雨林的被濫伐與減少；(6)海洋的被污染；(7)土壤的沙漠化；(8)野生動植物的瀕臨絕種；(9)大氣污染；(10)水污染。
3. 目前隸屬於聯合國的生態、環保組織有(1)聯合國環境規劃署 (UNEP)；(2)政府間氣候變遷問題小組 (IPCC)；(3)國際海事組織 (IMO)；(4)聯合國糧農組織 (FAO)；(5)聯合國教科文組織 (UNESCO)；(6)世界氣象組織 (WMO)；(7)世界衛生組織 (WHO)。
4. CITES 之全名為「瀕臨絕種野生動植物之國際貿易公約組織」，又叫華盛頓公約組織。CITES 成立的主要目的是藉出口許可證的核發來控制野生動植物貿易，以免野生動植物因國際貿易而被過度捕殺，以致絕種。我國目前並非 CITES 之一員。

5. 華盛頓公約及蒙特婁公約是目前國際間以貿易制裁為手段的生態、環保條約。
6. CITES 將世界的野生動植物分成三級：(1)有絕種之虞的野生動植物；(2)未來可能發生絕種之虞的野生動植物；(3)區域性管制的物種。
7. 《培利修正案》為美國的國內法，其源自於 1967 年的美國《漁民保護法》第八條。《培利修正案》的主要內容是針對破壞稀有生物生存的國家施予貿易制裁。臺灣曾因對野生動植物缺乏保護之罪名，而在 1994～1995 年間受到美國《培利修正案》的制裁。
8. 蒙特婁議定書是國際間第一個以貿易制裁為手段來管制空氣污染物排放的國際條約。其之所以被各國簽署的主要原因是為了針對具有破壞臭氧層的化學物質如氟氯化物 (CFC)，滅火海龍 (Halons) 等進行管制。
9. 蒙特婁議定書對非締約國或不遵守議定書規定所施予的貿易制裁方式為：(1) 1990 年 1 月起，締約國不向非締約國輸入列管物質；(2) 1993 年 1 月起，締約國不出口列管物質給非締約國且不進口非締約國生產之含有列管物質之產品；(3) 1995 年 1 月起，禁止向非締約國輸入製程中曾使用管制物質的產品。

習題

選擇題

( ) 1. 目前全球所需面對的環保問題主要為？

(A)溫室效應 (B)酸雨與酸霧 (C)熱帶雨林濫伐與減少 (D)以上皆是

( ) 2. 下列何者是隸屬於聯合國的生態、環保組織？

(A)聯合國環境規劃署 (UNEP) (B)國際海事組織 (IMO) (C)世界衛生組織 (WHO) (D)以上皆是

( ) 3. 華盛頓公約 (CITES) 的成立目的為何？

(A)禁止野生動植物之買賣 (B)核發出口許可證控制野生動植物貿易 (C)阻止熱帶雨林的濫伐 (D)減少海洋的污染

( ) 4. 華盛頓公約又稱為下列何者？

(A)瀕臨絕種野生動植物之國際貿易公約組織 (B)蒙特婁公約 (C)國際海事組織 (D)聯合國教科文組織

( ) 5. 下列何者非 CITES 所規定之分類？

(A)有絕種之虞的野生動植物 (B)區域性管制的野生動植物 (C)未來可能有絕種之虞的野生動植物 (D)販售價格昂貴的野生動植物

( ) 6. 培利修正案為美國的國內法，其依據以下哪個法條創立？

(A)美國糧食與農業保護法 (B)美國海洋污染保護法 (C)美國野生動物保護法 (D)美國漁民保護法

( ) 7. 蒙特婁議定書主要是以貿易制裁手段來管制下列何者？

(A)熱帶雨林濫伐 (B)海洋污染 (C)空氣污染物排放 (D)野生動物貿易

( ) 8. 蒙特婁議定書對非締約國或者不遵守議定書規定所施予的貿易制裁方式不包括下列何者？

(A) 1990 年起締約國不向非締約國輸入列管物質 (B) 1993 年起締約國不出口列管物質給非締約國且不進口非締約國生產之含有列管物質商品 (C) 1995 年起禁止向非締約國輸入製成中曾使用管制物質的產品 (D) 1980 年起禁止向非締約國輸入製造中曾使用管制物質的產品

(　) 9.華盛頓公約組織為下列哪個組織的半獨立性分支機構？
(A)聯合國環境保護組織 (UNEP)　(B)政府間氣候變遷小組 (IPCC)　(C)國際海事組織 (IMO)　(D)世界氣象組織 (WMO)

(　) 10.國際間對破壞生態與環境之國家的出口品施以貿易制裁，這些維持生態平衡與保護環境的標準規則對於國際貿易產生何種影響？
(A)國際迴響效果　(B)關稅貿易障礙　(C)非關稅貿易障礙　(D)以上皆非

(　) 11.臺灣在 1994～1995 年間，因為對野生動植物區缺乏保護，而受到美國何項法案的貿易制裁？
(A)蒙特婁公約　(B)美國野生動物保護法　(C)華盛頓公約　(D)培利修正案

(　) 12.下列何者並非「巴塞爾公約」的內容？
(A)設立基金會以協助開發中國家發展相關技術　(B)越境移動必須事前申報　(C)推動清潔發展機制　(D)禁止有害廢棄物的越境移動

(　) 13.下列何者是目前國際間以貿易制裁為手段的生態、環保條約？
(A)蒙特婁公約　(B)巴塞爾公約　(C)生物多樣性公約　(D)氣候變化綱要公約

(　) 14.下列何者並非民間推動，而是隸屬於聯合國之重要組織？
(A)國際自然保護聯盟　(B)國際水鳥與溼地調查局　(C)政府間氣候變遷問題小組　(D)綠色和平組織

(　) 15.下列何者並非「森林原則」的主要目的？
(A)對所有森林的管理、養護和可持續開發，並作全球協商　(B)強調原住民權利　(C)強調生物保育的重要性　(D)禁止有害廢棄物的越境移動

問答題

1. 目前國際間隸屬於聯合國之主要生態、環保組織有哪些？何謂 UNEP？請扼要說明之。
2. 目前國際間有哪些重要的環保條約或宣言？
3. 目前不隸屬於聯合國之主要國際生態環保組織有那些？
4. 何謂 CITES？其成立之主要目的為何？
5. 目前國際間的生態、環保條約中，有那些條約是以貿易制裁為手段？

6. 請問 CITES 將世界的野生動植物分成那三級次管制貿易？
7. 何謂 EIA？其曾對臺灣提出那些控訴？並對臺灣產生何影響？請扼要敘述之。
8. 何謂《培利修正案》？其曾對臺灣作出何種貿易制裁？其之所以曾對臺灣採貿易制裁的主要原因為何？
9. 《培利修正案》的貿易報復與《特別 301》的貿易報復的主要不同點為何？
10. 蒙特婁議定書之所以被各國簽署之主要原因為何？請簡單扼要的敘述之。
11. 蒙特婁議定書對非締約國或不遵守議定書規定者施予那些方式的貿易制裁？

第13章

美國的《301 條款》及其對全世界與臺灣之影響

學習目標

1. 說明美國《301 條款》之意義與內涵。
2. 何謂美國《超級 301 條款》。
3. 何謂美國《特別 301 條款》。
4. 描述美國《301 條款》對全世界的影響。
5. 解釋美國《301 條款》對臺灣的影響。

國人在報章雜誌及傳播媒體上得知美國《301 條款》、《超級 301》及《特別 301》等這些名詞，但很多人可能對這些名詞一知半解。本章之主旨即在對這些名詞的意義及內涵作一介紹（本章第一節），並探討其對全世界及臺灣的影響（本章第二節及第三節）。

美國是全球經濟力量強大的國家，也是全球最大的進口國家。因此，美國貿易政策與法案的任何變動必會被全球及臺灣所關切並產生相當之影響，而這也就是本書之所以要對美國的《301 條款》特別作介紹與探討的原因。

美國在 1974 年的《貿易法》制訂《301 條款》以對抗不公平貿易：規定美國對不公平貿易可實施報復性之進口限制。美國的《1988 年綜合貿易與競爭力法案》（簡稱綜合貿易法）更將《1974 年貿易法》中的《301 條款》做修正，其除了將對抗不公平貿易（301 條款）的自由裁量權（包括判定權及執行報復之權）從美國總統手中移轉至美國的貿易代表署，更進一步制訂了影響全球及臺灣頗大之《特別 301 條款》及《超級 301 條款》。

第一節　美國《301 條款》之意義與內涵

一、《一般 301 條款》

《一般 301 條款》又叫常態 301 條款，或簡稱作《301 條款》。乃指美國

《1974 年貿易法》第三篇第一章第 301 條。該條規定，美國總統對於外國政府採取**不正當** (unjustifiable)、**不合理** (unreasonable) 及**歧視性** (discriminatory) 之貿易政策、法律、措施，使美國商務負擔加重時，有權採取適當的反應措施，對該類事件進行調查，並尋求與當事國進行諮商；如諮商無結果，美國政府得依據該條款採取行動，迫使當事國取消該類不公平貿易措施，以確保美國在各種協定下應享之權利，不致遭受任何剝奪或侵害。

美國當初之所以會訂立《301 條款》的原因，是因為當時的美國國會認為 GATT 的爭端程序運作無法有效防止和消除貿易障礙，損害美國利益。再加上那時候 GATT 自甘迺迪回合談判後，美國關稅下降，進口增加，國際收支盈餘減少，部分產業要求限制進口，保護之聲漸起。簡言之，所謂《301 條款》乃是美國針對不公平貿易訂定制裁辦法的條款。

但是，《301 條款》自 1974 年制訂以來，歷經了《1979 年貿易協定法》、《1984 年貿易暨關稅法》，以及《1988 年綜合貿易暨競爭法》多次的修正。陸續將不正當、不合理、歧視性商業等加以定義，但並不以定義為限，且將原本的商品交易行為擴大到服務業，並將智慧財產的保護、美國公民在海外直接投資的貨物或服務業納入。各類案件調查所須的期限也有詳細的規定，同時將是否報復的最後決定者由總統移轉到**美國貿易代表署** (Office of the United States Trade Representative, USTR)。換言之，《301 條款》的執行單位為美國的貿易代表署 (USTR)。圖 13–1 為《一般 301 條款》的作業程序流程圖，讀者請自行參閱。

此外，有關《301 條款》的基本原則、特色及其報復措施之執行有如下數點須向讀者特別說明的：

1.《301 條款》雖經多次的補充、修正，但其基本原則仍然不變

亦即倘若美國因外國之不公平、不合理、歧視性貿易行為而蒙受損失，得採取相對的報復行動。

2.《301 條款》具有高度的彈性

其立法之初，並未對何謂不公平、不合理、歧視性加以定義，而係由總統加以認定，對不公平貿易措施是否採取報復，總統亦有裁量權。而且前

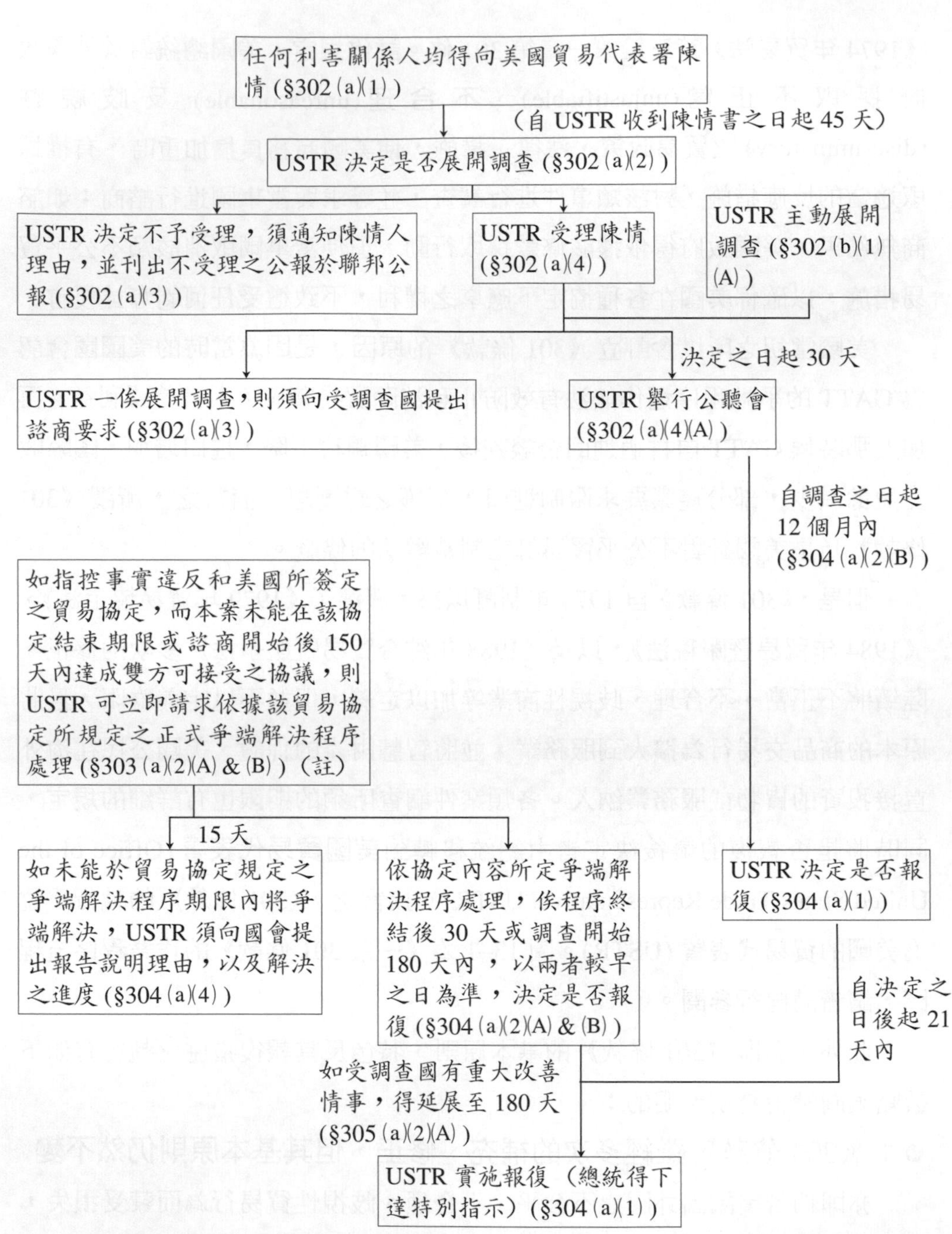

註：USTR 在作成決定以前，應提供利害關係人表示意見之機會，包括應後者之請求舉行公聽會、徵詢適當委員會，以及美國國際貿易委員會有關針對任何產品或勞務採取行動，對美國經濟可能造成之影響的意見

資料來源：外交部北美司。

圖 13–1 《一般 301》作業程序流程圖

《301 條款》的執行單位雖為貿易代表署，但其在執法上仍具有高度之彈性。

3.《301 條款》的適用對象廣泛，不以 WTO 會員國為限

只要是美國的貿易對手國皆適用《301 條款》。

4.任何利害關係人皆可提出陳情

凡外國違反貿易協定或外國政府之法律、政策或措施有任何不公平、不合理或歧視性待遇，對美國商務形成負擔或對美國之出口有所妨礙或限制者，任何利害關係人皆可提出陳情，經 USTR 查證屬實，如貿易夥伴國受指控事項不能於規定時限內諮商解決，即採貿易制裁報復。

5.需於時限內完成

以一年為諮商調查期限，若決定行使報復措施，則於公佈後三十天內執行，但夥伴國如有重大改善，可延遲到六個月後才實施。

6.無產品類別之限制

有形的商品貿易及無形的服務業貿易皆適用《301 條款》。

7.《301 條款》的報復措施

(1)中止、撤銷或防止某些對該受報復待遇國有利之貿易協定之適用。

(2)對該國之貨物課以關稅或進口限制。

(3)兩國訂定協定，使得對方：①停止該不公平之行為、政策或慣例；②終止因該不公平之行為、政策或慣例而致美國商務所受到之限制；③對美國提供補償性的貿易優惠措施。此外，USTR 亦可依總統的指示，採取其他的措施。

(4)報復的產品、方式、金額及期限皆由美方決定，這往往造成貿易對手國的巨大壓力。

二、《超級 301 條款》

所謂的《超級 301 條款》(Super 301) 乃是美國在《1988 年綜合貿易暨競爭力法案》(Omnibus Trade and Competitiveness Act of 1988) 中修正《1974 年貿易法》而新增之《301 條款》。最近的一次修法是依據《2000 年美國貿易與發展法》407 節對 1974 年新增的《貿易法》中第 306 節的修正。依據《超級

301》，確立了一項「國家貿易評估」，以表明外國對美國貿易的障礙以及其代價。而之所以會有此《超級 301 條款》，是因為美國訂定《301 條款》以後，為了要使用這種對付貿易障礙的武器，往往要花費許多時間與經費去對各種貿易障礙之存在加以調查，而後再與對方談判，但收效卻極為微小。有鑑於此，美國國會乃於《1988 年綜合貿易暨競爭力法案》中加一《超級 301 條款》，用來全面對付貿易夥伴之廣泛的不公平貿易行為；並且將「不公平貿易」的範圍加以擴大，例如外國之補貼或獎勵出口輸美的措施，以及違反國際認可之對勞工權益的處置等等都被視為不公平的貿易行為。如外國不加以改變，美國則可採報復措施。該法案且規定這一《超級 301 條款》在 1989 年與 1990 年各試行一次。而在近期，2018 年 3 月美國總統川普為因應美中貿易逆差日益龐大，以及中國企業竊取美商企業知識產權的問題而簽署了一份總統備忘錄，再次祭出《301 條款》開了中美貿易戰第一槍，並於 8 月正式對中國啟動「301 調查」，幾乎近於《超級 301 條款》的再次運用。

圖 13–2 為《超級 301 條款》的作業流程圖，讀者請自行參閱。

此外，有關《超級 301 條款》，在此有幾點要向各位讀者特別加以強調與說明的：

(1)《超級 301 條款》所涵蓋的層面相當廣泛，其不只對貿易夥伴國的不公平措施予以規範，並且及於各相關的貿易障礙，如出口獎勵措施、出口比率限制、勞工保護法令、進口關稅、非關稅壁壘等。

(2)《超級 301 條款》要求 USTR 在 1989 以及 1990 兩個年度向國會提出**《各國貿易障礙評估報告》**(National Trade Estimates, NTE) 後（通常在 4 月底）之三十天內，列出優先國家 (對美國出口限制最多的國家) 以及優先行為。國會收到這份報告的二十一天內，USTR 必須對這些國家及行為採取調查。如果在十八個月內經過談判仍無法改善，美國即可對這些國家採取提高關稅、削減進口等貿易報復措施。

(3)《超級 301 條款》所規定適用期間為 1989 及 1990 年，但 1994 年柯林頓為迫使日本在貿易上讓步，以行政命令的方式，使《超級 301》復活一年。

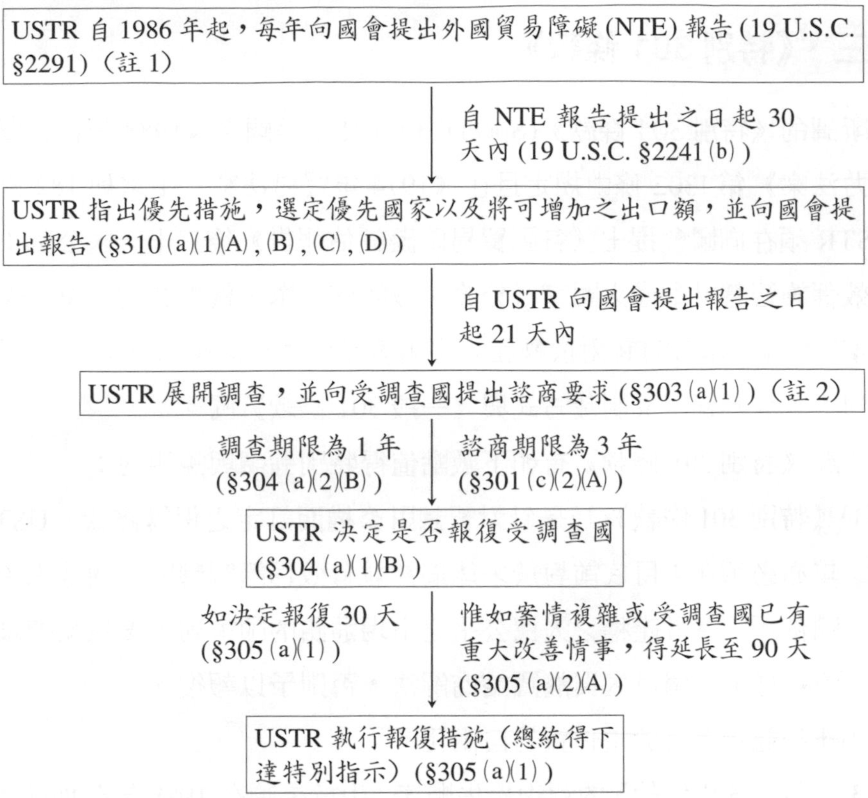

USTR 自 1986 年起，每年向國會提出外國貿易障礙(NTE)報告(19 U.S.C. §2291)（註 1）

↓ 自 NTE 報告提出之日起 30 天內(19 U.S.C. §2241(b))

USTR 指出優先措施，選定優先國家以及將可增加之出口額，並向國會提出報告(§310(a)(1)(A),(B),(C),(D))

↓ 自 USTR 向國會提出報告之日起 21 天內

USTR 展開調查，並向受調查國提出諮商要求(§303(a)(1))（註 2）

↓ 調查期限為 1 年(§304(a)(2)(B))｜諮商期限為 3 年(§301(c)(2)(A))

USTR 決定是否報復受調查國(§304(a)(1)(B))

↓ 如決定報復 30 天(§305(a)(1))｜惟如案情複雜或受調查國已有重大改善情事，得延長至 90 天(§305(a)(2)(A))

USTR 執行報復措施（總統得下達特別指示）(§305(a)(1))

註：1.超級 301 之 NTE 報告限於 1990 年 4 月 30 日及 1989 年 3 月 31 日提出。
　　2.關於諮商之特別程序，適用《一般 301 條款》之規定。
資料來源：外交部北美司。

圖 13–2　《超級 301 條款》作業流程圖

(4)所謂的各國貿易障礙評估報告係由 USTR 自 1986 年起，每年須向國會提出指明及分析構成重大障礙或貿易扭曲之外國行為或措施；亦包括對於貿易扭曲對美國之衝擊的評估，而《超級 301 條款》之 NTE 報告原僅限於 1989 年 3 月 31 日與 1990 年 4 月 30 日提出，但 1994 年 3 月由美國國會議員包可士再度提出實行，而美國總統柯林頓決定 1994、1995 年再實施（或復活）兩年。目前 USTR 仍在每年 4 月 1 日提交貿易障礙報告，包含三大部分：①《NTE 報告》；②《技術性貿易障礙報告》；③《食品安全檢驗與動物防疫檢疫措施報告》。

三、《特別 301 條款》

所謂的《特別 301 條款》(Special 301) 乃是美國在《1988 年綜合貿易暨競爭力法案》第 1302 條中規定且在《1974 年貿易法案》中增列 182 條，要求 USTR 須在向國會提出《各國貿易障礙評估報告》後三十天內公佈：未正確有效保護智慧財產權之國家（分為一般觀察名單、優先觀察名單、優先指定國家），並要求 USTR 對於被指未保護智慧財產權之國家，於六個月內展開談判，其談判程序及制裁方式與《一般 301 條款》同。

有關《特別 301 條款》有如下數點值得特別強調與說明的：

⑴《特別 301 條款》乃是針對智慧財產權而訂定之保護條款。USTR 每年亦必須在 4 月底前對於未能適當並有效保護智慧財產權或未給予美國依賴智慧財產權之人民公平之市場通路的國家列出優先報復國家名單。並於六個月內與該國諮商解決，否則予以報復。

⑵新法並規定及於電信貿易自由化。

⑶《特別 301 條款》的報復優先順序：由於美國在 1988 年公佈的《綜合貿易法》，對其中的《特別 301 條款》規定甚為嚴格，貿易代表署 (USTR) 顧慮大部分貿易夥伴的智慧財產權保護情形均未達理想境界，故給予貿易夥伴有改善的緩衝時間，否則才給予報復行動。在處理程序上，分為三個等級：第一級是必須在一定期限內完成調查、談判並決定是否施予報復的「優先指定國家」；第二級為將予密切監測的「優先觀察名單」；第三級是智慧財產權保護雖然有進展，但仍須監測的「一般觀察名單」。

更具體而言，所謂的**一般觀察名單** (watch list) 是指美貿易夥伴有關智慧財產權之措施，影響美國人進入該國市場之程度，足以引起美國政府關切者。而凡是被列入一般觀察名單者，USTR 將再觀察一年，而暫不採取行動。

而所謂的**優先觀察名單** (priority watch list) 則是指美貿易夥伴之政策或措施不足以保障美國之智慧財產權，但在與美談判過程中或參與其他多邊談判時，有重大進展者。凡被列入優先觀察國家者，USTR 將予以觀察六個月後，再予以評估是否應將其升格為「優先指定國家」或降為「一般觀察名單」。

至於所謂的**優先指定國家** (priority foreign country) 根據美國眾議院 H.R. 三號法案將優先國家定義為：

⑴具有拒予智慧財產權適當與有效保護之最過分 (egregious) 的行為、政策或措施。

⑵拒予智慧財產權適當與有效保護的行為、政策或措施，對於受影響之美國產品在其等本身市場或其他國際市場，具有之最大不利衝擊。

⑶未展開善意談判，或未於雙邊或多邊談判有重大進展，以提供適當與有效之智慧財產保護。

凡是被列入優先指定國家者，USTR 將在 NTE 報告公佈一個月內調查，半年內要求對方改善，否則美國便採取報復行動。

表 13–1 將前面所述的《一般 301 條款》、《超級 301 條款》與《特別 301 條款》作一摘要性的比較，讀者請自行參閱複習。

表 13–1　各式《301 條款》之比較

條款 內容	一般 301 條款	特別 301 條款	超級 301 條款
立法依據	1974 年貿易法	1988 年綜貿法第 1303 條、1974 貿易法增列之 182 條	1988 年綜貿法第 1302 條、1974 年貿易法增列之 310 條
立法目的	禁止外國政府以不公平、不合理或歧視性措施妨礙美國產品進口	規定美國及其他國人之智慧財產權保護不周之貿易夥伴，USTR 必須於 6 個月內與該國諮商解決	希望在美國監督下，促使行政部門與貿易國諮商，以解決美國鉅額貿易赤字問題
執行方式	由美國政府主動發現或業者指控，屬被動性質	國會要求行政部門每年定期提報告，屬主動性質	國會要求行政部門每年定期提報告，屬主動性質
報復對象	一般商品貿易不公平措施	與智慧財產權有關之措施	各類貿易障礙，包括出口獎勵措施、勞工保護法令

期 限	無，只要任何美國公司提出陳情，即著手辦理	USTR 每年提出各國貿易障礙評估報告 (NTE) 檢討，每年實施	1989～1990 年曾實施，柯林頓總統又決定於 1994、1995 年實施兩年
美國行政部門權責	行政部門可自行決定	行政部門在期限內必須向立法部門報告	行政部門在期限內必須向立法部門報告
報復優先順序	無優先順序	分優先指定國家、優先觀察名單、一般觀察名單	分優先國家、優先措施

註：1.《301 條款》一般觀察名單為美國對其貿易對手國因智慧財產權保護不力而採取的貿易報復法案。被列一般觀察名單者在一年內不必擔心美方可能採取的貿易報復措施。

2.《301 條款》優先觀察名單是美國對其貿易對手國因智財權保護不力，而採取的貿易報復法案。被列入優先觀察名單者在名單公佈後一個月起的半年後才有接受美國調查之虞，至於何以名之為觀察名單，就是在名單公佈後一個月起的半年內，美國不採取任何的措施，這段期間就是所謂的觀察期間。

資料來源：經濟部國貿局。

第二節　美國《301 條款》對全世界的影響

由於美國有強大的進口市場做後盾，因此愈是依賴美國市場之國家，便愈易感到《301 條款》的威脅。再加上美國貿易赤字始終居高不下，而外來競爭者之技術漸漸後來居上，其國內不滿聲浪持續擴大，川普政府之貿易政策亦不同於以往之「自由貿易」而主張「保護主義」，這對一些對美國市場依賴甚大的國家（例如臺灣、中國大陸、泰國、韓國等國）更是形成相當大的壓力。

而就《301 條款》之特性而言，其對外國之不當貿易行為乃是採強制報復，而且限定須在一定期限內完成調查程序並與貿易對手國諮商（《特別 301 條款》為六個月，《超級 301 條款》為三年），這固然剝奪了美國行政部門的緩衝彈性，但這的確對貿易對手國中須做產業調整者壓力甚大，甚至令對手國措手不及。再者，《301 條款》（尤其是《超級 301 條款》與《特別 301 條款》）的打擊範圍廣，不僅包括實體產品，亦擴及服務業（或勞務），且報復項目由美方選擇，對手國處於完全被動，處處受制於美國。

美國雖早在 1974 年已制訂《301 條款》，但直至 1985 年 9 月雷根 (Ronald Reagan) 總統發佈貿易政策綱要中明確揭示採取強硬態度來對付外國政府之不公平貿易，美國從此以後才開始積極強硬地運作《301 條款》，由自 1975 年至今，美國展開調查的案件逾三百件。但就《301 條款》的修訂與被使用情形來看，《301 條款》的決策權由總統移轉到 USTR 手上，顯示 USTR 已成為出口政策執行的要角，得到總統及國會的共同支持。而美國出口貿易政策的執行日益行政化，國會將程序定得十分嚴密，使得 USTR 必須照章行事，對他國產生很大壓力。美國對他國的單方行動有日益增強的趨勢，根據統計，1991～2000 年每年平均有六點五件調查案，2001～2013 年，每年平均有八點九件調查案。

而就其他國家對美國所獨創的《超級 301 條款》及《特別 301 條款》的觀點而言，其實在烏拉圭回合談判過程中，於 1990 年 12 月各國討論美國所提《貿易檢討報告》時，不論亞洲或歐洲國家均對美國之《301 條款》感到不滿，認為其屬單邊行為，違反 GATT 所倡導之多邊主義原則。但是就美國政府的觀點而言，美國政府認為《301 條款》並不違反 GATT 精神，因為在 GATT 互惠原則下（第 28 條及第 28–1 條），如貿易夥伴為依照所諮商結果減讓時，得採取片面貿易救濟而再引進互惠性之貿易限制。在 1994 年 3 月當美國擬對日本動用《超級 301 條款》，引起歐體、韓國、菲律賓、澳洲、新加坡、馬來西亞之譴責。但是 GATT 的發言人於 1994 年 3 月 4 日卻聲明「《超級 301 條款》並未違反 GATT 自由貿易原則，美國有權對不公平貿易的國家進行報復，除非其在使用上與 GATT 的規定牴觸，但依目前而言，並無證據顯示美有意違反其 GATT 的義務」。1994 年 3 月，美國方面還揚言，新的貿易協定並不會削減美國的貿易原則，美國不但仍將根據《特別 301 條款》對外國進行貿易報復，而且準備恢復使用《超級 301 條款》。美國此一措施為今後的世界貿易發展蒙上了一層陰影，也促使歐洲共同體國家紛紛效法美國，開始尋找類似之新貿易武器。而 2018 年在川普之主導下，為了因應日益龐大的美中貿易逆差，美國對中國大陸展開全面性的貿易報復。

雖然各國對於美國的《301 條款》相當反感，但在事實上，國際間除了臺灣之外，美國亦與日本、韓國、馬來西亞進行類似的雙邊談判，在《特別 301 條款》威力威脅下，一個個應聲即倒。2004 年美國更提出《306 條款監督國家》，作為實施貿易報復的「最後通牒」，然而美國的雙邊談判策略挾以《301 條款》的恐嚇，不可否認的，使得國際間對智慧財產權的保護日趨嚴格。

《301 條款》雖然是美國基於本身利益而作出之片面措施，但其對美國而言，的確是解決貿易對手國不公平貿易的一個很有效之手段。對美國而言，《301 條款》的作用，並非在報復的本身，而是盼望以報復的「威脅」即能使對手國就範。而這「威脅」對目前國際上的不公平貿易行為確實起了不小的作用。其實，就整個國際趨勢來看，高科技及知識成為國際競爭的主要武器，先進國家為了保護高科技發展的原創力及競爭優勢，逐漸將智慧財產權納入國際貿易規範中，所以未來即使沒有此條款，智慧財產權的保護問題仍會受到相當的重視。2000 年後美國更大力推動「綠色 301」、「藍色 301」及「野生動物 301」等協定，除了聯合區域內的國家之外，美國更以貿易手段對其他國家推廣相關協定。

案例討論

若美國實施更嚴格的智慧財產權保護，你認為對臺灣或沙烏地阿拉伯的出口而言，何者影響較大？

第三節　美國《301 條款》對臺灣的影響

在本章前面二節中我們已對《301 條款》的意義與內涵，以及其對全世界的影響作了一番介紹，由於臺灣為全世界的一分子，故本章第二節所述的《301 條款》對全世界之影響幾乎皆可適用其對臺灣的影響。但是，若專門針對臺灣，則臺灣之所以會擔心或害怕美國報復的原因大致有下列數點：

(1)美國是臺灣的主要出口市場之一，雖然近年來臺灣在分散出口市場的努力下，對美國市場的依賴程度已下降，但若美國對臺灣採報復措施，仍會對臺灣經濟產生甚大之衝擊。

(2)《301 條款》對所謂有「長期進口障礙和市場扭曲」行為國家是以對美國有較多貿易順差為取捨標準，而我國對美國一直有很大之貿易順差，因此，我國必成為當然攻擊之目標。

(3)如果對我施以報復，我輸美的所有產品，都將被課以較高的進口關稅，我國產品在美競爭力將大受影響，且面對中國大陸的強烈競爭，如我國輸美的塑膠品、紡織品之毛利一般來說皆已在 10% 以下，若再課以較高之關稅則我必將市場拱手讓人。以 1993 年為例，該年若我被課以懲罰性關稅，據全國工商總會估計損失逾 8 億美元。2012 年美韓簽訂 FTA 後，使得臺灣遭受更大的打擊，不只實質 GDP 減少 0.004%，貿易餘額更減少 2,200 萬美元。

(4)《301 條款》對外國之不當貿易行為須採「強制報復」，而且限定須在一定期限內完成調查程序並與對手國諮商（《特別 301 條款》為六個月、《超級 301 條款》為三年），這固然剝奪了美國行政部門之緩衝彈性，但一旦實施報復會令我廠商措手不及，而即使只將我國列入觀察國家名單，這仍將對我國廠商造成甚大之壓力。

(5)《301 條款》的打擊範圍廣，其範圍不僅包括有形的商品貿易，亦擴及無形的服務業，且報復項目完全由美方選定，我國完全處於被動，處處受制於美國。

(6)美國若對臺灣採取報復，不僅受到報復的產業會直接面臨重大衝擊外，相關產業、上下游產業及股市、房地產市場皆會受到波及。因此其將不只影響我的出口額及出口業者，也將阻礙我國整體的經濟發展。

(7)美國眾議院法案在考量一國是否有不公平貿易行為，以作為施行報復與否之基礎，增加了對「美國與第三國之貿易產生影響」因素，這使得美國以前干涉他國經貿政策之不合理作法變為合法化，這對我國爾後之經貿政策會產生一定程度之影響。

(8)一旦被施予報復，將不利於我國的國際形象。

展望未來，《301 條款》對臺灣的威脅仍在，歸納國內產、官、學之看法，我國因應之對策及努力方向大致有如下數點：

(1)積極參與多邊經貿組織如 CPTPP，將雙邊經貿糾紛由多邊裁決。

(2)成立專責談判機構。以往我對美《301 條款》談判皆由經濟部國貿局負責，唯為全盤因應國際經濟與非經濟性議題，我方宜成立跨部會小組來處理日益多元化、複雜化之國際性議題。

(3)修正談判理念，預擬美方對我體制之批判與優先談判之利益與項目何在，並建立國內對特定議題之共識。

(4)培養相關之貿易談判人才。《301 條款》多以雙邊談判之方式進行，《301 條款》範圍之擴大，無形間增加了我國貿易談判人才之需求。其中包括資料之搜集與研究、整體經濟效益之判斷及法律訴訟程序之專業幕僚與實際進行談判之貿易代表人才。

(5)加速分散出口市場，減少對美國市場的依賴。改變對美拓銷策略，增加美國政府採購機會及在美投資關鍵零組件工業。

(6)充分瞭解《301 條款》，並應加強對外貿易談判的組織與功能。

(7)在貿易政策方面：促使我國開放進口限制，降低關稅，擬定具體與全盤性之貿易發展策略。

(8)爭取與美國進行自由貿易區協商，以掌握區域經濟整合之利益，或善用墨西哥及其他中南美國家之資源。

案例討論

美國對中國大陸祭出關稅制裁政策，對於台灣來說哪些產業得利？哪些不利？

摘要

1. 所謂《301 條款》，乃指美國《1974 年貿易法》第三篇第一章第 301 條。《301 條款》乃是針對不公平貿易訂定制裁辦法的條款。
2. 美國《1974 年貿易法》中的《301 條款》賦予美國在外國採取不正當、不合理、歧視性貿易政策、法律、措施或增加美國商務負擔時，得採適當反應措施之權力。但《1988 年綜合貿易法》又將對抗不公平貿易的自由裁量權從美國總統移轉至美國的貿易代表署。
3. 所謂《超級 301 條款》乃是美國在《1988 年綜合貿易法》中修正《1974 年貿易法》而新增之《301 條款》，其目的乃是用來全面對付貿易伙伴之廣泛的不公平貿易行為，並且將「不公平貿易」的範圍擴大。
4. 所謂《特別 301 條款》乃是美國在《1988 年綜合貿易法》針對智慧財產權而訂立之保護條款。
5. 《特別 301 條款》在處理程序上，分為三個等級：第一級是必須在一定期限內完成調查、談判並決定是否施予報復的「優先指定國家」；第二級為將予密切監視的「優先觀察名單」；第三級則是智慧財產權保護雖然有進展，但仍須監測的「一般觀察名單」。
6. 整體而言，美國《301 條款》實施的這幾年，確實對全世界產生很大之影響。《301 條款》雖然是美國基於本身利益而作出之片面措施，但其對美國而言，的確是解決貿易對手國不公平貿易的一個很有效之手段。
7. 美國後續更推動「綠色 301」、「藍色 301」及「野生動物 301」，將制裁範圍延伸到環保議題。

習題

選擇題

(　) 1.《301 條款》是針對下列何種問題所制訂制裁辦法之條款？
(A)遠洋貿易　(B)不公平貿易　(C)空氣污染　(D)網路買賣

(　) 2.關於《301 條款》，下列何者不是《301 條款》之別名？
(A)《一般 301 條款》　(B)《常態 301 條款》　(C)《特別 301 條款》　(D)《優先 301 條款》

(　) 3.《301 條款》賦予美國在外國採取何種行為之貿易政策、法律、措施或增加美國商業負擔時，得採適當反映措施之權利，下列何者有誤？
(A)不正當　(B)不合理　(C)歧視性　(D)差異性

(　) 4.《1988 年綜合貿易法》將對抗不公平貿易的自由裁量權從美國總統移轉至下列那個組織？
(A)美國的貿易代表署　(B)美國法官　(C)聯合國　(D)美國海關

(　) 5.為什麼美國《301 條款》對臺灣的影響之所以如此重大？
(A)美國為臺灣重要的出口市場　(B)我國對美國長期有貿易順差　(C)我國對智慧財產權之保護未達美國所認定的充分有效　(D)以上皆是

(　) 6.《特別 301 條款》的報復優先順序中，在處理程序分為三個等級，下列何者錯誤？
(A)優先指定國家　(B)優先觀察名單　(C)一般國家　(D)一般觀察名單

(　) 7.下列何者不是美國訂立《301 條款》的主因？
(A)關稅下降　(B)進口增加　(C)國際收支盈餘減少　(D)部份產業要求限制出口

(　) 8.下列何者之報復優先順序分優先國家、優先措施？
(A)《一般 301 條款》　(B)《特別 301 條款》　(C)《超級 301 條款》　(D)《優先 301 條款》

(　) 9.下列何者之報復針對與智慧財產權有關之措施？
(A)《一般 301 條款》　(B)《特別 301 條款》　(C)《超級 301 條款》　(D)

《優先 301 條款》

(　) 10.下列何者之執行方式由美國政府主動發現或業者指控，屬被動性質？

(A)《一般 301 條款》　(B)《特別 301 條款》　(C)《超級 301 條款》　(D)《優先 301 條款》

(　) 11.下列那個條款的立法目的是為了禁止外國政府以不公平、不合理或歧視性措施妨礙美國產品進口？

(A)《一般 301 條款》　(B)《特別 301 條款》　(C)《超級 301 條款》　(D)《優先 301 條款》

(　) 12. 1994 年美國柯林頓總統為了使下列那一個國家在貿易上讓步，而用行政命令的方式延長超級《301 條款》的期限？

(A)德國　(B)日本　(C)中國大陸　(D)英國

(　) 13.下列何者並非「優先指定國家」之定義？

(A)未展開善意談判，以提供適當與有效的智慧財產保護　(B)具有拒予智慧財產權適當與有效保護之最過分的行為、政策與措施　(C)優先考慮經貿合作之對象　(D)拒予智慧財產權適當與有效保護的行為、政策或措施，對於受影響之美國產品在其等本身市場或其他國際市場，具有最大不利衝擊。

(　) 14.下列何者不是《301 條款》的報復措施？

(A)對該國貨物課以關稅或限制進口　(B)報復的產品、方式、金額及期限由美國決定　(C)不列入優先觀察國家名單　(D)中止、撤銷或防止某些對該國有利之貿易協定之適用

(　) 15.下列敘述何者錯誤？

(A)一般觀察名單是指美國貿易夥伴有關智慧財產權的措施，影響美國進入該國市場之程度，足以引起美國政府關切者　(B)優先觀察國家名單是指美國貿易之政策或措施足以保障美國之智慧財產權　(C)《一般 301 條款》對一般商品貿易不公平的措施為報復對象　(D)《超級 301 條款》對各類的貿易障礙為報復對象

問答題

1. 何謂《一般 301 條款》？其訂定的原因與目的為何？
2. 根據《1974 年貿易法》及《1988 年綜合貿易法》，美國將對抗不公平貿易的自由裁量權分別屬於何者或何單位？
3. 何謂《超級 301 條款》？其訂定之原因與目的為何？
4. 《超級 301 條款》與《一般 301 條款》對所謂「不公平的貿易」所涵蓋之範圍有何不同？
5. 何謂《特別 301 條款》？其訂定之原因與目的為何？
6. 何謂 301 一般觀察名單？何謂 301 優先觀察名單？何謂觀察期間？
7. 試簡述美國的《301 條款》對全世界所產生之影響。
8. 請說明我國為何這麼擔心美國的《301 條款》報復？

第14章

掌理臺灣對外貿易之主要機構與組織

1. 經濟部國際貿易局扮演的角色。
2. 行政院大陸委員會經濟處扮演的角色。
3. 中華民國對外貿易發展協會的角色。

目前負責掌理臺灣對外貿易之機構及組織主要有經濟部國際貿易局、行政院大陸委員會的經濟處（負責兩岸經貿及投資業務）及中華民國對外貿易發展協會。以下各節我們將針對這些機構與組織作一介紹，以使讀者對這些機構與組織有一些基本之認識。

第一節　經濟部國際貿易局

經濟部國際貿易局 (Bureau of Foreign Trade, BOFT) 正式成立於 1969 年元月，負責掌理我國國際貿易政策之研擬及進出口管理事項。經濟部國貿局過去這數十年來，隨著國際經貿環境之轉變，其角色與定位亦隨著時代變遷而有所因應及調整。目前經濟部國貿局之主要工作重點有：

⑴貿易政策（如新南向政策）、法規之研擬與執行。

⑵參與國際經貿組織活動 (WTO, OECD, APEC)；加強雙邊經貿關係。

⑶貿易談判、諮商與爭端之處理及協調。

⑷推動洽簽自由貿易協定；處理 ECFA 後續協議及經合會相關業務；推動洽簽臺歐經濟合作協議 (Economic Cooperation Agreement, ECA)；推動我國加入 CPTPP、RCEP 業務。

⑸貨品輸出入及出進口廠商管理輔導；辦理貿易安全與管控事宜。

⑹推展對外貿易，拓銷海外市場；創造有利外貿發展的環境，包括國際展館之興建與貿易無紙化、便捷化的推動，全球經貿資訊網站之架設。

⑺駐外商務機構之聯繫與協調。

(8)辦理貿易相關業務之法人、團體之聯繫與輔導。

資料來源：經濟部國際貿易局。

圖 14–1　經濟部國際貿易局之組織

經濟部除了有國貿局之組織外，目前還有數十個如下之駐外商務機構，亦稱辦事處或代表處，有興趣之讀者可自行參見國貿局網站或臺灣經貿網。

第二節　行政院大陸委員會經濟處

行政院大陸委員會（Mainland Affairs Council，簡稱陸委會）主要負責對中國大陸之經貿交流。陸委會在主任委員、副主任委員之下，設主任秘書及綜合規畫、文教、經濟、法政、港澳蒙藏、聯絡等六處，暨秘書、資訊、人事、主計、政風等五室，分別掌理有關業務及行政事項。另為統籌處理香港、澳門事務，設香港事務局及澳門事務處。而經濟處下之五科及其業務如圖 14–2 所示。

第一科	第二科	第三科
臺商輔導、服務及大陸投資業務	旅行、涉外經貿及陸資來臺業務	兩岸經貿、財金及綜合業務

第四科	第五科
農漁、環保及小三通業務	交通、航運及郵電業務

圖 14–2 經濟部大陸委員會經濟處各科業務介紹

陸委會除了經濟處負責兩岸經貿業務外，另設有「臺商窗口」進行(1)兩岸經貿資訊服務；(2)兩岸經貿諮詢服務；(3)兩岸經貿申訴服務；(4)協助中國大陸臺商組織強化服務臺商之功能等服務臺商之業務。

此外，陸委會亦負責中國大陸經貿政策之規劃與推動工作，其重點包括根據兩岸經濟情勢變化，對兩岸四地經貿包括貿易、投資、農漁業、環保、金融、財稅、交通、通信、郵政、旅行等交流，進行前瞻性規劃。並協調相關機關訂定及檢討修訂有關兩岸經貿交流法規，以規範兩岸經貿交流秩序。

陸委會亦負責兩岸經貿協商議題之規劃，這包括臺商投資權益保障協議、智慧財產權保護、經貿糾紛調解與仲裁、農漁業交流、開放中國大陸人民來臺觀光、金融往來及監理、漁業勞務合作協定、雙邊互免租稅協定、防檢疫合作機制等課題。透過協商建立制度化、規範化的兩岸經貿交流機制，以健全交流秩序。

案例討論

請上網搜尋目前臺商在中國大陸各省的分佈狀況。你認為最適合兩岸直航的中國大陸城市為何？

第三節　中華民國對外貿易發展協會

中華民國對外貿易發展協會(Taiwan External Trade Development Council, TAITRA) 簡稱外貿協會或貿協，成立於 1970 年。外貿協會乃是由經濟部所支持設立的非營利、公益性質之財團法人，是我國推廣貿易政策之執行機構。

外貿協會為經濟部結合各主要產業協會所捐助成立。外貿協會之主要任務有：

⑴協助廠商佈局全球，拓展對外貿易，並提升我國產品在國際市場的競爭力。

⑵配合政府政策，加強吸引外商來臺投資，並協助友邦政府推動其產品來臺促銷事宜。

外貿協會已為業者建構一個完整的全球貿易服務網，對業者拓展貿易扮演相當重要的角色。外貿協會除臺北總部外，亦在桃園、新竹、臺中、臺南及高雄設有辦事處。

此外，外貿協會並在國外分設有多個海外辦事處，或稱臺灣貿易中心(Taiwan Trade Center)（參見臺灣經貿網 (Taiwan trade)）這包括在：

⑴亞洲：孟加拉（達卡）、香港（香港）、印度（清奈、孟買、加爾各答、新德里）、印尼（雅加達）、日本（福岡、大阪、東京）、哈薩克（阿拉木圖）、中國（北京、上海、廈門、成都、青島、南京、廣州、大連、武漢、南寧）、馬來西亞（吉隆坡）、緬甸（仰光）、韓國（首爾）、新加坡（新加坡）、泰國（曼谷）、越南（胡志明市）、菲律賓（馬尼拉）。

⑵中東：伊朗（德黑蘭）、科威特（科威特）、阿拉伯聯合大公國（杜拜）。

⑶歐洲：保加利亞（索非亞）、法國（巴黎）、德國（杜賽道夫、慕尼黑）、匈牙利（布達佩斯）、義大利（米蘭）、荷蘭（鹿特丹）、波蘭（華

沙)、羅馬尼亞(布加列斯特)、俄羅斯聯邦(莫斯科、聖彼得堡)、西班牙(巴塞隆納)、土耳其(伊斯坦堡)、烏克蘭(基輔)、英國(倫敦)。

(4)非洲:阿爾及利亞(阿爾及爾)、埃及(開羅)、肯亞(奈洛比)、奈及利亞(拉哥斯)、南非(約翰尼斯堡)。

(5)美洲:加拿大(多倫多、溫哥華)、美國(邁阿密、舊金山、芝加哥、紐約、洛杉磯)、墨西哥(墨西哥)、巴西(巴西)。

(6)大洋洲:澳洲(雪梨)。

外貿協會透過這些國內外的辦事處或臺灣貿易中心,對拓展臺灣對外貿易,協助廠商佈局全球及友邦政府推動其產品來臺促銷扮演積極之功能。

案例討論

請上網搜尋目前臺灣的主要出口市場。你認為臺灣外貿協會的據點應如何分佈會比較適當?

1. 經濟部國貿局 (Bureau of Foreign Trade) 正式成立於 1969 年 1 月,負責掌理我國國際貿易政策之研擬及進出口管理事項。
2. 經濟部除了有國貿局之組織外,尚有數十個駐外商務機構。
3. 陸委會設有「臺商窗口」以服務臺商。
4. 行政院陸委會除了經濟處負責兩岸經貿業務外,陸委會亦負責對中國大陸經貿政策之規劃與推動及負責經貿協商議題之規劃。
5. 中華民國對外貿易發展協會簡稱外貿協會或貿協,乃是由經濟部所支持設立的非營利性質之財團法人。外貿協會一直是我國推展貿易政策之執行機構。

習　題

選擇題

( ) 1. 我國經濟部國際貿易局成立於哪一年？
(A) 1996 年 (B) 1976 年 (C) 1969 年 (D) 1967 年

( ) 2. 中華民國對外發展協會成立於哪一年？
(A) 1990 年 (B) 1980 年 (C) 1970 年 (D) 1960 年

( ) 3. 下列何者不是行政院陸委會之業務範圍？
(A)臺商輔導與服務 (B)小三通業務 (C)兩岸經貿、財金及綜合業務 (D)規劃與建國家會展中心

( ) 4. 下列何者不是中華民國對外貿易發展協會之業務？
(A)協助廠商佈局全球，拓展對外貿易 (B)配合政府政策加強吸引外商來臺投資 (C)協助友邦政府推動其產品來臺促銷 (D)郵電、航運、旅行業務

( ) 5. ECA 是指？
(A)經濟架構協議 (B)經濟合作平臺 (C)經濟合作協議 (D)自由經濟協定

( ) 6. 下列何者為經濟部國際貿易局之業務範圍？
(A)推動洽簽自由貿易協定 (B)貨品輸出入及出進口廠商管理 (C)貿易談判、諮商與爭端之處理及協調 (D)以上皆是

( ) 7. 臺灣經貿總入口網站是由下列哪個單位所架設？
(A)行政院陸委會 (B)中華民國對外貿易發展協會 (C)經濟部國際貿易局 (D)以上皆非

( ) 8. 下列何者為經濟部所支持設立的非營利性質財團法人，為我國推展貿易政策之執行機構？
(A)中華民國對外貿易發展協會 (B)行政院陸委會 (C)經濟部國際貿易局 (D)以上皆非

( ) 9. 下列何者主要負責對中國大陸之經貿交流，並統籌處理香港、澳門事務？

⑷中華民國對外貿易發展協會 ⑻行政院陸委會 ⒞經濟部國際貿易局 ⒟以上皆非

( ) 10.經濟部除了有國貿局之組織外，有數十個駐外商務機構，包含以下何者？
⑷新加坡 ⑻加拿大 ⒞芝加哥 ⒟以上皆是

( ) 11.下列何者不是陸委會臺商窗口之業務？
⑷協助中國大陸臺商組織 ⑻強化服務臺商之功能 ⒞兩岸經貿申訴服務 ⒟推動降低關稅協定

( ) 12.日前臺灣開放陸客來臺觀光的相關事宜，是由以下何者單位協助處理？
⑷行政院交通部 ⑻行政院大陸委員會 ⒞經濟部國際貿易局 ⒟經濟部智慧財產局

( ) 13.國家會展中心是由以下那個展館所擴建？
⑷臺北世貿中心 ⑻南港展覽館 ⒞臺北國際會議中心 ⒟臺中世貿中心

( ) 14.外貿協會除了臺北總部外，設有多個辦事處，下列那個地區除外？
⑷新竹 ⑻高雄 ⒞嘉義 ⒟臺中

( ) 15.陸委會隸屬於下列那一個行政組織？
⑷行政院 ⑻立法院 ⒞內政部 ⒟司法部

問答題

1.經濟部國貿局之主要職掌為何？請簡述之。
2.何謂「臺商窗口」？
3.陸委會經濟處之主要功能及業務為何？
4.外貿協會是何性質之組織？其在臺灣對外貿易上扮演何角色？

第15章

ECFA及東協對全球及臺灣金融和經濟貿易的影響

1. 何謂 ECFA。
2. 何謂東協及東協加三。
3. 瞭解東協對其本身金融和經濟貿易的影響。
4. 瞭解東協和 ECFA 對臺金融及經濟貿易的影響。

第一節　何謂 ECFA

近年的報章雜誌裡，相信各位讀者對 ECFA 這個名詞都不陌生，本章節將介紹 ECFA 的相關內容及細節。ECFA 為 Economic Cooperation Framework Agreement 的縮寫，意思是「兩岸經濟合作架構協議」，簽署的經濟體為中國大陸及臺灣兩國，這是一個區域貿易協定，其適用範圍是臺灣與中國大陸之間，因此它是一種雙邊的自由貿易。

而 ECFA 的協議內容，包括商品與服務貿易、投資保障、智慧財產權、防衛措施、經濟合作、經貿爭端的解決機制等，是一個涵蓋範圍廣泛的區域貿易協定。

表 15–1　2011 年以來 ECFA 的重要事紀

時　間	重要事件
2011/01/01	ECFA 早期收穫計畫貨品貿易開始降稅；臺灣實施第二階段 4 項服務業早期收穫項目
2011/01/06	「兩岸經濟合作委員會」（簡稱經合會）成立
2011/11/01	於杭州舉行第二次經合會例會，雙方就 ECFA 貨品及服務貿易早期收穫計畫之執行情形、ECFA 後續協議之協商，產業合作、海關合作及兩岸經貿團互設辦事機構事宜等經濟合作事項之推動，以及 ECFA 未來半年工作計畫等議題深度討論
2012/12/11	在廣州舉行第四次經合會例會，雙方檢視 ECFA 各項工作推動進展，規劃下階段工作，並就因應全球經濟情勢變化與加強兩岸經濟合作等經驗交換意見。本會議肯定各項議題的推動成果，包括：ECFA 早期收穫效益持續顯現；ECFA 後續協商順利；積極落實海峽兩岸投保協

	議及海關合作協議；兩岸產業合作成果的深化；兩岸經貿團體互設辦事機構獲得進展，雙方各已核准第一家經貿團體設利辦事機構等
2013/06/21	「兩岸兩會第九次高層會談」於上海舉行，簽署「海峽兩岸服務貿易協議」
2013/09/30	立法院舉行海峽兩岸服務貿易協議第一、二場公聽會
2013/11/19	自 6 月 27 日起截至 11 月 19 日止，經濟部分別於北、中、南等地辦理產業別座談會及廠商訪談，計有 106 場
2013/12/10	舉行經合會第五次例會
2013/12/31	自 6 月 19 日起截至 12 月 31 日止，陸委會辦理訪視服貿相關業者、服務業專業團體政策說明會、地區學者座談、大陸事務研習、廟口宣講、地方鄉親座談、鄉鎮巡迴座談等計 140 場
2014/03/10	立法院舉行海峽兩岸服務貿易協議第十六場公聽會（截至目前最後一場立法院公聽會）
2014/03/17	立法院八個委員會聯席會議，審查海峽兩岸服務貿易協議，張慶忠委員主持
2014/03/18	3 月 17 日審查會議之流程造成一批學生與社會人士不滿，進而前往立法院靜坐抗議，而後引發佔領立法院事件。4 月 10 日時任立法院長王金平承諾兩岸協議監督條例草案立法前不召集服貿協議相關黨團協商會議，學生退出立法院。此次事件被稱為「318 學運」或「太陽花學運」
2014/08/05	舉行經合會第六次例會，就中小企業之相關政策及農產品檢驗檢疫便利化等議題進行交流。雙方肯定各項議題的推動成果，並期許雙方團隊持續積極推動 ECFA 後續工作，服貿協議及早生效，以及完成貨品貿易及爭端解決協議協商，落實並加強推動各項經濟合作事項，增進雙方進一步交流與合作
2014/09/10	9 月 10 至 12 日 ECFA 貨品貿易協議第九次協商在臺灣舉行，針對協議文本、ECFA 早收情形、關稅調降、貨品結構、如何調降、產業結構、進出口貿易統計等內容，及產品特定原產地規則、食品安全檢驗與動植物防疫檢疫措施、技術性貿易障礙、貿易救濟、透明化及協議文本相關內容等議題，充分交換意見
2015/01/29	經合會第七次例會於臺北舉行，雙方循例檢視 ECFA 各項工作推動進展，規劃下階段工作，並就彼此兩岸食品安全及通關（檢驗檢疫）問題與中小企業合作等議題進行交流，及經濟情勢交換意見。本次例會獲致重要進展，包括成立中小企業合作工作小組及在農曆春節後聯繫安排舉行第十次貨貿協商等，雙方將持續積極推動 ECFA 相關工作
2015/04/02	3 日 31 日至 4 月 2 日 ECFA 貨品貿易協議第十次協商於北京舉行，雙方持續就協議文本及市場開放降稅議題進行討論
2015/09/28	9 月 28 至 29 日 ECFA 貨品貿易協議第十一次協商在北京舉行，雙方持續就市場開放降稅議題進行討論
2015/11/21	11 月 21 至 23 日 ECFA 貨品貿易協議第十二次協商在臺灣舉行，討論市場開放降稅安排及協議條文待解決之議題，本次在部分章節達成

	多項成果，包括海關程序、產品特定原產地規則 (PSR)、食品安全檢驗與動植物防疫檢疫措施 (SPS)、技術性貿易障礙 (TBT)、貿易救濟及透明化規範等，但部分議題仍有歧見，雙方將繼續努力

資料來源：ECFA 兩岸經濟合作架構協議官方網站。

由表 15–1 可發現一個新名詞：ECFA 早收清單。ECFA 早收清單（全名為 ECFA 早期收穫清單）是指雙方應按照規定之早期收穫產品實施降稅，但雙方各自對其他所有世界貿易組織會員普遍適用的非臨時性進口關稅稅率較低時，則適用該稅率，簡單說就是列在早收清單中的商品可提早降低關稅。

中國大陸同意對臺灣之早期收穫產品清單包含農產品、石化產品、機械產品、紡織產品、運輸工具等；而臺灣同意對中國大陸之早期收穫產品清單則包含石化產品、機械產品、紡織產品、運輸工具等。

依據中國大陸 2012 年海關進口稅則及貿易資料，中國大陸同意對臺灣降稅之早期收穫產品清單計 608 項，以 2012 年中國大陸自臺灣進口金額計算，計 185.65 億美元，佔中國大陸自臺灣進口金額 23%；依據臺灣 2012 年海關進口稅則，臺灣同意對中國大陸降稅之早期收穫產品清單計 267 項，以 2012 年臺灣自中國大陸進口金額計算，計 47.38 億美元，占臺灣自中國大陸進口金額 11.6%。

ECFA 貨品早收清單於 2013 年 1 月 1 日起全數開放，早期收穫計畫商品已降為零關稅。根據經濟部調查指出，貨品早收清單自 ECFA 貨品早收清單第一階段開放到 2013 年 10 月 ，臺灣出口至中國大陸貨品早收清單總額為 529.93 億美元，適用貨品早收清單優惠關稅金額達 12.57 億美元；同時期臺灣自中國大陸進口貨品早收清單總額為 137.04 億美元，適用貨品早收清單優惠關稅金額為 1.3 億美元。而截至 2018 年 6 月，臺灣出口至中國大陸貨品早收清單估計累積減免關稅金額已達 54.07 億美元；同時期臺灣自中國大陸進口貨品早收清單估計累積減免關稅金額也達到 5.1 億美元。

雖然 ECFA 早收清單使雙方不少產業受惠，但後續的貿易發展及相關法規之制訂仍須再持續改善，以期能讓更多產業享受成果，甚至進一步擴大經濟貿易交流的範圍。

第二節 何謂東協

不可否認的，在經貿全球化的趨勢下，各國的經貿關係愈來愈緊密，然而由於 WTO 會員國眾多，受限於 WTO 的種種限制，初期的東協各國在全球興起了洽簽自由貿易區 (FTA) 的風潮。東亞地區最早的經貿組織源於東南亞國協（ASEAN，簡稱東協），一開始成立的目的是防止共產勢力在區域內的擴張，後來才逐漸轉向文化、經濟、旅遊以及科技等領域之合作。2015 年底東協成立東協經濟共同體 (ASEAN Economic Community, AEC)，以期在現有之貿易自由化之基礎上，更進一步整合成「單一市場」之經濟共同體。

表 15–2 東協簡介

成員國	汶萊、東埔寨、印尼、寮國、馬來西亞、緬甸、菲律賓、新加坡、泰國、越南
創始文件	曼谷宣言（1967 年 8 月 8 日） 東協憲章（2007 年 11 月 20 日）
人　口	約 6.5 億人
GDP	2018 年總值：3 兆美元

資料來源：維基百科。

最初的東協加一包含東協十國以及中國大陸，當初欲達到的目標是在 2010 年大部分貨品零關稅；而東協加三則是東協十國再加上中國大陸、日本、韓國，當初欲達到 2010 年東協與韓國大部分貨品零關稅、2012 年東協與三國大部分貨品零關稅、2018 年東協與三國 91% 貨品零關稅等三大目標。東協加六則是東協十國再加上中國大陸、日本、韓國、澳洲、紐西蘭和印度，希望藉由此方式擴大經濟合作之範疇，建構「東亞綜合經濟夥伴」(Comprehensive Economic Partnership in East Asia, CEPEA)，加強東亞地區的經濟整合，但未有確切成果。2013 年 5 月，東協與中國大陸、日本、韓國、澳洲、紐西蘭和印度（東協加六）展開「區域全面經濟夥伴關係協定」

(RCEP) 之談判；RCEP 預計將取代 CEPEA 之功能，截至 2018 年 3 月，RCEP 已進行了二十二輪談判。

案例討論

假設東協自由貿易區內，泰國與馬來西亞之間免關稅，泰國對外關稅 60%，馬來西亞對外關稅 40%，請問臺商如何利用東協自由貿易區，各國對外國關稅不一來節省關稅？

第三節　東協對其本身金融和經濟貿易的影響

表 15–3　東協國家 GDP 成長率概況

國家＼年度	1996	2000	2004	2008	2009	2010	2011	2012	2013	2014	2015	2016	2017
緬甸	6.44	13.75	13.64	–	–	–	–	–	8.43	7.99	6.99	5.72	6.37
寮國	6.93	5.80	6.36	7.82	7.50	8.53	8.04	8.16	8.03	7.61	7.27	7.02	6.89
越南	9.34	6.79	7.79	6.31	5.32	6.78	5.96	5.03	5.42	5.98	6.68	6.21	6.81
柬埔寨	5.41	8.77	10.34	6.69	0.09	5.96	7.07	7.26	7.36	7.14	7.04	6.95	6.82
印尼	7.64	4.92	5.03	6.01	4.63	6.21	6.50	6.23	5.56	5.01	4.88	5.03	5.07
馬來西亞	10.00	8.86	6.78	4.83	-1.51	7.15	5.08	5.61	4.69	6.01	5.03	4.22	5.90
新加坡	7.63	9.04	9.16	1.75	-0.79	14.78	5.16	1.32	5.11	3.88	2.24	2.40	3.62
菲律賓	5.85	4.41	6.70	4.15	1.15	7.63	3.64	6.81	7.06	6.15	6.07	6.88	6.69
汶萊	2.88	2.85	0.50	-1.94	-1.77	2.60	2.21	2.15	–2.13	–2.35	–0.57	–2.47	1.33
泰國	5.90	4.75	6.34	2.48	-2.33	7.81	0.08	6.49	2.69	0.98	3.02	3.28	3.90

資料來源：世界銀行、維基百科。

1997 年，金融風暴重創東南亞各國，泰幣、印尼幣不斷貶值，東協原希望在亞太經合會 (APEC) 架構下成立亞洲貨幣基金協助各國脫困，但美國卻堅持要在國際貨幣基金 (IMF) 的架構下進行，印、泰等國被迫接受苛刻條件，此次事件讓東協更加積極投入自身的區域整合。而目前的東協除了區域內的整合外，更加強和其他亞洲國家的經濟貿易關係，擴充版圖以增加自身的影響力。

過去東協對於其他國家的加入是採取保守態度，然而由於國際間的經貿整合是多元的，如堅持採取保守的策略，將對自身有不利的影響，因此在世界貿易組織、亞太經合會、北美自由貿易區、歐盟及其他眾多區域經濟整合的趨勢下，東協採取較從前積極的改變，願意與中國大陸或日本、韓國成立自由貿易區。在這樣的時空背景下，中國大陸藉其市場及地理優勢，積極打入東協市場，改善與東協的經貿關係，鞏固自身的政治經濟地位。

中國大陸加入東協的事件將對臺灣造成強烈的衝擊，為了探討東協對臺灣的影響，經濟部工業局委託中華經濟研究院進行了「亞太經濟整合對我國產業發展之影響評估」，針對東協自由貿易區 (AFTA)、東協加一、加三等不同情勢，做整體的經濟、產業面的影響評估與深入分析。下一個章節將會詳細說明東協對臺灣金融及貿易所帶來的影響與衝擊。

第四節　東協和 ECFA 對臺灣金融及經濟貿易的影響

臺灣在東南亞投資和操作的經驗相當豐富，相較於其他地區的國家，對東協的文化、商業模式、消費習慣等是較熟悉的。但值得關注的是，東協加三對我國的影響相當大。根據經濟部工業局的資料指出，在考慮農工商品貿易自由化以及貿易便捷化之動態模擬情境下，臺灣實質 GDP 下降 0.98%；貿易條件惡化 1.14%；社會福利減少 43.3 億美元。臺灣各產業生產總金額下降 69.7 億美元，出口總金額減少 23.6 億美元。因此，為強化臺灣的經貿體制，政府必須營造良好的投資環境，解除相關法令上的貿易障礙。此外，隨著全球化的意識提升產業競爭力，產業結構調整是必要的，鼓勵創新研發，並積極培育人才，國內產業才能順利升級發展。有鑑於亞太經貿之巨大變化以及區域整合趨勢，2016 年政府提出「新南向政策」，作為新階段的經濟發展方針，重新定位臺灣在亞洲的角色。

另外，2010 年 6 月簽訂的 ECFA 不但促使臺灣和中國大陸經濟貿易交流更加頻繁，並進一步在金融海嘯後建立了新的合作夥伴關係，未來憑藉著此基礎，更可望將合作範疇從經貿延伸到各領域的交流，甚至是亞太地區以外的世界版圖。

根據農委會表示，因為 ECFA 的簽訂，初期也使臺灣的農業受惠，2012 年整體及兩岸農產品貿易逆差縮小，從 3.01 億美元大幅縮減至 0.38 億美元。其中文心蘭的外銷持續成長外，生鮮水果在中國大陸的銷售量也成長了 42%。

除了農業以外，ECFA 的簽訂預計也將使紡織業、汽車業、塑化業、石化業，甚至是汽車零組件業受惠，但未來的長期效果，則尚有待觀察。

根據臺灣政府觀點，由表 15–4 可看出，簽訂 ECFA 對臺灣的整體經濟效益是稍有顯著成長的。其中 GDP 從 1.65% 成長到 1.72%，產值從 2.75% 成長到 2.83%，就業人數更是從 25.7 萬人增加到 26.3 萬人。但持平而言，ECFA 長期效果尚有待觀察。根據經濟部國際貿易局的統計，2017 年我國對中國大陸之出口值達 889.81 億美元，年成長率達 20.44.%。

表 15–4 ECFA 整體經濟效益

單位：新臺幣

	國內生產毛額 (GDP)	產　值	就　業	節省關稅
整體效益	+1.65～1.72%	+2.75～2.83%	+2.5～2.6%	–
	+2,265～2,361 億	+8,976～9,245 億	+25.7～26.3 萬人	
早期收穫效益	+0.4%	+0.86%	+0.64%	295 億
	+549 億	+1,900 億	+6 萬人	

資料來源：ECFA 兩岸經濟合作架構協議官方網站。

長遠來說，ECFA 的簽訂與實施對臺灣的經濟是利是弊，其實還有待觀察。尤其是對臺灣的弱勢產業及中小企業可能帶來的衝擊，亦為國人所擔憂。根據國際貿易原理，兩個國家或區域自由貿易必會帶來所得重分配的效果，其通常會對一國相對弱勢的產業因無法抵抗外來低成本的廉價進口品而受到傷害。因此，臺灣政府應正視這種所得重分配效果對弱勢及中小企業的衝擊，妥善因應及處理。另外，新南向政策所能發揮之效果也是政府需要時時檢視，並且予以與調整的。

案例討論

請討論並比較東協加三經濟不景氣與歐盟經濟不景氣的情況，對臺灣出口產業影響何者較顯著？

摘要

1. ECFA 為 Economic Cooperation Framework Agreement 的縮寫，意思是「兩岸經濟合作架構協議」。簽署的經濟體則為中國大陸及臺灣兩國，這是一個區域的貿易協定，意指未來這協議只適用於臺灣與中國大陸之間，屬於雙邊的自由貿易。
2. 最初的東協加一包含東協十國（新加坡、馬來西亞、泰國、菲律賓、印尼、汶萊、越南、寮國、緬甸、東埔寨）以及中國大陸，當初欲達到的目標是在 2010 年大部分貨品零關稅；而東協加三則是一開始的東協十國再加上中國大陸、日本、韓國，欲達到 2010 年東協與韓國大部分貨品零關稅、2012 年東協與三國大部分貨品零關稅、2018 年東協與三國 91% 貨品零關稅等三大目標。東協加六則是東協十國再加上中國大陸、日本、韓國、澳洲、紐西蘭和印度，自 2013 年始合作推動 RCEP，期望擴大經濟合作範圍。

習題

選擇題

( ) 1. ECFA 為中國大陸和那一個國家簽署的協定？
(A)臺灣 (B)香港 (C)新加坡 (D)泰國

( ) 2. 東協加三不包含下列那一個國家？
(A)中國大陸 (B)日本 (C)韓國 (D)印度

( ) 3. ECFA 的簽定對我國何種產業有明顯的幫助？
(A)農業 (B)紡織業 (C)以上皆是 (D)以上皆非

( ) 4. ECFA 早收清單中並未包含下列那個產業？
(A)金融業 (B)面板業 (C)以上皆是 (D)以上皆非

( ) 5. 東協加三對臺灣那些產業造成衝擊？
(A)紡織業 (B)塑化業 (C)以上皆是 (D)以上皆非

( ) 6. ECFA 早期收穫清單產品於那一年開始全面免關稅？
(A) 2011 (B) 2012 (C) 2013 (D) 2014

問答題

1. 何謂 ECFA？ECFA 對臺灣與中國大陸會帶來那些正面與負面影響？
2. 東協的成員國有那些？東協加一、加三、加六各別代表什麼意思？

主要參考書目

(一)外文部分

1. Anderson, K. (1997). On the complexities of China's WTO accession. *World Economy*, *20*(6), 749 – 772.
2. Arize, A. C. (1997). Foreign trade and exchange-rate risk in the G-7 countries : Cointegration and error-correction models. *Review of financial Economics*, *6*(1), 95 – 112.
3. Armington, P. S. (1969). A theory of demand for products distinguished by place of production. *Staff Papers*, *16*(1), 159 – 178.
4. Arndt, S. W., Sweeney, R. J., & Willett, T. D. (Eds.). (1985). *Exchange rates, trade, and the US economy*. Ballinger Publishing Company.
5. Ash, R. F., & Booth, A. (Eds.). (2000). *The Economies of Asia, 1950 – 1998 : South East Asia* (Vol. 2). Taylor & Francis US.
6. Baldwin, R. E. (1970). *Non-tariff Distortions in International Trade. Brookings Institution, Washington DC.*
7. Batra, R. N. (1973). *Studies in the pure theory of international trade*. Springer.
8. Balassa, B. (1984). Adjustment policies in developing countries : A reassessment. *World Development*, *12*(9), 955 – 972.
9. Berthélemy, J. C., & Demurger, S. (2000). Foreign direct investment and economic growth : theory and application to China. *Review of development economics*, *4*(2), 140 – 155.
10. Bhagwati, J. N. (1987). *International Trade- : Selected Readings*(Vol. 1). the MIT Press.
11. Bhagwati, J. N., & Brecher, R. A. (1980). National welfare in an open economy in the presence of foreign-owned factors of production. *Journal of International Economics*, *10*(1), 103 – 115.
12. Black, S. W. (1985). International money and international monetary arrangements. *Handbook of international economics*, *2*, 1153 – 1193.
13. Bright, S. L., & McKinney, J. A. (1984). The Economics of the Steel Trigger Price

Mechanism. *Business Economics*, 40 – 46.

14. Brown, D. K., Deardorff, A. V., Fox, A. K., & Stern, R. M. (1996). 10 The liberalization of services trade : potential impacts in the aftermath of the Uruguay Round. *The Uruguay Round and the Developing Countries*, 292.
15. Brown, D. K., & Stern, R. M. (2001). Measurement and modeling of the economic effects of trade and investment barriers in services. *Review of International Economics*, *9*(2), 262 – 286.
16. Carbaugh, R. J. (2013). *International Economics. 14.Aufl., South-Western (Cengage Learning).*
17. Canto, V. A. (1984). The effect of voluntary restraint agreements : a case study of the steel industry. *Applied Economics*, *16*(2), 175 – 186.
18. Chacholiades, M. (1990). *International Economics*. McGraw Hill.
19. Chowdhury, A. R. (1993). Does exchange rate volatility depress trade flows? Evidence from error-correction models. *The Review of Economics and Statistics*, 700 – 706.
20. Deardorff, A. V. (2001). International provision of trade services, trade, and fragmentation. *Review of International Economics*, *9*(2), 233 – 248.
21. DeWoskin, K. J. (2001). The WTO and the telecommunications sector in China. *The China Quarterly*, *167*, 630 – 654.
22. Gould, D. M. (1994). Immigrant links to the home country : empirical implications for US bilateral trade flows. *The Review of Economics and Statistics*, 302 – 316.
23. Harkness, J. (1978). Factor abundance and comparative advantage. *The American Economic Review*, *68*(5), 784 – 800.
24. Hertel, T. W. (1997). *Global trade analysis : modeling and applications*. Cambridge university press.
25. Hertel, T. W. (2000). Potential gains from reducing trade barriers in manufacturing, services and agriculture. *Federal Reserve Bank of St. Louis Review*, *82*(4), 77.
26. Hoekman, B. M., Kostecki, M., & Maskus, K. E. (1995). *The political economy of the world trading system : from GATT to WTO*. Oxford University Press.
27. Johnson, H. G. (1896). *Money, Trade and Economic Growth : Survey Lectures in Economic Theory*. Cambridge : Harvard University Press.

28. Krugman, P. R., & Obstfeld, M. (1999). *International Economic Theory and Practice.* Addson Wesley Longman Inc.

29. Laffer, A. B., & Miles, M. A. (1982). *International economics in an integrated world.* Scott Foresman.

30. Leontief, W. (1953). Domestic production and foreign trade; the American capital position re-examined. *Proceedings of the American philosophical Society*, *97*(4), 332 – 349.

31. Lindert, P. H., & Kindleberger, C. P. (1982). *International Economics*, Homewood, IL : Richard D. *Irwin Inc*.

32. Markusen, J. R., & Melvin, J. R. (1988). *The theory of international trade*. Harpercollins College Div.

33. McNicol, D. L. (1978). *Commodity agreements and price stabilization; a policy analysis* (No. 04; HF1428, M2.).

34. Melvin, J. R. (1985). Domestic taste differences, transportation costs and international trade. *Journal of International Economics*, *18*(1 – 2), 65 – 82.

35. Rom, M. (1979). *The role of tariff quotas in commercial policy*. Springer.

36. Salvatore, D. (1987). *The new protectionist threat to world welfare.* Elsevier Science Ltd.

37. Tarr, D. G., & Morkre, M. E. (1984). *Aggregate costs to the United States of tariffs and quotas on imports : general tariff cuts and removal of quotas on automobiles, steel, sugar, and textiles : an economic policy analysis.* Federal Trade Commission, Bureau of Economics.

38. Ulbrich, H. H. (1983). *International trade and finance : theory and policy*. Prentice Hall.

39. Wang, Z. (1997). *The impact of China and Taiwan joining the World Trade Organization on US and World Agricultural Trade : A computable general equilibrium analysis* (p. 1858). Washington, DC : US Department of Agriculture.

40. Wang, Z. (2001). The impact of China's WTO accession on trade and economic relations across the Taiwan strait. *Economics of Transition*, *9*(3), 743 – 785.

41. Winston, C. (1987). *Blind intersection : Policy and the automobile industry. Brookings Institution, Washington DC*.

42. Yoffie, D. B. (1990). *International trade and competition : Cases and notes in strategy and management*. McGraw-Hill Companies.

㈡中文部分

1. ECFA 兩岸經濟架構協議 (http://www.ecfa.org.tw/)。
2. MBAlib 智庫百科 (http://wiki.mbalib.com/)。
3. 于有慧，〈美國三〇一條款簡介〉，《美國月刊》，第 6 卷第 5 期，pp.137 – 142，1991 年 5 月。
4. 工業總會服務網 (http://www.cnfi.org.tw/)。
5. 中央銀行，〈四、台灣宜加速爭取加入 CPTPP〉。
6. 中國質量認證中心 (http://www.cqc.com.cn/)。
7. 中華商業編輯委員會，〈積極設法化解生態保育不力帶來的貿易危機〉，《中華商業》，第 19 卷第 9 期，1994 年 9 月。
8. 王令麟，〈兩岸直航與成立轉運中心之關聯〉，《臺灣經濟研究月刊》，第 17 卷第 6 期，1994 年 6 月。
9. 王思粵，〈兩岸加入 WTO 臺灣資訊業與通訊業的機會與挑戰〉，《經濟前瞻》，第 65 期，pp.96 – 99，1999 年 9 月。
10. 王衍智、陳炳昌，〈我國加入 WTO 對銀行業之影響及其因應策略〉，《臺灣經濟金融月刊》，第 37 卷第 12 期，pp.1 – 13，2001 年 12 月。
11. 王健全，〈北美自由貿易區成立對我國貿易之影響及因應策略〉，《美國月刊》 第八卷第十期，pp.24 – 33，1993 年 10 月。
12. 王健全，〈平行輸入與特別三〇一條款〉，《臺北銀行月刊》，第 24 卷第 5 期，pp.47 – 55，1993 年 5 月。
13. 王健全，〈國際智慧財產權的發展趨勢及其對我國之影響〉，《美國月刊》，第 9 卷第 4 期，1994 年 4 月。
14. 王鶴松，〈加入 WTO 對兩岸銀行業經營的影響〉，《臺灣金融財務季刊》，第 2 輯第 1 期，pp.45 – 61，2001 年 3 月。
15. 尼可，〈從限電談節約能源〉，《環保資訊季刊》，1994 年 9 月。
16. 白俊男，《國際經濟學》，三民書局，1995 年。
17. 江怡蒨，〈由臺灣加入 WTO 論國際資本移動及開放資本市場之影響及因應之道〉，《產業金融季刊》，109 期，pp.2 – 15，2000 年 12 月。

18.行政院大陸委員會 (https://www.mac.gov.tw/)

19.行政院主計處 (https://www.dgbas.gov.tw/)。

20.行政院農委會，〈ECFA 對促進我國農產品輸出具有實質效益〉，2013 年 3 月 18 日。

21.行政院環境保護署，〈水污染防治法〉，2018 年 6 月 13 日。

22.行政院環境保護署，〈國家因應氣候變遷行動綱領〉，2017 年 2 月。

23.何思因，〈美國貿易法案的演進〉，《美國月刊》，pp.108 – 129，1993 年 12 月。

24.吳江胡，〈臺海兩岸經貿關係之研析〉，《臺灣經濟》，第 221 期，pp.1 – 2。

25.吳啟禎，《中國大陸加入世界貿易組織之宏觀分析》，國立成功大學政治經濟研究所碩士論文，2001 年 5 月。

26.吳莉芳，〈CEPA 對臺灣的影響〉，人民網，2004 年 04 月 27 日。

27.呂錦山，〈臺灣海峽兩岸間接貿易概況分析（上）〉，《船貿週刊》，第 9435、9436 期，pp.39 – 43，1994 年 9 月。

28.李文瑞，〈我國入關之利弊剖析〉，《臺灣經濟月刊》，第 17 卷第 6 期，pp.50 – 55，1994 年 8 月。

29.李文瑞，〈美國貿易政策之演進〉，《美國月刊》，pp.28 – 37，1994 年 2 月。

30.李厚高，《國際貿易論》，三民書局，1988 年。

31.李珊，〈崛起中的東協〉，《臺灣光華雜誌》，2009 年 7 月。

32.李家玲，〈GATT 對政府採購制度之規範兼論我國採購制度相關規定〉，《臺灣經濟研究月刊》，第 16 卷第 7 期，pp.39 – 43，1993 年 7 月。

33.李庸三，〈加入 WTO 後金融業跨業經營與因應之道〉，《中國商銀月刊》，第 20 卷第 7 期，pp.1 – 13，2001 年 7 月。

34.李慧瑜，〈加入 WTO 對我國產業之影響〉，《華銀月刊》，第 49 卷第 5 期，pp.59 – 63，1999 年 5 月。

35.李穎吾，《國際貿易》，三民書局，1991 年。

36.周月卿，〈從歐洲聯盟條約探討歐洲共同體經濟及貨幣同盟之發展〉，《經社法制論叢》，第 12 期，pp.331 – 361，1993 年 7 月。

37.周建張，〈臺灣、香港、大陸經濟現況與未來展望〉，《臺灣經濟》，第 5 卷第 30 期，p.60，1994 年 5 月 20 日。

38.周建張，〈臺灣大陸香港經濟現況與未來展望〉，《臺灣經濟金融月刊》，第 30 卷第 5 期，pp.60 – 63，1994 年 5 月 20 日。

39.周濟、王旭堂、彭素玲，《進入 WTO 對我國總體經濟及進出口貿易影響之研究》，中華經濟研究院，1995 年。

40.周麗君，〈國際貿易與匯率變動〉，逢甲大學經濟學研究所未出版碩士論文，1998 年 6 月。

41.東亞經貿投資中心 (http://eatir.cier.edu.tw/)。

42.林文玲，〈兩岸經貿大事記〉，《遠見雜誌》，pp.36－37，1994 年 8 月 15 日。

43.林邦充，《國際匯兌》，三民書局，1990 年。

44.林武郎、林珮西，〈兩岸加入 WTO 後的經貿展望〉，《自由中國之工業》，第 91 卷第 5 期，pp.51－72，2001 年 5 月。

45.林政憲，〈入關對我國農業之衝擊與因應對策〉，《臺灣經濟研究月刊》，第 16 卷第 7 期，pp.27－30，1993 年 7 月。

46.林昱君，〈中國面臨更嚴峻的貿易摩擦型態〉，中華經濟研究院 （臺灣 WTO 中心），2007 年。

47.林科，〈兩岸通航多評準決策分析之研究〉，《交通大學交通運輸研究所碩士論文》，pp.30－32，1994 年 6 月。

48.林美鳳，〈大陸地區物品間接進口之條件及規定〉，《臺灣進出口月刊》，pp.28－34。

49.林祖堯，〈兩岸經貿回顧與展望〉，《今日經濟》，第 320 期，p.40。

50.林滿紅，〈兩岸經貿來往三百年〉，《今日中國》，第 271 期，pp.20－25。

51.邱政宗，《現代國際貿易法 （上）》，永然商務法律系列 (6)，pp.87－116，pp.251－292，1994 年 8 月。

52.侯山林，〈加入 WTO 對兩岸經貿關係發展之影響〉，《經濟情勢暨評論季刊》，第 3 卷第 2 期，pp. 67－91，1997 年 8 月。

53.侯家駒，〈大陸實行市場經濟與其兩岸政策涵義〉，《臺灣經濟》，第 5 卷第 30 期，p.25，1994 年 5 月 20 日。

54.施信民，〈世界環保新潮流〉，《臺灣環境》，第 54 期，1992 年 12 月 31。

55.施建生，〈論美國貿易法案上的 301 條款〉，臺灣經濟研究公司。

56.柯玉芝，〈關稅暨貿易總協定烏拉圭回合談判〉，《問題與研究》，第 31 卷第 6 期，pp.53－67，1992 年 6 月。

57.段推，〈香港的經濟中介功能及其兩岸政策涵義〉，《大陸情勢與兩岸關係學術研討會論文集》，國立中山大學中山學術研究所，pp.443－456，1994 年 3 月。

58.紀效娟，〈北美自由貿易區成立對我國產業的影響及因應策略〉，《工商簡訊》，第二十四卷第五期，pp.29 – 44，1994 年 5 月。

59.胡石青，〈內地與香港簽署 CEPA 對兩岸經貿關係的影響〉，《臺灣週刊》，第 26 期，2003 年。

60.郎鳳珠，〈CFC 管制下的危機與商機〉，《臺灣經研》，1993 年 11 月 5 日。

61.徐世勳、林幸君、劉瑞文，〈兩岸加入 WTO 對總體經濟與產業結構變動之影響評估——全球貿易分析模型之應用〉，臺灣經濟學會年會論文集，1998 年。

62.徐純芳，《加入世界貿易組織 (WTO) 對我國經貿之影響》，經濟部國貿局，1998 年。

63.徐遵慈，〈東協區域整合對兩岸之影響與機遇：兩岸合作新契機〉，《東協瞭望》，創刊號，2010 年 6 月 30 日。

64.海峽交流基金會，〈間接貿易與間接投資須知〉，pp.42 – 47，1992 年 8 月。

65.特別企劃，〈揮去三〇一陰影〉，《工商雜誌》，pp.16 – 44，1993 年 6 月。

66.財政部海關總稅務司署、經濟部國際貿易局，《中華民國海關進口稅財進出品貨品分類表合訂本》，1992 年 1 月。

67.財政部關務所 (https://portal.sw.nat.gov.tw/)。

68.高長，〈臺灣和大陸經濟互動關係之探討〉，《臺灣經濟金融月刊》，第 30 卷第 4 期，pp.24 – 39，1994 年 4 月 20 日。

69.高長，〈加入 WTO 後兩岸經貿互動對臺灣經濟發展的影響〉，《中國事務》，第 2 期，pp.43 – 54，2000 年 10 月。

70.國貿局，〈美國貿易法三〇一全部條文〉，《美國貿易情勢簡訊》，第 14 期，1990 年 3 月 26 日。

71.國貿局，〈美國綜合貿易法案對我國之影響與我因應之道〉，《美國貿易情勢簡訊》，第 8 期，1987 年 10 月。

72.國貿局，〈現階段我國貿易自由化之措施與成效〉，《國際經貿組織簡訊》，pp.5 – 28，1992 年 6 月。

73.康信鴻、何炎般，〈匯率變動、人工成本對臺灣成衣出口單價之影響〉，《臺灣經濟金融月刊》，第 29 卷第 7 期，pp.38 – 42，1993 年 7 月。

74.康信鴻、郭世鼎、杜志民、陳俊誠，〈匯率與汽車進口關稅變動對國內汽車業與交通問題之影響〉，行政院國科會專題研究計畫報告，1992 年。

75.康信鴻、蔡玉惠、初家祥，〈大陸內銷市場開放對臺灣經濟之影響〉，國科會專題計畫，1994 年 8 月 31 日。
76.張玉岳、林敬堯，〈1997 衝擊下的香港與臺灣〉，《交流》，第 14 期，pp.50－53，1994 年 5 月。
77.張克文，〈關稅與貿易總協定及其最惠國待遇制度〉，《回顧與展望》，天肯文化出版，pp.313－335，1993 年 10 月。
78.張清溪、許嘉棟、劉鶯釧、吳聰敏，《經濟學理論與實際》，新陸書局，1991 年。
79.梁滿潮、周宜魁，《國際貿易理論與實務》，空中大學，1987 年。
80.莊水吉，〈大陸關稅制度之研究——兩岸關稅優惠與減免稅及保稅制度之比較〉，《財稅研究》，1993 年 3 月。
81.許光中，《在 WTO 及全面自由化架構下兩岸三地經貿受排除條款及直航影響之可計算一般均衡分析》，臺灣大學農業經濟研究所碩士論文，1999 年。
82.許炳坤，《東協自由貿易區形成對我國經貿之影響——可計算一般均衡分析》，國立政治大學國際貿易所碩士論文，2000 年 6 月。
83.郭世溢，〈加入關稅暨貿易總協定國內產業之因應對策〉，《產業經濟》，第 142 期，pp.1－13，1993 年 5 月。
84.郭懿美，〈認識美國三〇一條款（六）〉，《工商雜誌》，pp.45－58，1992 年 7 月。
85.郭懿美，〈認識美國三〇一條款（九）〉，《工商雜誌》，pp.53－61，1992 年 11 月。
86.郭懿美，〈認識美國三〇一條款（十三）〉，《工商雜誌》，pp.48－55，1993 年 7 月。
87.陳于風，〈加入 TPP 是臺灣必走之路嗎？〉，《貿易雜誌》，第 249 期，2012 年 3 月。
88.陳文龍，《國際貿易原理》，華視文化事業，1992 年
89.陳明邦，《現行關稅制度與實務》，1988 年 9 月。
90.陳明邦，《新關稅估價制度》，1986 年。
91.陳建勳，〈中國大陸區域出口和經濟成長之分析〉，《中華經濟研究院經濟專論》，第 141 期，p.7。
92.陳振銘、蔡家慧，〈影響深遠的世紀談判——烏拉圭回合重要議題談判現況及發展趨勢〉，《臺灣經濟研究月刊》，第 16 卷第 7 期，pp.14－20，1993 年 7 月。
93.陳添枝，〈亞太區域營運中心與兩岸經貿關係〉，《經濟前瞻》，第 9 卷第 3 期，1994 年 7 月 10 日。
94.陳添枝，〈面對美國超級 301 復活的省思〉，《經濟前瞻》，第 34 號，1994 年 4 月。
95.陳淨修，〈全球環境問題的省思〉，《中華民國環境工程學會會刊》，第 3 卷第 2 期，

1993 年 5 月。

96.陳博志，〈近年臺灣出口結構的變遷與臺日貿易之比較〉，《臺北市銀月刊》，第 23 卷第 5 期，pp.2－25，1992 年 5 月。

97.陳瑞，〈烏拉圭回合服務業貿易總協定〉，《保險專刊》，第 32 輯，pp.41－53，1993 年 6 月。

98.陳澤義，〈全球溫暖化問題國際反應及臺灣努力方向〉，《經濟前瞻》，第 34 號，1994 年 4 月 10 日。

99.陳耀聰，〈環保與產業發展〉，《臺灣經濟研究月刊》，第 12 卷第 1 期，1989 年 1 月。

100.湯紹成，〈從歐洲經濟共同體到歐洲政治共同體──馬斯垂克條約扮演主導角色〉，《政治評論》，第 597 期，1992 年 9 月。

101.黃紹基，〈在 GATT(WTO) 架構下三地之經貿政策的未來動態〉，《臺灣經研究月刊》，第 17 卷第 8 期，pp.88－95，1994 年 8 月。

102.黃智輝，〈臺灣對外貿易地區型態轉變之研究〉，《臺灣經濟金融月刊》，第 17 卷第 4 期，pp.33－41。

103.黃智輝，《國際經濟學》，三民書局。

104.當代經濟問題研究系列之四，《關稅稅率降低對產業的影響》，經濟部產業發展諮詢委員會叢書之二十，1990 年 6 月。

105.新南向政策專網 (https://www.newsouthboundpolicy.tw/index.aspx)

106.楊珍妮、康士申，〈美國一九八八年綜合貿易法對智慧財產權進行貿易報復之程序說明〉，《貿易局通訊》，第 27 期，1993 年 6 月 15 日。

107.經濟部，《我國加入世界貿易組織參考資料（一）──總論篇》，經濟部國際貿易局編印，1996 年。

108.經濟部國際貿易局，《我國加入 WTO 對產業的影響與因應措施》，經濟部國貿局，1998 年。

109.經濟部國際貿易局 WTO 入口網 (https://wto.trade.gov.tw/cwto/)。

110.經濟部國際貿易局，《北美自由貿易協定實施後對我紡織及成衣業之影響》，《北美自由貿易協定影響及因應措施研究報告》，p.20，1994 年 12 月。

111.經濟部國際貿易局，《北美自由貿易協定及因應措施研究報告》，經濟部國際貿易局彙編，1994 年 12 月。

112.經濟部國際貿易局，〈北美自由貿易協定簡介及因應對策之研究〉，《國際經貿情勢簡訊》，第 58 期，1993 年 12 月。

113.經濟建設委員會，〈我國加入 WTO 後對經濟之影響及因應對策報告〉，2002 年 5 月。

114.靖心慈，〈「入會十年、黃金十年」系列專題㈡——入會十年與黃金十年之經貿自由化成果和看法〉，《WTO 電子報》，第 315 期，2012 年 6 月 1 日。

115.維基百科查詢系統 (https://zh.wikipedia.org/)。

116.廖雪峰，〈入關對我國工業之衝擊與因應對策〉，《臺灣經濟研究月刊》，第 16 卷第 7 期，pp.31 – 34，1993 年 7 月。

117.趙文璋，〈我國出口結構轉變的幾個現象及出口趨勢成因探討〉，《今日經濟》，322 期，pp.2 – 10，1994 年 6 月。

118.趙捷謙，《國際貿易政策》，五南圖書出版公司，1984 年。

119.趙繼祖，《關稅實務》，1988 年 8 月。

120.臺灣經貿網 (http://www.taiwantrade.com.tw/)。

121.臺灣商會聯合資訊網 (http://www.tcoc.org.tw/)。

122.歐陽勛、黃仁德，《國際貿易理論與政策》，三民書局，1990 年。

123.歐陽勛、黃仁德，《國際金融理論與制度》，三民書局，1991 年。

124.蔡宏明，〈WTO 最新規範與未來談判趨勢：兼論進口防衛機制〉，中小企業國際化人才培訓計畫 —— 南區趨勢性研討座談，pp.1 – 2，p.12，2000 年 5 月 3 日。

125.蔡宏明，〈世界貿易組織提前誕生〉，《貿易週刊》，第 1582 期，pp.4 – 7，1994 年 4 月。

126.蔡宏明，〈加入 GATT 對產業的影響以及因應之道〉，《臺北銀行月刊》，第 25 卷第 8 期，pp.11 – 24。

127.蔡宏明，〈烏拉圭回合圓滿落幕〉，《貿易週刊》，第 1570 期，pp.4 – 9，1993 年 1 月。

128.蔡宏明，〈烏拉圭回合談判後之全球新競爭〉，《貿易週刊》，第 1571 期，pp.15 – 17，1994 年 2 月。

129.蔡宏明，〈邁向綠色回合談判的新紀元〉，《貿易週刊》，第 1590 期，1994 年 6 月 15 日。

130.蔡宏明，〈大陸加入 WTO 對其外資政策及臺商的影響〉，《遠景季刊》第 1 卷第 4 期，pp.155 – 190，2000 年 10 月。

131.蔡宏明，〈加入 WTO 對兩岸經貿及產業互動的影響〉，《經濟暨情勢暨評論季刊》，第 4 卷第 4 期，pp.237 – 257，1999 年 3 月。

132.蔡宗義，〈敲開貿易限制的藩籬〉，《臺灣經濟月刊》，第 16 卷第 7 期，pp.22－26，1993 年 7 月。

133.蔡泓洋，〈ECFA 系列一：什麼是「CEPA」〉，2009 年 2 月 25 日。

134.蔡哲雄，〈臺灣在加入 WTO 後銀行業如何面對新競爭〉，第七屆兩岸金融學術研討會，pp.103－117，2001 年 11 月 6－7 日。

135.鄭玉瑞，〈我國加入關貿總協的利弊剖析與應有的調適對策〉，《臺灣經濟金融月刊》，pp.44－49，1993 年 1 月。

136.盧素蓮，〈加入 WTO 對我們服務業之影響及對策分析〉，《經濟暨情勢暨評論季刊》，第 3 卷第 2 期，pp.38－66，1997 年 8 月。

137.蕭萬長，〈我國加入關稅貿易總協定的意義與影響〉，《自由中國之工業》，第 78 卷第 1 期，pp.1－5，1992 年 7 月。

138.蕭碩勳，《一九九二年歐洲單一市場對我經貿影響之研究》，成功大學企研所碩士論文，1993 年 6 月，pp.33－40。

139.薛琦、許史金，〈兩岸入會後的金融新趨勢〉，《臺灣金融季刊》，第 2 輯第 4 期，pp.1－13，2001 年 12 月。

140.謝文真、吳啟禎，〈WTO 架構下兩岸經貿情勢之展望〉，《第四屆兩岸中華文化與經營管理學術研討會論文集》，北京：人民大學，p.2C－1：16，2000 年。

141.謝明瑞，〈臺灣與 TPP〉，2012 年 3 月 1 日。

142.謝棋楠，〈301 陰影下的營業秘密立法〉，《貿易週刊》，pp.15－19，1992 年 7 月 1 日。

143.簡美代，〈即將邁入戰國時代的金融服務業——從服務業貿易納入烏拉圭回合談判談起〉，《臺灣經濟研究月刊》，第 16 卷第 7 期，pp.35－38，1993 年 7 月。

144.譚瑾瑜，〈ECFA 第二階段降稅成果及 ECFA 後續談判的發展〉，財團法人國家政策研究基金會，2013 年 3 月 6 日。

145.蘇石磐，《關稅概論》，1979 年。

146.鍾琴，〈兩岸經貿交流〉，《經濟前瞻》，第 9 卷第 1 期，pp.47－52，1994 年 1 月 10 日。

147.顧瑩華，〈亞太經濟整合對我國產業發展之影響評估〉，經濟部工業局，2004 年。

148.顧瑩華、陳一萍，〈北美自由貿易區對臺灣產品輸美的影響分析〉，《經濟前瞻》，第 8 卷第 1 期，pp.80－85，1996 年 11 月 5 日。

149.〈兩岸貿易許可辦法正式實施〉，《大陸經貿投資月報》，第 21 期，pp.201－208。

150.〈兩岸貿易許可辦法正式實施〉，《大陸經貿投資月報》，第 25 期，pp.37 – 88。
151.〈瀕臨滅種野生動植物國際貿易公約簡介〉，pp.1 – 2, 37 – 39，1989 年 6 月。

索引

六劃

七劃

八劃

十二劃

十三劃

十四劃

十五劃

十六劃

十七劃

十八劃

十九劃

國際貿易實務新論

張錦源、康蕙芬／著

本書詳細介紹了國際貿易的實際知識與運用技術，內容囊括貨物買賣契約、運輸契約、保險契約與外匯買賣契約的簽訂，貨物的包裝、檢驗、裝卸及通關繳稅的手續，以及製作單據、文電草擬與解決糾紛的方法等。本書內容詳盡，按交易過程先後步驟詳細說明其內容，使讀者對全部交易過程能有完整的概念，且習題豐富，每章章末均附有習題和實習，供讀者練習。

貨幣銀行學：理論與實務

楊雅惠／著

本書特點為：一、學習系統完善。章前架構導覽使讀者迅速掌握學習重點；重要概念上色強調，全書精華一目了然。另整理重要詞彙置於章末，課後複習更便利。二、實證佐證理論。本書配合各章節之介紹，引用最新金融資訊佐證，帶領讀者走出象牙塔，讓學習更有憑據。三、最新時事觀點。各章皆設有「繽紛貨銀」專欄，作者以自身多年研究與實務經驗，為讀者指引方向、激發思辨能力。

財務報表分析

盧文隆／著

本書特點為：一、深入淺出，循序漸進。行文簡明，逐步引導讀者檢視分析財務報表；重點公式統整於章節後方，複習更便利。二、理論活化，學用合一。有別於同類書籍偏重原理講解，本書新闢「資訊補給」、「心靈饗宴」及「個案研習」等應用單元，並特增〈技術分析〉專章，使讀者活用理論於日常生活。三、習題豐富，解析詳盡。彙整各類證照試題，隨書附贈光碟，內容除習題詳解、個案研習參考答案，另收錄進階試題，提供全方位實戰演練。

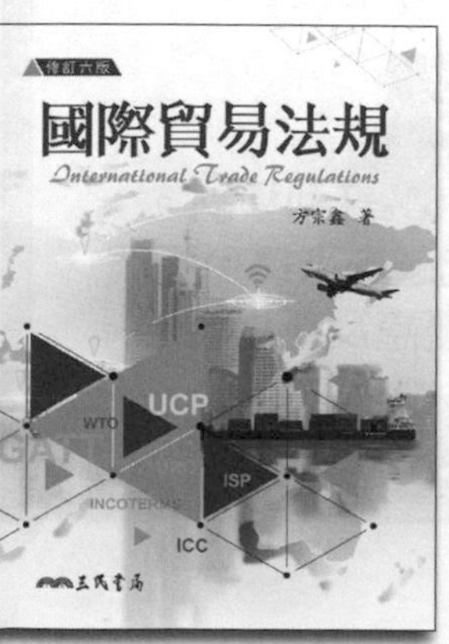

國際貿易法規

方宗鑫／著

貿易法規亦為國際貿易中相當重要之一環，本書分四大部分將其全方位解析。一、國際貿易公約。介紹如關稅暨貿易總協定、世界貿易組織、華盛頓公約、蒙特婁議定書、京都議定書等。二、貿易對手國之貿易法規。主要介紹美國貿易法中的《201 條款》、《301 條款》、《反傾銷法》及《平衡稅法》等。三、國際貿易慣例。包含關於價格條件的國貿條規（Incoterms）、關於付款條件的信用狀統一慣例、國際擔保函慣例等。四、其他相關之貿易法規。如《貿易法》、《國際貨幣金融體制與管理外匯條例》、《世界海關組織與關稅法》等。

新多益黃金互動 16 週：基礎篇

李海碩、張秀帆、多益 900 團隊／著

本書為多益入門學習教材，以下四大特點讓你具備超強溝通力：一、最新的多益題型。針對全新改制的多益七大題型，提供圖表式的解題分析與步驟化的解題訓練。二、最實用的職場與生活英文。每單元介紹一個多益高頻率的職場或生活情境，完全模擬多益考題方向，呈現英語在現實生活中的多樣面貌。三、最關鍵的考試字彙。每單元精選二十個多益基礎單字，依照該課情境編寫單字例句，讓你有效學習應考必備字彙。四、最專業的錄音與模擬試題。隨書附贈聽力光碟及全真模擬試題一回。聽力光碟由英、美、澳、加四國專業錄音員錄製；試題依據多益最新官方試題的題型所編寫。

新多益黃金互動 16 週：進階篇

李海碩、張秀帆、多益 900 團隊／著

本書為多益進階學習教材，在基礎篇的架構下加入難度較高的主題如銀行業務、商業博覽會等，使讀者能夠駕馭多益各式主題與情境。此外，也特別針對最新改制的多益中難度較高的三篇閱讀測驗、篇章結構等題型提供解題策略。